皮书系列为
"十二五""十三五""十四五"国家重点图书出版规划项目

BLUE BOOK

智 库 成 果 出 版 与 传 播 平 台

西北蓝皮书

BLUE BOOK OF NORTHWESTERN CHINA

中国西北发展报告（2022）

NORTHWESTERN CHINA DEVELOPMENT REPORT（2022）

主　编／司晓宏

副主编／白宽犁　　王建康

执行主编／唐　博　王　璐

社会科学文献出版社

SOCIAL SCIENCES ACADEMIC PRESS（CHINA）

图书在版编目（CIP）数据

中国西北发展报告. 2022 / 司晓宏主编. —— 北京：
社会科学文献出版社，2022.3
　（西北蓝皮书）
　ISBN 978 - 7 - 5201 - 9797 - 7

　Ⅰ.①中… 　Ⅱ.①司… 　Ⅲ.①区域经济发展 - 研究报
告 - 西北地区 - 2022 　Ⅳ.①F127.4

中国版本图书馆 CIP 数据核字（2022）第 032161 号

西北蓝皮书
中国西北发展报告（2022）

主　　编 / 司晓宏
副 主 编 / 白宽犁　王建康
执行主编 / 唐　博　王　璐

出 版 人 / 王利民
责任编辑 / 陈　颖
责任印制 / 王京美

出　　版 / 社会科学文献出版社·皮书出版分社 (010) 59367127
　　　　　 地址：北京市北三环中路甲 29 号院华龙大厦　邮编：100029
　　　　　 网址：www. ssap. com. cn
发　　行 / 社会科学文献出版社 (010) 59367028
印　　装 / 天津千鹤文化传播有限公司

规　　格 / 开 本：787mm × 1092mm　1/16
　　　　　 印 张：21.25　字 数：318 千字
版　　次 / 2022 年 3 月第 1 版　2022 年 3 月第 1 次印刷
书　　号 / ISBN 978 - 7 - 5201 - 9797 - 7
定　　价 / 168.00 元

读者服务电话：4008918866

主要编撰者简介

司晓宏　陕西省社会科学院党组书记、院长，博士、二级教授，陕西省"特支计划"首批哲学社会科学和文化艺术领域领军人才。长期从事教育学原理和教育管理学的教学与研究工作，主持教育部哲学社会科学研究重大攻关课题、国家社科基金课题等国家和省部级课题 13 项，发表学术论文 80 多篇，出版《教育管理学论纲》《义务教育均衡发展论纲》等专著、教材和译著 9 部，获全国高等学校科学研究优秀成果奖、陕西省哲学社会科学优秀成果奖等省部级以上奖励 13 项，获评陕西省优秀博士学位论文指导教师。现担任陕西省委教育工作领导小组成员、陕西省委宣传思想工作领导小组成员、陕西省哲学社会科学工作领导小组成员；兼任陕西省社科联副主席、陕西省人民政府督学、陕西省高等学校学位委员会委员；兼任第一届教育部高等学校教育学类专业教学指导委员会副主任、第二届委员；兼任中国教育学会教育管理学分会副理事长、中国教育学会教育管理学学术委员会常务副理事长、陕西省教育理论研究会理事长；兼任中国教育政策研究院兼职教授、教育部全国教育专业学位研究生教育指导委员会专家组成员、全国教育科学规划课题评审专家、教育部重大攻关项目评审专家等。

白宽犁　陕西省社会科学院党组成员、副院长，二级研究员。长期从事宣传思想文化及社会科学研究工作，研究方向为马克思主义中国化、思想政治教育、宣传思想文化、公共管理等。对毛泽东思想及中国特色社会主义理论体系、党的路线方针政策、宏观经济管理、社会治理等进行专题研究。先后在《求是》《人民日报》《光明日报》《陕西日报》《人文杂志》等报纸及学术期刊发表文章100余篇，编辑出版著作30余部，文章曾被《新华文摘》、中国人民大学复印报刊资料全文转载，《中国社会科学文摘》转载。主持国家社科基金项目2项，主持省厅级项目20余项。荣获陕西省哲学社会科学优秀成果一等奖2项，获陕西省党政领导干部优秀调研成果一、二等奖5项。

王建康　陕西省社会科学院党组成员、副院长，研究员，主要从事农村发展、区域经济研究。兼任省决策咨询委员会委员、省青联常委、省委理论讲师团特聘专家，宝鸡、榆林、长武、大荔等地政府决策咨询专家或顾问。陕西省十二次党代会代表，陕西省十三次党代会报告起草组成员，十二届全国青联委员，陕西青年五四奖章获得者，陕西省优秀共产党员。先后主持完成国家和省级社科基金项目5项，主持完成休闲农业、应急体系建设、现代果业等省级规划6项，富平、临潼、府谷等区县发展规划编制20余项，承担国家发改委、农业农村部、国务院扶贫办等部门招标或委托的各类研究课题16项；出版著作10部，发表论文和调研报告40余篇；研究成果先后获得省哲学社会科学优秀成果奖二等奖2项、三等奖1项。

摘　要

"西北蓝皮书"是我国西北地区陕西、甘肃、宁夏、青海、新疆五省区社会科学院联合组织专家学者撰写的反映中国西北地区改革发展的综合性年度研究报告,是研究西北地区经济、政治、社会、文化、生态文明"五位一体"建设中共同面临的重大理论和实践问题的重要科研成果。

《西北蓝皮书:中国西北发展报告(2022)》由陕西省社会科学院主编,由总报告、综合篇、经济高质量发展篇、丝绸之路经济带篇、区域特色篇五部分组成。

2021年是"十四五"规划开局之年,是全面建设社会主义现代化国家新征程的开启之年。总报告重点对2021年度西北地区经济社会发展形势进行分析总结,认为西北五省区经济稳定恢复,稳中向好,产业结构进一步优化,城乡居民收入差距进一步缩小,民生社会事业持续改善,社会大局总体稳定。并预测了2022年西北五省区经济社会发展趋势,提出对策建议。综合篇分别从经济、社会、文化、生态等方面系统总结了西北地区发展的基本情况、存在的问题,提出进一步发展的对策建议。

经济高质量发展篇分析了陕西、甘肃、宁夏、青海、新疆经济高质量发展存在的主要问题,提出了促进经济高质量发展的措施。丝绸之路经济带篇以"一带一路"倡议为背景,对参与"一带一路"建设实践、民心相通、外向型产业体系、对外开放与国际合作、对外贸易展开了深入研究。区域特色篇对陕西文化旅游产业发展、甘肃祁连山生态环境保护与区域高质量发展、宁夏推进文旅融合、青海铸牢中华民族共同体意识、新疆全面推进乡村

振兴等特色问题进行了研究。

《西北蓝皮书：中国西北发展报告（2022）》全方位反映了西北地区2021年度经济、社会、文化、生态等领域发展的总体面貌，科学预判了2022年西北地区发展趋势，同时也保持了各自省情的研究特色。本书对研究中国西北区域发展问题具有重要的参考价值。

Abstract

"*Blue Book of Northwest*", a comprehensive annual research report on the reform and development of Northwest China jointly authored by Shaanxi, Gansu, Ningxia, Qinghai and Xinjiang academies of Social Sciences, is an important scientific research achievement to study the major theoretical and practical problems in the "Five In One" construction of economy, politics, society, culture and ecological civilization in Northwest China.

Northwest Blue Book: development report of Northwest China (2022), edited by Shaanxi Academy of Social Sciences, consists of five parts: general report, comprehensive report, high-quality development report, the Silk Road Economic Region and regional characteristics.

The year of 2021 is the first year of the "14th Five-Year Plan" and the new journey of building a modern socialist country in an all-round way. The general report focuses on analyzing and summarizing the economic and social development situation in the northwest region in 2021. It believes that the economy of the five northwestern provinces has recovered steadily, with a stable and positive trend, the industrial structure has been further optimized, the income gap between urban and rural residents has been further narrowed, and the people's livelihood and social undertakings have continued to improve, the overall social situation is generally stable. It also predicted the economic and social development trends of the five northwestern provinces in 2022, and put forward countermeasures and suggestions to promote high-quality economic and social development. The comprehensive report systematically summarizes the basic situation and existing problems of the development of Northwest China from the aspects of economy, society, culture, ecology, etc., and puts forward countermeasures and suggestions for further

development.

The high-quality development report analyzes the main problems of high-quality economic development in Shaanxi, Gansu, Ningxia, Qinghai, and Xinjiang, and proposes measures to promote high-quality economic development. The Silk Road Economic Belt report takes the "Belt and Road" initiative as the background, and conducts in-depth research on the practice of participating in the "Belt and Road" construction, people-to-people bonds, export-oriented industrial system, opening to the outside world and international cooperation, and foreign trade. The chapter on regional characteristics studies the development of Shaanxi's cultural tourism industry, the ecological environment protection and regional high-quality development of Qilian Mountain in Gansu, the integration of culture and tourism in Ningxia, the establishment of a sense of community of the Chinese nation in Qinghai, and the comprehensive promotion of rural revitalization in Xinjiang.

The "Northwest Blue Book: Northwest China Development Report (2022)" comprehensively reflects the overall development of the Northwest region in 2021 in the fields of economy, society, culture, ecology and other fields, scientifically predicts the development trend of the Northwest region in 2022, and maintains The characteristics of the research on the conditions of each province in the district. This book has important reference value for studying the development of Northwest China.

目 录 ↳

Ⅰ 总报告

Ⅱ 综合篇

Ⅲ 经济高质量发展篇

Ⅳ　丝绸之路经济带篇

Ⅴ　区域特色篇

皮书数据库阅读 使用指南

CONTENTS ⟨⟩

I General Report

II Comprehensive Reports

III   High–Quality Economic Development Reports

IV   Reports on Silk Road Economic Belt

V Reports on Regional Features

总 报 告

General Report

B.1

西北地区2021年经济社会形势
分析及2022年预测*

白宽犁　刘晓惠**

摘　要： 2021年是我国"十四五"规划全面落实的开局之年，前三季度，西北五省区经济稳定恢复，稳中向好，产业结构进一步优化，企业利润表现亮眼，城乡居民收入差距进一步缩小，民生社会事业持续改善，社会大局总体稳定。但同时西北地区的发展也面临复杂多变的外部环境挑战，从国际上看，全球呈现不均衡的复苏，且复苏的势头正在逐渐减弱，并伴随着通胀压力不断加剧，疫情的反复、大宗商品价格的高位运行、贸易摩擦、供应链的阻塞等因素给未来全球经济的复苏带来不确定性；从国内来看，经济恢复存在不稳固、不均衡，国外政策的不确定性也对我国宏观经济

---

* 该报告系陕西省2021年"创新能力支撑计划项目——全面开放格局下陕西对外贸易优化升级的路径与对策研究"（项目编号：2021KRM058）的阶段性成果。

** 白宽犁，陕西省社会科学院党组成员、副院长、二级研究员，研究方向为马克思主义中国化、公共管理；刘晓惠，陕西省社会科学院经济研究所助理研究员，研究方向为区域经济。

产生冲击。基于这些外部因素，西北地区要立足新发展阶段，贯彻新发展理念，加快构建新发展格局，深挖经济增长潜力、增进民生福祉，着力推动经济社会向高质量发展。

关键词： 经济发展　社会发展　高质量发展　乡村振兴　西北地区

一　2021年西北地区经济社会发展形势分析

（一）区域经济发展稳定恢复、稳中向好

2021年西北五省区立足新发展阶段，贯彻新发展理念，加快构建新发展格局，积极应对疫情和复杂多变的外部环境带来的挑战，着力推动经济社会向高质量发展。前三季度，西北五省区经济持续稳定恢复，稳中向好，共实现地区生产总值45572.76亿元，分别比2020年同期和2019年同期增加5660.89亿元、6656.75亿元，占全国国内生产总值的5.54%，比2020年同期高0.02个百分点。① 从前三季度五省区地区生产总值同比增速来看，新疆增速最高，为8.8%，排全国第17位。其他四省区依次如下：甘肃增速8.5%，排第22位；宁夏增速8.4%，排第23位；陕西增速7.0%，排第30位；青海增速6.7%，排第31位。从前三季度五省区地区生产总值两年平均增速来看，甘肃、宁夏、新疆两年平均增速分别为5.6%、5.5%、5.4%，分别比全国水平高0.4个、0.3个、0.2个百分点；陕西、青海两年平均增速分别为4.1%、3.9%。从地区生产总值总量来看，陕西以21193.18亿元排全国第15位，在西部排第2位，以绝对优势领衔西北（见表1、图1）。

---

① 本报告所有数据除特殊说明外，均来自国家统计局及西北五省区统计局。

表1　2021年前三季度西北五省区地区生产总值情况比较

指标	陕西	甘肃	青海	宁夏	新疆
地区生产总值（亿元）	21193.18	7401.00	2401.80	3180.64	11396.14
全国排名（位）	15	27	30	29	24
西部排名（位）	2	9	11	10	8
地区生产总值同比增长率（%）	7.0	8.5	6.7	8.4	8.8
全国排名（位）	30	22	31	23	17
西部排名（位）	11	7	12	8	5
西北排名（位）	5	2	4	3	1
地区生产总值两年平均增长率（%）	4.1	5.6	3.9	5.5	5.4
全国排名（位）	25	14	26	16	17
西部排名（位）	10	6	11	7	8
西北排名（位）	4	1	5	2	3

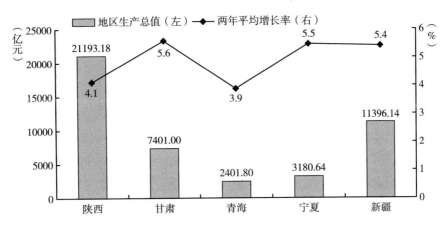

图1　2021年前三季度西北五省区地区生产总值比较

资料来源：根据国家统计局及西北五省区统计局公布的2021年前三季度经济运行数据整理。

（二）产业结构持续优化

前三季度，西北五省区产业结构进一步优化。就第一产业来看，陕西、宁夏、青海第一产业增加值占本省区地区生产总值的比重分别为5.80%、7.41%、7.62%，低于全国水平（7.67%）；新疆、甘肃第一产业比重分别为

13.02%、14.07%。就第二产业来看，陕西、宁夏第二产业增加值占本省区地区生产总值的比重分别为 46.92%、43.07%，高于全国水平（39.51%）；青海、新疆、甘肃第二产业比重分别为 39.48%、36.90%、33.15%。就第三产业来看，青海第三产业增加值占本省地区生产总值的比重为 52.90%，高于全国水平（52.82%）；甘肃、新疆、宁夏、陕西第三产业比重分别为 52.78%、50.08%、49.52%、47.28%（见图 2）。从各产业增加值的两年平均增速来看，甘肃、新疆第一产业增加值两年平均增速分别为 7.4%、5.3%，高于全国水平（4.8%）；新疆、甘肃第二产业增加值两年平均增速分别为 8.6%、6.8%，高于全国水平（5.7%）；宁夏第三产业增加值两年平均增速为 5.6%，高于全国水平（4.9%），陕西第三产业增加值两年平均增速与全国水平持平。

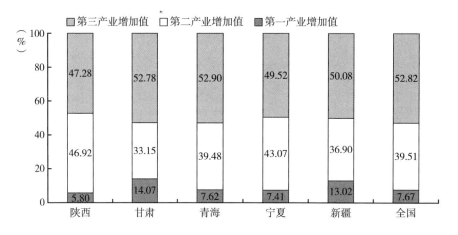

图 2　2021 年前三季度西北五省区产业结构比较

资料来源：根据国家统计局及西北五省区统计局公布的 2021 年前三季度经济运行数据整理。

（三）工业发展压力较大、企业效益表现亮眼

西北地区是我国化石资源富集区，能源产业比重大。前三季度，受国际大宗商品价格不断走高影响，各省区工业生产者价格指数（PPI）高位运行，其中，陕西 PPI 同比增长 25.9%、甘肃同比增长 14.1%、青海同比增

长11.6%，均高于全国水平（6.7%），中下游企业经营压力不断加大，工业生产的外部环境愈加严峻。西北五省区规模以上工业增加值同比增速分别为新疆10.8%、宁夏10.2%、甘肃9.8%、青海8.0%、陕西7.2%，均低于全国平均水平（11.8%）；从规模以上工业增加值两年平均增速来看，新疆、甘肃分别为8.4%、8.0%，高于全国水平（6.4%），陕西（4.2%）、青海（4.6%）、宁夏（6.3%）均低于全国水平（见图3）。

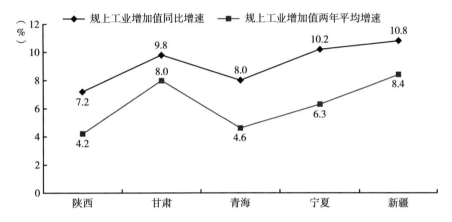

图3 2021年前三季度西北五省区规模以上工业增加值增速比较

资料来源：根据西北五省区统计局公布的2021年前三季度经济运行数据整理。

但同时，大宗商品价格高位运行，市场需求持续向好，工业企业效益表现亮眼，企业利润增幅均高于全国水平（44.7%）。1~9月，青海规模以上工业企业实现利润总额266.5亿元，同比增长2.78倍。新疆规模以上工业企业实现利润总额1485.74亿元，同比增长1.9倍，两年平均增长55.2%。宁夏规模以上工业企业实现利润总额362.0亿元，同比增长1.4倍；营业收入利润率为7.98%，同比提高3.6个百分点。甘肃规模以上工业企业实现利润总额466.3亿元，同比增长1.25倍，两年平均增长45.4%；营业收入利润率为6.72%，同比提高2.8个百分点。陕西规模以上工业企业实现利润总额2419.2亿元，同比增长94.3%，两年平均增长26.5%。

（四）新疆、甘肃固定资产投资增长较快

前三季度，从各省区固定资产投资同比增速来看，新疆、甘肃分别为23.2%、13.5%，远高于全国水平（7.3%）；宁夏、陕西、青海固定资产投资同比分别减少2.1%、3.1%、7.8%（见图4）。其中青海、宁夏固定资产投资尚未恢复到2019年同期水平。

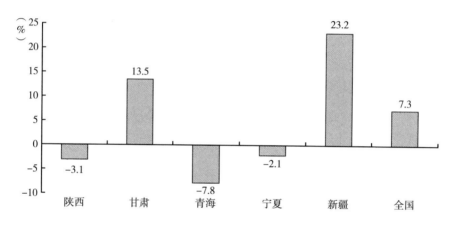

图4　2021年前三季度西北五省区固定资产投资增速比较

资料来源：根据国家统计局及西北五省区统计局公布的2021年前三季度经济运行数据整理。

从各省区固定资产投资分产业来看，甘肃第二产业投资同比增长30.8%，其中工业投资同比增长31.8%，是带动全省固定资产投资增长的最大推动力。宁夏固定资产投资下降主要是由于第二产业投资同比下降10.0%，占比41.4%，拉低了全区的增速。陕西固定资产投资下降主要是因为第三产业投资同比减少5.5%，占比67.5%，使全省投资同比下降。青海第一产业和第二产业固定资产投资分别同比降低22.9%和27.0%，导致全省固定资产投资未恢复到疫情前水平。

（五）外贸进出口增速呈现"四高一低"

前三季度，国际市场需求逐渐回暖，西北五省区对外贸易发展表现良好，除新疆外，其他四省区外贸进出口均呈高速增长态势。甘肃、宁夏、青海、陕西四省区外贸进出口总值同比增速分别为36.2%、34.8%、30.2%、25.4%，分别高于全国外贸进出口增幅（22.7%）13.5个、12.1个、7.5个、2.7个百分点；受进口大幅下降的拖累，新疆前三季度外贸进出口总值仅增长2.9%（见图5）。

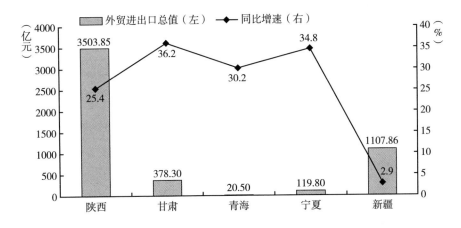

图5　2021年前三季度西北五省区外贸进出口情况比较

资料来源：根据西北五省区统计局公布的2021年前三季度经济运行数据整理。

其中，从出口增速来看，宁夏、陕西高于全国出口增速（22.7%），分别为48.4%、32.4%；青海、新疆、甘肃出口同比增速分别为21.9%、14.9%、1.4%。从进口增速来看，甘肃、青海高于全国进口增速（22.6%），分别为46.2%、38.6%；陕西、宁夏进口增速分别为18.4%、4.2%；新疆进口下滑明显，同比下降26.0%。

（六）居民消费价格指数运行在合理区间

前三季度，西北五省区居民消费价格指数（CPI）虽然保持在合理区间，但是均高于全国平均水平（0.6%）。新疆、陕西、青海、宁夏、甘肃分别高于全国水平0.6个、0.5个、0.4个、0.4个、0.1个百分点（见图6）。

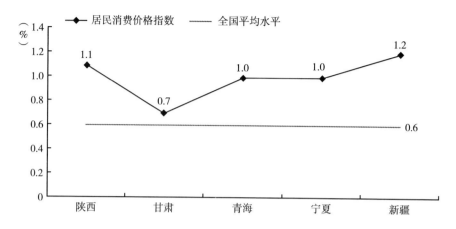

图6 2021年前三季度西北五省区居民消费价格指数比较

资料来源：根据国家统计局及西北五省区统计局公布的2021年前三季度经济运行数据整理。

其中，陕西居民消费的八大类商品和服务价格呈"七涨一降"态势：交通通信价格领涨，上涨2.8%，影响CPI上涨0.36个百分点，是推升全省CPI的首要因素；教育文化娱乐、居住、食品烟酒价格小幅上涨，对CPI拉升作用也较为明显，合计影响CPI上涨0.81个百分点；医疗保健价格下降0.9%。甘肃居民消费的八大类商品及服务价格呈"七涨一降"态势：食品烟酒、居住、生活用品及服务、交通通信、教育文化娱乐、医疗保健、其他用品及服务价格同比分别上涨0.2%、0.6%、0.2%、3.2%、0.4%、0.1%和0.6%，衣着价格下降0.1%。青海居民消费的八大类商品及服务呈"五涨三降"态势：食品烟酒类价格下降0.1%（主要是猪肉价格大幅下降），生活用品及服务类下降0.4%，其他用品及服务类下降1.2%；衣着类上涨0.7%，居住类上涨0.9%，教育文化娱乐类上涨1.5%，医疗保健类上涨2.1%，交通通信类上涨3.1%。

（七）城乡收入快速增长、差距持续缩小

前三季度，新疆、宁夏、陕西三省区城、乡居民人均可支配收入同比增速均跑赢了本省区地区生产总值同比增速；青海、甘肃城镇居民人均可支配收入同比增速分别持平和低于本省地区生产总值增速，农村居民人均可支配收入同比增速均高于本省地区生产总值增速。其中，宁夏、新疆、陕西、甘肃、青海城镇居民人均可支配收入增速均低于全国水平（9.5%），分别低0.4个、0.5个、1.0个、2.0个、2.8个百分点；陕西、宁夏农村居民人均可支配收入增速高于全国水平（11.6%），分别高出0.4个、0.3个百分点，甘肃、青海、新疆农村居民人均可支配收入增速分别低于全国水平0.5个、0.6个、0.1个百分点。

从居民收入绝对值来看，西北五省区整体仍低于全国平均水平，属于较为落后地区。虽然各省区城、乡居民人均可支配收入比与上年同期水平相比有所缩小，分别为新疆缩小0.13、青海缩小0.12、甘肃缩小0.11、陕西缩小0.09、宁夏缩小0.08，但是仍然高于同期全国平均水平，尤其是新疆地区，城、乡居民人均可支配收入比高达5.71，为全国最高值，地区城乡差距大（见表2）。

表2 2021年前三季度西北五省区城乡居民收入比较

单位：元，%

指标	陕西	甘肃	青海	宁夏	新疆	全国
城镇居民人均可支配收入	31052	26947	27119	27489	27785	35946
城镇居民人均可支配收入增速	8.5	7.5	6.7	9.1	9.0	9.5
农村居民人均可支配收入	11070	7642	9213	9805	4864	13726
农村居民人均可支配收入增速	12.0	11.1	11.0	11.9	11.5	11.6
城乡人均可支配收入比	2.81	3.53	2.94	2.80	5.71	2.62
城乡居民消费支出比	1.89	2.46	1.94	1.94	2.35	1.97

资料来源：根据国家统计局及西北五省区统计局公布的2021年前三季度经济运行数据整理。

（八）民生社会事业蓬勃发展

前三季度，西北五省区积极落实各项惠民利民政策措施，加大财政投入力度，民生社会事业不断改善。

陕西：前三季度，全省地方财政收入2171.32亿元，同比增长29.6%；

财政支出 4482.89 亿元，同比增长 2.4%。其中，重点领域公共预算支出多数保持增长，教育支出增长 1.6%、科学技术支出增长 67.9%、一般公共服务支出增长 6.3%、文化旅游体育与传媒支出增长 20.5%、卫生健康支出增长 9.1%、交通运输支出增长 12.9%、住房保障支出增长 27.5%。城镇新增就业 36.42 万人，完成年度任务的 91.1%。

新疆：前三季度，全区一般公共预算支出累计完成 4134.6 亿元，比上年同期增支 203.5 亿元，增长 5.2%。财政支出持续向基层倾斜，优先保障基层"三保"（保基本民生、保工资、保运转）。在就业方面，多方位、多形式拓宽就业渠道，促进重点群体就业创业；引导和鼓励高校毕业生到基层就业；对就业困难人员和零就业家庭成员常态化实施"一对一"帮扶和"零就业家庭"动态清零工作机制，让稳定红利、发展成效更多惠及全疆各族群众，进一步增强人民群众获得感、幸福感、安全感。

甘肃：前三季度，全省一般公共预算收入 695.0 亿元，同比增长 13.2%；一般公共预算支出 2963.2 亿元，同比增长 1.1%。继续稳步推进绿色发展，全省十大生态产业增加值 1901.0 亿元，同比增长 19.0%，占全省地区生产总值的 25.7%，较上年同期提高 3.3 个百分点。全省城镇新增就业 31.28 万人，完成年度任务的 97.75%。全省财政 11 类民生支出占一般公共预算支出的 80.4%。其中灾害防治及应急管理、住房保障、卫生健康等支出分别增长 55.0%、14.7% 和 11.7%。

青海：前三季度，全省坚持生态优先，推进山水林田湖草沙冰一体化保护和系统治理，固定资产投资中生态保护和环境治理业投资同比增长 1.7 倍，公共财政支出中用于节能环保的支出增长 7.7%，地方财政收入中环境保护税增长 16.5%，生态环境质量持续改善，三江源国家公园被列入首批国家公园。加大惠民生投资，其中卫生、社会工作和社会保障业投资增长 51.4%，水利、环境和公共设施管理业投资增长 13.4%，教育投资增长 5.7%，交通运输和邮政业投资增长 0.6%。全省城镇新增就业 5.6 万人，农牧民转移就业 106 万人次。

宁夏：前三季度，全区地方一般公共预算收入 344.86 亿元，同比增长

18.6%；一般公共预算支出1107.31亿元，同比下降1.9%。全区城镇新增就业7.75万人，同比增长14.2%，完成全年目标任务的107.7%；农村劳动力转移就业80.14万人，同比增长0.2%。

二　西北地区发展面临的外部环境

（一）国际环境分析[①]

在新冠肺炎疫情冲击下，2020年全球经济陷入一片低迷。联合国数据显示，2020年全球经济萎缩4.3%，几乎所有的经济体都受到新冠肺炎疫情的波及。进入2021年，新冠肺炎疫情仍在全球肆虐，世界经济在艰难曲折中复苏，为了刺激经济发展，大部分国家实行了宽松的财政和货币政策，疫情防控措施持续放松和解除，多国经济迎来强劲反弹，大部分国家经济逐渐恢复到疫情前的水平，疫情对主要发达国家经济活动的影响正在消退，但同时还存在诸多不稳定不平衡因素。受需求的释放和大宗商品价格的回升，消费价格迅速上升，多国或地区出现了通货膨胀，世界经济国际产业链供应链布局深刻调整，大宗商品价格高位运行，单边主义、保护主义频频抬头等，国际环境错综复杂。

1. 美国

新冠肺炎疫情发生以来，美国使用加印美元、大幅发行美元和国债、降低利率到零等积极财政政策和货币政策刺激本国经济，降低疫情对经济带来的冲击。美国商务部发布GDP统计报告显示：2021年上半年，美国国内生产总值为11.07万亿美元，同比增长6.0%，其中第二季度美国经济同比增长12.5%，环比年化上涨6.5%，环比年化增速比市场预期低2个百分点，原因在于美国国内的通货膨胀非常严重，劳动力紧缺、劳动参与率增长太过

---

① 本节资料来源于新华财经中国金融信息网，https：//www.cnfin.com/data/macro - data/index.html。

缓慢等。9月消费者价格指数（CPI）同比增长5.4%，5个月连续超过5%，是13年来最高水平，涨幅超过市场预期，这主要归功于食品、汽油和租金的上涨。8月零售销售额环比增长0.7%至6187亿美元，远高于市场普遍预期，部分得益于数百万家庭在返校季大量购买返校物品推动；在剔除汽车零售销售额后，8月核心零售销售额环比增长1.8%，为5个月来最大涨幅。8月失业率环比下降0.2个百分点至5.2%，但非农业部门新增就业人数仅为23.5万，远不及预期。9月服务业PMI下降0.7至54.4，创2020年8月以来新低，已经接近2018～2019年的均值；纽约联邦储备银行9月16日公布9月美国服务业活动指数下滑13点至14.4点，表明服务业增长出现放缓。因此，经济学家近来纷纷下调美国第三季度经济增长预期，其中高盛集团经济学家将第三季度美国国内消费支出预期下调至按年率增长0.5%，而美国彭博新闻社9月10日公布的最新月度调查结果显示，经济学家对2021年第三季度美国经济增长率的预期从此前的增长6.8%下调至增长5%。

2. 欧元区

2020年欧盟推出总规模逾1.8万亿欧元的一揽子经济复苏计划，包括1.074万亿欧元2021～2027年长期预算和7500亿欧元恢复基金。这是迄今为止欧盟最大的经济刺激方案，此次经济复苏计划重点关注绿色经济和数字化，这有助于加强欧元区经济可持续发展。另外，还实施了"减轻失业风险援助计划"，为紧急情况下降低失业风险提供临时支持，自疫情以来已为19个成员国提供约900亿欧元支持。因此2021年欧元区第二季度季调后GDP季率初值为2%，年率为13.7%，创纪录新高。其中，主要经济体中意大利和西班牙第二季度经济反弹最为强劲；法国第二季度GDP表现大幅好于预期；最大的意外是德国经济复苏乏力，产出增长仅为1.5%，低于2%的预期中值。5月欧元区工业生产指数（IPI）同比增长20.6%。8月消费者价格同比上涨3%，涨幅较7月的2.2%继续扩大，为2011年11月以来最大涨幅。1月商品（货物）贸易顺差一度触及281亿欧元的历史高位，7月收窄至207亿欧元，其中出口增长11.4%。9月服务业PMI下降2.7至

56.3，说明该区域经济活动增长大幅放缓，企业投入品成本迅速增长至21年来最高水平。

3. 英国

疫情以来，英国政府提出了投资总估值超过400亿英镑的基础设施建设、设立新的自由港、设立首个基础设施银行为绿色产业融资等举措刺激本国经济恢复。2021年上半年GDP为1.52万亿美元，实际增长6.2%。其中第二季度GDP增长5.5%，高于最初预计的4.8%，主要归功于居民和政府消费的增长，第二季度居民家庭消费支出环比增长了7.3%，反映了新冠肺炎疫情防控措施放松后，被压抑的需求得到报复性的增长；在教育和健康增长的推动下，政府消费支出环比增速也达到6.1%。7月贸易逆差较上月的25亿英镑扩大至31亿英镑，是自上年12月以来最大的贸易逆差，其中进口增长1.1%，达到518.3亿英镑，为2021年以来的最高点，商品和服务采购均增长1.1%；出口下降0.1%，至487.2亿英镑，货物出货量下降1%，服务销售增长1.2%。

4. 德国

依靠积极财政和货币政策，上半年德国GDP实现20571.40亿美元，实际增长2.7%，其中第二季度未季调GDP年率初值录得9.6%，季调后季率为1.5%；9月PMI综合产出指数为55.3，低于8月的60.0，为7个月以来最低值，服务业和制造业PMI分别为56.0和58.5。9月消费者物价指数上涨4.1%，近几个月不断提升。德国经济研究所预计2021年德国GDP增长调整至2.1%，此前预期为3.2%。

5. 日本

上半年日本GDP实现2.51万亿美元，实际增长2.9%，第二季度增速才由负转正。8月CPI同比缩减0.3%，去除生鲜食品后的核心CPI下降了0.2%，数据显示，2021年各月CPI基本呈同比缩减。7月日本央行下调2021财年GDP预测，为3.8%，此前为4.0%。

6. 金砖国家

9月9日，金砖国家领导人第十三次会晤，习近平总书记以视频方式出

席并发表重要讲话，就推动金砖合作提出中国倡议、宣布务实举措，为金砖合作注入新动力，为促进全球经济复苏带来强大信心。① 在此前召开的第十一次经贸部长会议上金砖国家间达成了《金砖国家多边贸易体制合作声明》《电子商务消费者保护框架》《知识产权合作下开展遗传资源、传统知识和传统文化保护合作》《专业服务合作框架》《〈金砖国家经济伙伴战略2025〉贸易投资领域实施路线图》等成果文件，深化金砖国家之间的电子商务、服务贸易、知识产权、数字、绿色等领域务实合作。印度上半年GDP为1.47万亿美元，其中第一季度GDP增速为1.6%、第二季度GDP同比增速高达20.1%，创下印度自1995年以来单季度经济增速新高，这主要是由于上年同期印度处于全国封锁状态，经济活动全面停摆，低基期使得2021年GDP高增长。俄罗斯上半年GDP为7752.6亿美元，实际同比增长4.8%，7月俄罗斯贸易顺差232亿美元，出口额较上年同期猛增100.7%，达到494.9亿美元，为历史第二高水平。巴西上半年GDP为7782亿美元，实际同比增长6.4%。南非第二季度GDP增长1.2%，超出预期，经济连续四个季度实现正增长。

从全球贸易发展形势来看，10月4日世界贸易组织（WTO）发布的《贸易统计及展望》指出上半年全球经济活动进一步复苏，商品贸易超过新冠肺炎疫情发生前的峰值，因此上调了对2021年和2022年全球贸易的预测，2021年全球商品贸易量将增长10.8%，高于该组织2021年3月预测的8.0%，2022年将增长4.7%。但在全球贸易总体强劲增长的背景下，各国之间存在显著差异，一些发展中国家和地区远低于全球平均水平，并预测随着全球商品贸易接近疫情前的长期趋势，贸易增长应会放缓，半导体短缺和港口积压等供应侧问题，可能会给供应链带来压力，并对特定地区的贸易造成压力，但不太可能对全球贸易总量产生重大影响。②

① 郑明达、伍岳、成欣、罗鑫：《让金砖合作绽放更加闪亮光芒 ——习近平主席出席金砖国家领导人第十三次会晤解读》，新华网，http://www.news.cn/photo/2021－09/10/c_1127846150_10.htm。

② 世界贸易组织：《贸易统计及展望》，2021年10月4日。

（二）国内环境分析

2020 年，我国打赢脱贫攻坚战，取得了全面建成小康社会的阶段性胜利，接下来我国将向第二个百年奋斗目标迈进，进入推动共同富裕的历史阶段，到"十四五"末，我国对促进共同富裕的分阶段要求是"全体人民共同富裕迈出坚实步伐，居民收入和实际消费水平差距逐步缩小"①。因此，2021 年不仅是我国第十四个五年规划建设的开局之年，也是推动共同富裕的元年，我国经济社会建设的总基调是稳中求进，并立足新发展阶段，贯彻新发展理念，构建新发展格局，科学精准实施宏观政策，扎实做好"六稳"工作、全面落实"六保"任务，巩固拓展疫情防控和经济社会发展成果，努力保持经济运行在合理区间，坚持扩大内需战略，强化科技战略支撑，扩大高水平对外开放，保持社会和谐稳定。在 2021 年的政府工作报告中我国提出以下八个方面的工作重点：一是保持宏观政策的连续性、稳定性和可持续性，促进经济运行在合理区间；二是深入推进重点领域改革，更大激发市场主体活力；三是依靠创新推动实体经济高质量发展，培育壮大新动能；四是坚持扩大内需这个战略基点，充分挖掘国内市场潜力；五是全面实施乡村振兴战略，促进农业稳定发展和农民增收；六是实行高水平对外开放，促进外贸外资稳中提质；七是加强污染防治和生态建设，持续改善环境质量；八是切实增进民生福祉，不断提高社会建设水平。②

从前三季度各项指标的完成情况来看，我国经济总体保持了稳定恢复的态势，稳中向好，经济结构调整稳步推进，发展质量不断提升，韧性和活力持续显现。国内生产总值实现 82.31 万亿元，按不变价格计算，同比增长 9.8%，两年平均增长 5.2%。其中工业，批发和零售业，交通运输、仓储和邮政业，住宿和餐饮业以及信息传输、软件和信息技术服务业增加值同比分别增长 12.0%、13.5%、15.3%、19.4% 和 19.3%，合计拉动经济增长

①　习近平：《扎实推动共同富裕》，《求是》2021 年第 20 期。
②　《2021 年国务院政府工作报告》，中华人民共和国中央人民政府网站，http：//www.gov.cn/zhuanti/2021lhzfgzbg/index.htm?_zbs_baidu_bk。

6.6 个百分点，对经济增长的贡献率达 67.7%，发展较快；规模以上高技术制造业和装备制造业增加值同比分别增长 20.1% 和 16.2%，创新能力不断增强；社会消费品零售总额 31.81 万亿元，同比增长 16.4%，两年平均增长 3.9%，最终消费支出对经济增长贡献率为 64.8%，拉动 GDP 增长 6.3 个百分点，消费"压舱石"作用显著；净出口需求快速增长，对经济增长的贡献率为 19.5%，拉动 GDP 增长 1.9 个百分点；单位 GDP 能耗同比下降 2.3%，其中规模以上工业单位增加值能耗下降 5.2%；CPI 上涨 0.6%，保持温和增长；城镇新增就业 1045 万人，完成预期目标的 95%，全国城镇调查失业率均值为 5.2%，低于 5.5% 的全年宏观调控预期目标。①

　　但同时我们也要认识到，发展中不平衡不充分问题仍然比较突出，受疫情影响经济的恢复也呈现不稳固、不均衡现象。一是工业增长呈现出口牵引高增长特征。前三季度我国工业企业出口交货值累计同比增长 19.4%。尽管受疫情影响全球贸易低迷，但供给侧受到的影响更为严峻，全球市场形成疫情期间特有的供不应求格局。我国工业则归功于相对完整的产业链、供应链和疫情的有效控制，企业复工迅速，工业出口逆势增长，疫情发生前工业企业出口交货值已经下滑至 2.40%，工业出口两年平均增速提高至 9.53%，明显好于疫情前。② 二是国际大宗商品价格高位运行，国内 PPI 涨幅扩大。受全球经济整体复苏、市场需求增加以及主要原材料生产国因疫情等因素对大宗商品的供给偏紧的影响，国际大宗商品价格高位运行。生产资料价格，特别是上游行业价格上涨，我国工业生产者价格指数涨幅扩大，这导致了我国国内部分行业供给偏紧，10 月全国工业生产者出厂价格同比上涨 13.5%，环比上涨 2.5%；工业生产者购进价格同比上涨 17.1%，环比上涨 2.6%。其中 PPI 中的生产资料价格同比上涨 17.9%，影响 PPI 上涨了 13.36 个百分点，占整个 PPI 涨幅达到 99%。三是消费需求还未有效恢复。1~10 月，我

① 《经济结构调整优化 质量效益稳步提升——国家统计局相关司负责人解读 2021 年前三季度主要经济数据》，《经济日报》2021 年 10 月 19 日，第 10 版。
② 王秀丽：《工业增长呈现出口牵引高增长特征》，《中国经济时报》2021 年 11 月 16 日，第 4 版。

国消费品零售总额同比增长14.9%，但两年平均增长4.0%，明显低于疫情前水平，仅达到疫情前的一半水平，主要原因是受疫情期间经济增长乏力影响，居民收入下降和预防性储蓄增加导致的国内消费不振。

三 对2022年西北地区经济社会发展的预测

2021年10月国际货币基金组织（IMF）发布的最新一期《世界经济展望》认为，受疫情影响，2021年全球经济有望持续复苏但势头放缓，预计全年经济将增长5.9%，较7月预测值下调0.1个百分点，并预计2022年全球经济将增长4.9%。其中，《世界经济展望》预测发达经济体经济2021年将增长5.2%、2022年将增长4.5%；新兴市场和发展中经济体经济2021年将增长6.4%、2022年将增长5.1%。美国经济2021年将增长6.0%、2022年将增长5.2%；欧元区经济2021年将增长5.0%、2022年将增长4.3%；日本经济2021年将增长2.4%、2022年将增长3.2%；中国经济2021年将增长8.0%、2022年将增长5.6%；印度经济2021年将增长9.5%、2022年将增长8.5%。经济合作与发展组织在9月发布的《全球经济展望》报告中预测中国经济在2021年与2022年的增长率将分别达到8.5%和5.8%。

从国际形势来看，新冠肺炎疫情冲击以来，全球经济呈现不均衡复苏，同时伴随着通胀压力不断加剧，有一部分国家的经济产出还没有恢复至疫情前水平，通胀率已攀升至历史高位。疫情的反复、大宗商品价格的高位运行、贸易摩擦、供应链的阻塞等宏观风险都可能对未来全球经济的复苏带来不确定。

从国内前三季度经济社会发展来看，我国继续保持稳定恢复的态势，产业结构稳步调整、民生保障持续改善、乡村振兴接续推进、就业情况基本稳定，发展的质量效益不断提升。但受疫情、汛情的冲击，我国经济恢复仍不稳固、不均衡；面对复杂多变的外部环境，我国发展仍面临较大压力。因此2021年12月8～10日召开的中央经济工作会议提出："明年的经济工作要

稳字当头、稳中求进。"在经济发展面临需求收缩、供给冲击、预期转弱三重压力下，我国要不断做强经济基础，增强科技创新能力，坚持多边主义，主动对标高标准国际经贸规则，以高水平开放促进深层次改革、推动高质量发展。①

从西北地区发展来看，西北五省区经济社会发展面临恢复基础尚不稳固、下行压力明显加大、与发达省份差距较大等挑战。但是随着新一轮西部大开发的实施、"一带一路"建设的深度融入、乡村振兴的全面推进等，西北地区同时也迎来发展机遇，要进一步解放思想、改革创新，深挖经济增长潜力，推动地区高质量发展。综合研判，2022年西北五省区经济发展将继续保持快速增长，地区生产总值增幅预计将保持在5%~7%。

（1）随着《中共中央 国务院关于完整准确全面贯彻新发展理念做好碳达峰碳中和工作的意见》的逐步落实，西北地区作为能源富集区，要加快调整产业结构、培育壮大新兴产业，西北五省区规上工业增加值增速预计将保持在5%~8%。

（2）随着经济的稳步恢复，西北五省区固定资产投资增速预计将保持在6%~10%。

（3）随着"一带一路"建设的深入实施，依托陆桥综合运输通道，西北地区的开放步伐加大，西北五省区外贸进出口总值增速预计将保持在15%~25%。

（4）随着乡村振兴的深入推进、各项居民增收措施的落实，西北五省区的城、乡居民收入增速将继续领先于地区生产总值增速，预计保持在7%~10%。

同时，西北五省区民生社会事业保障力度将进一步加大，生态环境质量持续改善，社会发展更加稳定和繁荣。

---

① 《中央经济工作会议在北京举行》，央视网，http://finance.people.com.cn/n1/2021/1211/c1004-32305339.html。

四　促进西北地区高质量发展的对策建议

2022年，西北五省区要抢抓重大战略机遇，立足新发展阶段，贯彻新发展理念，构建新发展格局，着力推动地区经济社会高质量发展。

（一）加快融入"一带一路"建设，进一步扩大开放步伐

2020年5月17日《中共中央 国务院关于新时代推进西部大开发形成新格局的指导意见》发布，2021年6月21日《西部大开发"十四五"实施方案》在国务院西部地区开发领导小组会议上讨论通过，国家的政策红利不断释放，西北地区要抢抓新一轮西部大开发的机遇，扩大对内对外开放，补短板强弱项，推动区域高质量发展。一是深化"放管服"改革，进一步优化营商环境。自"放管服"改革举措实施以来，西北地区营商环境显著好转，但是与东部发达地区相比，还有一定的差距，因此应继续在便利创业、维护公平竞争、优化政务服务上下更大的功夫，降低交易和运行、流通成本，培育壮大市场主体，进一步激发市场主体的活力和创造力。二是发展开放型经济。西北地区要积极对接国家开放战略，进一步融入"一带一路"建设，严格落实外商投资负面清单管理制度，支持和鼓励本地优势企业积极参与国际产能合作，在更大范围、更大空间配置资源，以全球视角，提升企业品牌认知和竞争力，提升企业整体治理水平。同时企业增强风险防控意识，积极应对国际上政治、法律、社会、安全等的各类风险，按照当地的法律法规，依法合规开展经营活动，并提高合规风险的防范能力。扩大地区间互动合作。依托陆桥综合运输通道，加强与江苏、山东、河南等东中部省份互惠合作，有效引资、引智、引技，运用"飞地经济"等模式跨区域共建产业园区，加快本地区开发区转型升级，提升园区综合竞争力。①

---

① 《关于新时代推进西部大开发形成新格局的指导意见》，中华人民共和国中央人民政府网站，http：//www.gov.cn/zhengce/2020－05/17/content_ 5512456.htm。

（二）坚持创新驱动引领，培育壮大特色产业和新兴产业

当前，西北地区发展正处于结构优化、产业升级、动能转换的关键时期，迫切需要进一步发挥科技创新的引领作用，支撑和壮大本地区产业发展。一是深入实施创新驱动发展战略。认真落实各省区政府关于加快推进科技创新的若干措施，加大力度整合聚集各类创新要素和资源，加大政策、机制、投入等方面的支持力度，推动"产学研"深度融合，强化企业技术创新主体地位，发挥本地区高校和科研院所作用，实现校地校企合作，大力发展新型研发机构、科技企业孵化器等转化平台，充分调动科研人员积极性创造性，打破科技优势与经济发展转化"堵点"，打造科技创新生态系统。二是支持传统产业向中高端转型升级。实施技改专项行动，加强技术改造投资引导，编制发布重点传统产业技术改造升级投资指南；建立重大技改项目储备库，分行业储备一批重点技改项目，推进一批重大技改项目，打造一批技改示范项目和企业。实施数字化提升行动，在重点传统产业大力推广使用智能装备和工业软件，加快大数据、物联网、云计算等在研发设计、生产制造、经营管理、市场营销、业务协同等环节的集成应用，建设一批智能制造单元、智能生产线、智能车间、智能工厂，全面提升重点传统产业数控化率和智能化水平。三是培育壮大优势产业和新兴产业。全面贯彻落实《中共中央 国务院关于完整准确全面贯彻新发展理念做好碳达峰碳中和工作的意见》，发挥西北地区风、光和矿产资源优势，支持企业开展低碳零碳负碳等新材料、新技术、新装备攻关，提高勘探开发技术水平和转化效率；深化与"一带一路"国家在绿色技术、绿色装备、绿色服务、绿色基础设施建设等方面的交流与合作，开展清洁能源开发利用，创建我国清洁能源示范基地。积极发展文化旅游产业，充分发掘各省区文化资源，围绕历史文化、黄河文化、红色文化、民族民俗文化、生态文化等特色符号，发挥市场机制作用，推进文化和旅游深度融合、文旅与科技深度融合、数字文旅创新，完善旅游配套设施，强化旅游市场监管，做精做优文化旅游产品，做大做强文化旅游领军企业。培育壮大新兴产业。西北地区要加强政府引导，超前布局，围绕

有优势、有基础、有潜力的领域加快发展新一代信息技术、生物技术、新能源、新材料、高端装备、新能源汽车、绿色环保等新兴产业，打造"专精特新"企业梯队，培育未来发展新优势。

（三）构建"双循环"新发展格局，激发和释放消费潜力

党的十九届五中全会提出我国要加快形成以国内大循环为主体、国内国际双循环相互促进的新发展格局，前三季度我国社会消费品零售总额为31.81万亿元，同比增长16.4%，两年平均增长3.9%，激发和释放消费潜力成为构建"双循环"新发展格局的重要一环。一是打造特色城市商圈。根据城市规模和城市特点，推动传统城市商圈升级改造，结合城市更新盘活闲置商业资源、探索差异化发展模式，引进新兴业态，打造集主题性、特色性、文化性、情景式等为一体的特色商圈，提升消费体验，形成核心商圈、区域商圈、社区商圈等不同层级商圈互补的发展格局。二是升级消费结构。对居民的消费偏好、消费时尚、消费知识等方面进行引导，树立高品质消费意识；增加高品质产品和服务供给，切实满足基本消费，持续提升传统消费，大力培育新兴消费，有效激活消费潜力。三是拓展消费新领域。积极培育网络消费、智能消费、体验消费，发展"云逛街""云购物"等购物新模式，大力发展节假日经济、夜间经济、首店经济、线上消费等新消费模式，提升新型消费空间。四是优化消费环境。加强市场质量监督，加快建设数字化监管体系建设，搭建消费信用平台、产品安全全生命周期追溯平台、消费者维权信息化平台等，维护消费市场的基本秩序，切实保障消费者的消费安全，提振消费者信心。

（四）全面推进乡村振兴，增进民生福祉

2020年我国全面建成小康社会完美收官，完成了消除绝对贫困的艰巨任务，随之而来的是乡村振兴再出发。2021年1月4日中共中央、国务院发布《关于全面推进乡村振兴加快农业农村现代化的意见》，把乡村建设摆在社会主义现代化建设的重要位置。西北地区地广人稀，尤其是乡村大多资

源贫瘠、落后偏远，加快推进乡村振兴尤为重要。一是巩固拓展脱贫攻坚成果。对标对表后评估要求，健全防止返贫动态监测和帮扶机制，持续强化动态监测帮扶，着力提升"三保障"工作水平，对易返贫致贫人口及时发现、及时帮扶，守住防止规模性返贫底线。[①] 二是推进农村基本经营制度改革。着力推进土地制度改革和农村集体产权制度改革，丰富农村土地"三权分置"的有效实现形式，提高生产要素的自由流动和整体合力，创新多种形式适度规模经营，积极培育新型农业经营主体，推进小农户与现代农业有机衔接。三是完善现代农业产业体系。立足当地特色资源，优化产业布局，提高农业创新力、竞争力、全要素生产率，加快农业与文化、旅游、教育、康养等产业深度融合，发展创意农业、功能农业等，加快推动乡村产业向广度深度进军；加快重要农产品全产业链大数据建设，提升农产品物流能力和销售服务水平，推进农业与信息产业融合。四是提升公共服务水平。推动资源要素向农村配置，缩小城乡差距，加强乡村公共基础设施建设，整合资源、分类分批推进美丽乡村建设，全域整治农村人居环境；加大公共服务资源投入力度，鼓励个人、集体和社会力量投资公共服务事业，提高农村公共服务水平，构建多元化投入格局；采用服务外包、政府购买服务等方式，创新满足农村居民多样化需求的服务形式。

（五）加强污染防治和生态建设，持续改善环境质量

2021 年 10 月 24 日《中共中央 国务院关于完整准确全面贯彻新发展理念做好碳达峰碳中和工作的意见》印发，实行全面节约战略，倡导简约适度、绿色低碳生活方式，从源头和入口形成有效的碳排放控制阀门。在首批公布的国家公园中，三江源和大熊猫国家公园分别涉及了青海、陕西、甘肃，西北地区在保护生态环境建设方面任重而道远。一是推行绿色生活方式。践行生活方式绿色化要求，广泛宣传推广简约适度、绿色低碳、文明健

---

① 《关于全面推进乡村振兴加快农业农村现代化的意见》，中华人民共和国中央人民政府网站，http://www.gov.cn/xinwen/2021 - 02/21/content_ 5588098.htm。

康的生活理念和生活方式，引导居民生活方式向绿色化转变，推动生活方式绿色化理念深入人心，创新开展公民生态文明宣传教育，搭建绿色生活方式的行动网络和平台，推进衣、食、住、行等领域绿色化发展。二是倡导绿色生产方式。各省区积极开展经济生态生产总值（GEEP）核算，建立绿色经济体系；实施传统产业智能化、绿色化改造专项行动计划，制定相关政策措施；提高清洁能源比重，加强重点耗能行业和单位监管，延伸循环经济产业链；加强资源分类利用和循环使用，全面提高资源利用效率；推进"亩均论英雄"评价，加强土地节约利用。三是建立生态保护修复和污染防治区域联动机制。推进山水林田湖草冰沙等综合治理，推进城市生态修补与修复；深度推进西北地区生态保护区域合作，分阶段提高环保标准，建立与周边省份间的协同推进大治理新模式，形成生态大保护新格局；加强生态保护修复工程实施全过程生态质量、环境质量变化情况监测，定期开展重点生态保护修复工程实施成效评估。

综 合 篇
Comprehensive Reports

B.2
2021年西北地区经济发展报告[*]

杨春利^{**}

摘　要： 2021年前三季度，西北地区经济发展表现出较强的韧性与活力，经济体量持续扩大，同比增速稳步回升，新兴产业增势强劲，民间投资活力较强，消费市场快速恢复，对外贸易形势向好，总体呈现平稳运行态势。与此同时，也存在经济恢复基础不稳、投资消费拉力不足、转型发展支撑不够以及创新驱动能力不强等主要问题，但西北地区经济持续恢复，向高质量迈进的基本趋势没有改变。未来，短期内要着力稳固经济发展基础，引导投资强化产业，稳定就业促进消费。长期来看，还需继续做大做强战略性新兴产业和高新技术产业，加快构建区域科技创新网络体系，为经济高质量发展持续提供强大的内生动力。

　*　该报告系"2020年甘肃省哲学社会科学规划项目——黄河上游（甘青宁）地区社会经济与生态环境耦合协调发展研究"（项目批准号：20YB136）阶段性成果。

　**　杨春利，理学博士，甘肃省社会科学院区域经济研究所副研究员，研究方向为区域经济与可持续发展。

关键词： 经济发展　高质量发展　西北地区

一　西北地区经济发展现状与特征

2021年是"十四五"规划开局之年，西北地区立足"三新一高"背景，积极把握国家重大战略机遇，持续深化供给侧结构性改革，加快构建现代化经济体系，统筹推进经济发展各项工作。前三季度，西北地区生产快速增长，消费加快恢复，经济运行呈现稳中有进、快速回升发展态势，各省区主要经济指标均运行在合理区间，为实现全年经济发展目标打下了良好基础。

（一）经济体量持续扩大，增长速度稳步回升

2021年，随着新冠肺炎疫情进入常态化防控阶段，国内经济社会秩序基本恢复正常运行，经济持续稳步回升，总体上表现出较好的复苏态势。在此背景下，西北地区国民经济发展总体保持稳定增长趋势。

前三季度，西北五省区共实现地区生产总值（GDP）45572.76亿元，占全国比重为5.53%，较上年同期有所增加。其中，陕西地区生产总值为21193.18亿元，同比增长7.0%，两年平均增速4.1%，GDP占西北五省区比重为46.50%，在总量上仍然处于西北五省区第一位；甘肃地区生产总值为7401.00亿元，同比增长8.5%，两年平均增速5.6%，GDP占西北五省区比重为16.24%；宁夏实现地区生产总值3180.64亿元，同比增长8.4%，两年平均增速5.5%，GDP占西北五省区比重为6.98%；青海实现地区生产总值2401.80亿元，同比增长6.7%，两年平均增速3.9%，GDP占西北五省区比重为5.27%；新疆地区生产总值为11396.14亿元，同比增长8.8%，两年平均增速5.3%，GDP占西北五省区比重为25.01%（见表1）。

从增速来看，"十三五"以来，西北五省区经济发展速度总体上持续走低，特别是2020年受到新冠肺炎疫情冲击后，各省区经济发展速度降至整个"十三五"时期的最低水平。2021年，随着新冠肺炎疫情有效防控，社会生产生活秩序逐步恢复正常，前三季度各省区地区生产总值（GDP）出现了较大

的反弹式增长（见图1）。按可比价格计算，新疆、甘肃和宁夏前三季度GDP累计增长速度相对较快，分别达到8.8%、8.5%和8.4%，高于2020年同期增速6.6个、5.7个和5.8个百分点，高于2019年同期增速2.7个、2.4个和1.9个百分点；陕西和青海增速相对较慢，分别为7.0%和6.7%，但仍高于2020年同期5.8个和5.5个百分点，高于2019年同期增速1.4个和1.0个百分点。

表1 2021年前三季度西北五省区GDP及比重变化

单位：亿元，%

省区	地区生产总值	同比增速	两年平均增速	占全国比重	占西北五省区比重
陕西	21193.18	7.0	4.1	2.57	46.50
甘肃	7401.00	8.5	5.6	0.90	16.24
宁夏	3180.64	8.4	5.5	0.39	6.98
青海	2401.80	6.7	3.9	0.29	5.27
新疆	11396.14	8.8	5.3	1.38	25.01

资料来源：根据西北五省区统计局公布的2021年前三季度经济运行数据整理。

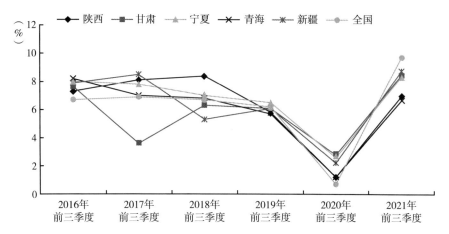

**图1 2021年前三季度西北五省区GDP增速及
与"十三五"同期比较**

（二）产业结构不断优化，新兴产业增势强劲

近几年，西北地区坚持以高质量发展引领产业转型升级，经济结构不断

优化，经济发展质量和效益得到显著提升，特别是各地着力打造的战略性新兴产业增势强劲。

2021 年前三季度，西北五省区第一、二、三产业增加值分别实现 4173.12 亿元、18921.11 亿元和 22478.63 亿元，三次产业结构比为 9.2∶41.5∶49.3。

从省区层面看（见表 2），前三季度，陕西第一产业增加值为 1228.50 亿元，同比增长 5.5%，第二产业增加值为 9944.86 亿元，同比增长 5.7%，第三产业 10019.82 亿元，同比增长 8.4%，三次产业结构比重为 5.8∶46.9∶47.3；甘肃第一产业增加值 1041.70 亿元，同比增长 9.8%，第二产业增加值 2453.20 亿元，同比增长 9.1%，第三产业增加值 3906.10 亿元，同比增长 7.9%，三次产业结构比重为 14.1∶33.1∶52.8；宁夏第一产业增加值 235.49 亿元，增长 4.2%，第二产业增加值 1370.06 亿元，同比增长 9.4%，第三产业增加值 1575.09 亿元，同比增长 8.2%，三次产业结构比为 7.4∶43.1∶49.5；青海第一产业增加值 183.00 亿元，同比增长 4.6%，第二产业增加值 948.30 亿元，同比增长 7.1%，第三产业增加值 1270.60 亿元，同比增长 6.7%，三次产业结构比为 7.6∶39.5∶52.9；新疆第一产业增加值 1484.43 亿元，同比增长 6.9%，第二产业增加值 4204.69 亿元，同比增长 10.4%，第三产业增加值 5707.02 亿元，同比增长 8.2%，三次产业结构比为 13.0∶36.9∶50.1。

表 2 2021 年前三季度西北五省区分产业 GDP 及比重变化

单位：亿元，%

省区	第一产业			第二产业			第三产业		
	增加值	增速	比重	增加值	增速	比重	增加值	增速	比重
陕西	1228.50	5.5	5.8	9944.86	5.7	46.9	10019.82	8.4	47.3
甘肃	1041.70	9.8	14.1	2453.20	9.1	33.1	3906.10	7.9	52.8
宁夏	235.49	4.2	7.4	1370.06	9.4	43.1	1575.09	8.2	49.5
青海	183.00	4.6	7.6	948.30	7.1	39.5	1270.60	6.7	52.9
新疆	1484.43	6.9	13.0	4204.69	10.4	36.9	5707.02	8.2	50.1

资料来源：根据西北五省区统计局公布的 2021 年前三季度经济运行数据整理。

可以看出，西北五省区中，除甘肃与新疆一产比重相对较高之外，其余三省区一产比重均已降至10%以下，各省区二产比重处于30%～50%，三产比重则处于40%～55%，反映出西北地区产业结构处于转型升级的关键时期。

值得注意的是，在战略性新兴产业带动下，西北五省区以规模以上工业为主的第二产业增加值恢复增长较快，仍是拉动经济稳定增长的主要引擎，特别是高技术制造业和装备制造业增长势头十分强劲。从统计数据来看，前三季度，陕西规模以上工业增加值同比增长7.2%，两年平均增长4.2%，高技术制造业增长19.2%，两年平均增长18.2%，装备制造业增长14.2%，两年平均增长14.0%，后两者两年平均增长率分别高于规上工业增加值14.0个和9.8个百分点；甘肃规模以上工业增加值同比增长9.8%，其中战略性新兴产业、高技术制造产业、装备制造业增加值同比分别增长19.9%、35.8%和11.4%，两年平均分别增长15.0%、26.8%和15.8%；宁夏装备制造业增加值同比增长29.4%，高技术制造业增加值同比增长44.9%，分别比规模以上工业增加值增速高19.2个和34.7个百分点；青海规模以上工业中高技术制造业、装备制造业增加值同比分别增长40.6%和34.6%，增速较上半年分别提高7.9个和14.2个百分点，占规模以上工业增加值的比重分别为9.0%和8.7%，比重同比分别提高3.0个和2.2个百分点；新疆规模以上工业增加值同比增长10.8%，高技术制造业增加值同比增长54.8%，高于规模以上工业增加值增速44.0个百分点（见表3）。

表3　2021年前三季度西北五省区规上工业、高技术制造业及装备制造业增加值增速

单位：%

省区	规上工业	高技术制造业	装备制造业
陕西	7.2	19.2	14.2
甘肃	9.8	35.8	11.4
宁夏	10.2	44.9	29.4
青海	8.0	40.6	34.6
新疆	10.8	54.8	—

资料来源：根据西北五省区统计局公布的2021年前三季度经济运行数据整理。

（三）投资发展分化明显，民间投资活力较强

投资是经济增长的主引擎，是推动高质量发展的"加速器"。为了促进固定资产投资，提高投资质量效益，加快优化经济结构，推动高质量发展取得成效，2021年西北五省区聚焦全年固定资产投资增长预期目标，研究制订投资目标计划，出台系列稳增长、促投资措施，加强调度监测及预期管理，通过政策集成效应，全力保障各类项目快速推进，力促投资稳定增长。

前三季度，西北五省区中陕西、宁夏和青海固定资产投资同比小幅下降，甘肃和新疆则增势较好。统计数据显示，陕西固定资产投资同比下降3.1%，较1~8月回落5.3个百分点，两年平均增长0.3%，回落2.3个百分点；甘肃固定资产投资同比增长13.5%，两年平均增长9.9%；宁夏固定资产投资同比下降2.1%；青海固定资产投资同比下降7.8%，两年平均下降4.6%；新疆固定资产投资同比增长23.2%，比上年同期提高5.9个百分点，增速位居全国第二，高于全国15.9个百分点，高于西部地区17.7个百分点。分产业看，第一产业投资中，甘肃和青海同比分别下降1.3%和22.9%，宁夏和新疆发展较为突出，增速分别为34.8%和40.7%，陕西同比增加3.1%；第二产业投资中，新疆和甘肃表现出强劲动力，投资增速高达24.0%和30.8%，陕西同比增加2.2%，而宁夏和青海同比分别下降10.0%和27.0%；第三产业投资中，陕西未实现转正，增速为-5.5%，甘肃、宁夏、青海和新疆四省区增速分别为10.7%、2.0%、4.2%和21.1%。可以看出，新疆在西北五省区中不仅投资增速相对最快，而且三类产业投资增速均呈现正增长态势（见表4）。

表4　2021年前三季度西北五省区固定资产投资增速

单位：%

省区	固定资产投资	一产投资	二产投资	三产投资
陕西	-3.1	3.1	2.2	-5.5

续表

省区	固定资产投资	一产投资	二产投资	三产投资
甘肃	13.5	−1.3	30.8	10.7
宁夏	−2.1	34.8	−10.0	2.0
青海	−7.8	−22.9	−27.0	4.2
新疆	23.2	40.7	24.0	21.1

资料来源：根据西北五省区统计局公布的2021年前三季度经济运行数据整理。

从不同行业和投资主体来看，西北五省区投资结构表现出持续改善优化态势，特别是制造业投资与民间投资保持较快增长，活力较强。前三季度，陕西全省高技术产业投资同比增长8%，高于全省投资增速11.1个百分点，两年平均增长16.9%；民间投资同比增长7.5%，高于全省投资增速10.6个百分点，两年平均增长6.4%，占全省投资的比重为51.8%，较上年同期提高5.2个百分点。甘肃基础设施投资同比增长7.6%，两年平均增长9.5%；制造业投资同比增长13.3%，两年平均增长10.5%；民间投资同比增长16.2%，两年平均增长11.7%。宁夏（1～8月）民间投资占比高达58.7%，同比增长3%。青海制造业投资增长13.9%，增速较上半年提高5.8个百分点，民间投资同比增长15.2%，比重同比提高7.8个百分点。新疆制造业投资持续发力，前三季度同比增长45.5%，创十年以来新高，民间投资同比增长48%，占比为40.1%，充分反映出民间投资活力进一步增强。

（四）消费市场快速恢复，餐饮增速相对较高

2021年以来，西北五省区通过各项稳市场、促消费政策，持续释放居民消费潜力，消费品市场稳定增长，呈现快速恢复态势。按经营单位所在地看，城乡消费同步增长，而且乡村消费恢复水平总体稍好于城镇消费；按消费形态来看，各省区餐饮消费增速显著高于商品零售增速。

具体来看（见表5），前三季度，陕西实现社会消费品零售总额7415.8亿元，同比增长12.0%。其中，按经营单位所在地分，城镇消费品零售额6584.1亿元，同比增长11.9%，乡村消费品零售额831.7亿元，同比增长

12.8%；按消费形态划分，餐饮收入784.2亿元，同比增长26.4%；商品零售6631.6亿元，增长10.5%。甘肃社会消费品零售总额3024.8亿元，同比增长18.0%。按经营单位所在地分，城镇消费品零售额2479.4亿元，同比增长17.5%，乡村消费品零售额545.4亿元，同比增长20.1%；按消费类型分，商品零售2689.0亿元，同比增长17.0%，餐饮收入335.7亿元，同比增长26.7%。宁夏社会消费品零售总额996.1亿元，同比增长7.6%。其中，按经营单位所在地分，城镇消费品零售额880.3亿元，同比增长7.9%，乡村消费品零售额115.8亿元，同比增长5.9%；按消费形态分，商品零售额864.8亿元，同比增长6.9%，餐饮收入131.4亿元，同比增长12.5%，增速比商品零售高5.6个百分点。青海全省实现社会消费品零售总额696.0亿元，同比增长10.5%，两年平均增长0.4%。按经营单位所在地分，城镇消费品零售额550.3亿元，同比增长10.4%，乡村消费品零售额145.7亿元，同比增长11.0%；按消费形态分，商品零售635.5亿元，同比增长9.1%，餐饮收入60.4亿元，同比增长27.2%。新疆上半年全区实现社会消费品零售总额1609.8亿元，同比增长19.8%，高于上年同期39.0个百分点。其中，按经营单位所在地分，城镇消费品零售额1385.1亿元，同比增长19.6%，乡村消费品零售额224.74亿元，同比增长20.9%；按消费形态看，上半年，全区实现商品零售1396.1亿元，同比增长19.6%，实现餐饮收入213.7亿元，同比增长21.3%。

表5　2021年前三季度西北五省区社会消费品零售及增长状况

单位：亿元，%

省区	按经营单位所在地分				按消费形态分			
	城镇	增速	乡村	增速	餐饮	增速	商品零售	增速
陕西	6584.1	11.9	831.7	12.8	784.2	26.4	6631.6	10.5
甘肃	2479.4	17.5	545.4	20.1	335.7	26.7	2689.0	17.0
宁夏	880.3	7.9	115.8	5.9	131.4	12.5	864.8	6.9
青海	550.3	10.4	145.7	11.0	60.4	27.2	635.5	9.1
新疆(上半年)	1385.1	19.6	224.7	20.9	213.7	21.3	1396.1	19.6

资料来源：根据西北五省区统计局公布的2021年前三季度（新疆为上半年数据）经济运行数据整理。

（五）对外贸易形势向好，出口总体优于进口

目前，全球经济整体有所回暖，在国外新冠肺炎疫情尚未得到有效控制的背景下，我国供应链优先恢复的优势得以体现，一方面经济持续恢复，对内需起到有效支撑；另一方面全球需求向我国不断倾斜。因此，2021年前三季度西北五省区进出口贸易发展形势与全国基本相同，呈现快速增长的态势，并且出口贸易总体上要好于进口贸易。

从进出口贸易总值看，前三季度，西北五省区进出口贸易共实现5130.4亿元，较上年同期增长20.8%，增速较快。其中，陕西占西北五省区进出口贸易比重最高，达68.3%，进出口贸易额为3503.9亿元，同比增长25.4%；甘肃进出口贸易增速相对最高，相比上年增长36.2%，进出口贸易总值为378.3亿元，占西北五省区进出口贸易总值比重为7.4%；宁夏占2.3%，比重较低，实现进出口贸易119.8亿元，同比增长34.8%；青海进出口贸易仅为20.5亿元，规模最小，仅占西北五省区进出口贸易总值的0.4%，但增速相对较快，与上年同期相比增长30.2%；新疆占比为21.6%，对外贸易进出口总值实现1107.9亿元，同比增长2.9%。

从出口情况来看，前三季度，西北五省区出口总值为2897.6亿元。其中陕西出口额最高，达到1857.7亿元，同比增速为32.4%。甘肃出口增长速度最低，仅为1.4%，出口值为62.9亿元。宁夏出口增速最快，高达48.4%，出口值为91.4亿元。青海的出口值最低，仅为9.7亿元，同比增长21.9%。新疆出口贸易额为875.9亿元，同比增长14.9%。

从进口情况看，前三季度，西北五省区进口总值为2232.8亿元。其中，新疆是进口贸易唯一出现下降的省区，同比降低26.2%，进口值为232.0亿元。陕西进口贸易的规模同样处于五省区之首，总额为1646.2亿元，同比增长18.4%。甘肃和青海的进口贸易增速最快，分别达到46.2%和38.6%，进口值分别为315.4亿元和10.8亿元。宁夏进口贸易增速相对最低，同比增长4.2%，进口贸易额为28.4亿元（见表6）。

表6 2021 年前三季度西北五省区进出口贸易状况

单位：亿元，%

省区	进出口贸易		出口贸易		进口贸易	
	总值	增速	出口值	增速	进口值	增速
陕西	3503.9	25.4	1857.7	32.4	1646.2	18.4
甘肃	378.3	36.2	62.9	1.4	315.4	46.2
宁夏	119.8	34.8	91.4	48.4	28.4	4.2
青海	20.5	30.2	9.7	21.9	10.8	38.6
新疆	1107.9	2.9	875.9	14.9	232.0	-26.2

资料来源：根据西北五省区统计局公布的 2021 年前三季度经济运行数据整理。

二 当前西北地区经济发展存在的主要问题

总的来看，前三季度西北地区国民经济总体呈现恢复态势，新兴产业增长较快，工业企业效益明显提升，进出口贸易快速增长，但也要看到，西北地区经济发展仍然存在较多不足，突出表现在经济恢复基础不稳、投资消费拉力不足、转型发展支撑不够、创新驱动能力不强等几个方面。

（一）经济恢复基础不稳

2021 年以来，尽管西北地区经济发展总体上呈现稳步恢复态势，但从全国范围来看，西北五省区经济恢复不充分、不均衡、不稳定。

一方面，统计数据表明，近五年西北五省区三季度 GDP 增速总体呈下滑趋势。2016 年五省区三季度 GDP 增速均高于全国平均水平，2017 年有4 省区三季度 GDP 增速高于全国平均水平，2018 ~ 2020 年三季度 GDP 增速高于全国平均水平的省区分别为 3 个、1 个和 5 个。2021 年，西北五省区三季度 GDP 增速均低于全国平均水平，其中，陕西和青海三季度 GDP增速处于全国末尾位置，分别低于全国平均增速 2.8 个和 3.1 个百分点，甘肃、宁夏和新疆三季度 GDP 增速也分别低于全国 1.3 个、1.4 个和 1.0

个百分点；从三季度两年平均增速来看，各省区GDP两年平均增速仍然低于2019年同期增速，反映出西北地区经济恢复总体偏慢，仍然不够充分。

另一方面，西北地区经济恢复不均衡，"二产快三产慢""出口强内需弱"。从三大产业发展情况来看，西北五省区三产增速相对较低。近些年由于各省区持续进行产业结构调整，大力推进转型升级，第三产业发展速度较快，"十三五"以后，各省区第三产业发展速度基本上稳定高于其他两类产业发展速度。然而，从统计数据看，2021年前三季度，除陕西整体偏低之外，其余各省区第三产业的增速均低于第二产业。从出口与内需发展情况看，前三季度，西北地区出口贸易增长较快，五个省区增速的平均值为23.8%，其中宁夏高达48.4%；从各省区社会消费品零售情况看，西北地区商品销售的增速明显偏低，五个省区增速的平均值仅为12.6%（新疆为1~6月数据），明显反映出前三季度西北地区的出口贸易发展较好，而内需发展相对依然较弱。

此外，新冠肺炎疫情影响的不确定性较大，经济恢复基础不稳。2021年以来，国内疫情在多省区呈现散发态势，对生产、消费和投资等多个领域造成较大程度影响，加大了经济持续复苏的不确定性。以生产端为例，由于西北地区区域经济环境不占优势，经济增长缺乏活力，一些地方企业发展本身就较为艰难，疫情之后原材料价格大幅上涨，对下游行业和企业的成本冲击持续显现，企业盈利能力受到很大挑战。根据三季度统计数据，2021年1~8月，陕西规模以上工业企业仍然亏损1484户，亏损面达20.7%，新疆工业40个行业大类中，有11个行业增加值仍然负增长；甘肃工业企业1999户中655户亏损。

（二）投资消费拉力不足

2021年，由于全球风险挑战不断增多，新冠肺炎疫情仍未消散，世界经济恢复势头减缓，特别是10月以后，全国经济数据呈滞涨特征，经济放缓，物价高位，地方财政紧张，传统增长动能下滑，投资低迷，消费疲软，出口受价格因素影响维持高增态势，因此西北地区经济转型调整和持续增长压力增大，特别是"三驾马车"中投资与消费出现拉力不足的问题。

一是固定资产投资总体下滑，增长低迷。改革开放40多年来，西北五省区固定资产投资总体上一直处于上升时期，保持了长达30多年的两位数高增长特点。其中1993年陕西固定资产投资增长率高达60.2%，甘肃投资增长率达43.4%。但"十三五"时期却呈现波动下滑趋势。2021年前三季度，在基础设施投资后劲不足、疫情汛情、"能耗双控"等多重因素影响下，西北五省区中，陕西、宁夏和青海固定资产投资呈现负增长状态，增速分别为 -3.1%、-2.1% 和 -7.8%。从全国10月数据看，投资受制于上游成本上升、政府隐性债务监管趋严和优质基建项目储备不足，1～10月基础设施建设投资同比增长0.7%，在此背景下，短期内西北地区投资发展的低迷态势可能会延续。

二是消费市场规模有限，仍显疲软。2021年前三季度西北五省区社会消费品零售总额占全国的比重为4.32%，其中，陕西省比重为2.33%，其余4个省区占全国的比重均不到1%，说明西北地区的消费市场规模较小。从增长情况看，前三季度，西北五省区消费有所回升，平均增速保持在两位数以上，但受就业、收入和经济复苏总体缓慢以及新冠肺炎疫情的影响，三季度之后各省区消费呈现疲软态势。10月，陕西限额以上企业（单位）消费品零售额为443.36亿元，同比下降8.6%。10月，甘肃社会消费品零售总额为337.6亿元，同比下降3.5%。宁夏1～8月社会消费品零售总额为870.90亿元，同比增长8.5%；1～10月，全区社会消费品零售总额为1119.53亿元，同比增长5.8%，增速持续降低。青海和新疆的社会消费品零售情况也大体相同。

（三）转型发展支撑不够

目前，我国已进入新的发展阶段，大力推进产业转型、构建现代经济体系、实现高质量发展成为各地经济发展面临的迫切任务。由于战略性新兴产

业代表科技和产业发展方向，培育壮大战略性新兴产业有利于推动产业结构优化升级、促进经济发展方式转变，形成发展新动力，对经济社会发展具有重大引领带动作用。

"十三五"以来，西北五省区把培育和发展战略性新兴产业作为优化产业结构、推动发展方式转变、提升产业竞争力的重要举措，确定了一些战略性新兴产业的发展领域，编制了相关发展规划，制定出台了支持政策和措施。总体看来，西北各省区战略性新兴产业不断发展，逐步确立了重点发展领域，战略性新兴产业保持较快发展速度，新技术、新产品、新业态和新模式不断涌现，成为稳增长、调结构的不可或缺的推动力量。但由于产业起步较晚、科技支撑较弱、政策配套较少等因素影响，战略性新兴产业发展普遍存在基础薄弱、规模偏小、对产业结构优化升级等带动作用不足等问题。

相关数据表明，2021年前三季度东部一些省市的战略性新兴产业占规上工业企业增加值的比例高达40%以上。但从西北五省区相关统计数据来看，2020年甘肃战略性新兴产业、高新技术产业工业增加值占规上工业比重分别为10.9%和5.7%；2020年宁夏战略性新兴产业增加值占地区生产总值的比重为12%；2021年前三季度，青海规模以上工业中高技术制造业、装备制造业增加值占规上工业增加值的比重分别为9.0%和8.7%；而前三季度陕西战略性新兴产业增加值占GDP的比重为11.2%；在整个"十三五"期间，新疆战略性新兴产业占全区规上工业总产值比重仅为8.5%，而2020年我国战略性新兴产业增加值占GDP的比重为15%。这充分反映出西北地区战略性新兴产业、高技术工业等体量偏小，还未形成转型发展的有力支撑，难以弥补传统产业增长动力弱化形成的缺口。

（四）创新驱动能力不强

根据《2020中国区域创新能力评价报告》，整个西部地区的创新能力转型和发展均面临较大压力。从综合排名看，西北五省区中仅陕西相对靠前，排在全国第9位，其余四省区均在20位以后，其中，甘肃排名全国第27位，宁夏第22位，青海第21位，新疆第26位。反映出西北地区整体创新能力不强，尤其在高新技术企业数量、企业研发、专利申请以及创新人才等方面均相对落后，创新发展的区域特色及体系结构也不明确。

从高新技术企业数量看，陕西排在全国第15位，其余四省区均在全国25位以后。从企业研发看，2020年西北五省区规上企业R&D项目数量为1.3万项，占全国的比重仅为1.84%；新产品开发投资项目为1.47万件，占全国比重为1.86%，新产品开发经费支出444.66亿元，占全国比重为2.39%，新产品销售收入的比重仅占全国的1.84%。从发明专利看，2020年西北五省区专利授权共计10.67万件，占全国的比重仅为2.93%，有效专利6.97万件，占全国比重为3.15%。从万人发明专利量来看，陕西为每万人14.09件，甘肃为3.14件，宁夏为1.19件，青海为0.46件，新疆为2.19件，全国平均水平为15.8件。可见，西北五省区中，除了陕西创新能力中各项指标相对靠前之外，其余四省区指标均处于全国末尾水平。

另外，西北地区还面临创新人才短缺及流失问题。2020年，西北五省区人口总量占全国比重为7.34%，规模以上工业企业研究与试验发展（R&D）人员占全国的比重仅为2.08%，同时，由于经济发展水平低、社会公共服务落后等原因，西北地区不仅难以吸引到外部资源，已有人才、劳动力的外流现象也较为严重。例如，根据2021年3月《中国青年报》相关数据，甘肃省内49所高校在2012~2017年流失人才2600人，约为引进人才数的1/3，大部分流向北上广深以及东部省市等经济较为发达的地区，且大多是在西部地区培养成长起来的高层次人才，而引进的大多是需要重新培养的青年人才，第七次人口普查数据也表明，2010~2020年甘肃常住人口数量减少55.5万。

三 促进西北地区经济发展的对策与建议

面对当前国内外经济发展形势，西北地区要更加坚定地用新发展理念统一行动，紧抓西北发展涉及的国家重大战略机遇，积极参与"一带一路"建设，加快实施黄河流域高质量发展，大力推进西部大开发形成新格局及城市群建设，在产业布局、项目谋划、资源配置、要素流动、科技创新等重要领域加强合作，减少无序竞争，形成西北地区平衡协调持续稳定发展的整体战略格局。同时，关键要从以下几个方面加强应对当前经济发展中所存在的突出问题。

（一）着力稳固经济发展基础

经济增长速度放缓，是经济发展到一定阶段必然出现的规律，但针对当前西北五省区 GDP 增速全面落后于全国平均水平、产业行业发展不均衡以及经济恢复不稳定的具体形势，要积极采取有效措施加以应对。

一方面要夯实西北地区经济稳定增长的产业基础，巩固实体经济稳定恢复的良好态势。围绕西北地区高寒干旱的农业发展环境特征，加快构建特色化的现代农业产业体系、生产体系、经营体系，促进农业现代化发展进程，推进乡村产业全面振兴；坚持工业强省战略，明确西北地区发展基础薄弱的客观实际情况，抓住当前制造业快速发展的良好时机，大力推进传统产业向新兴产业转型升级，同时更大力度承接一些国内制造业产业链中的部分环节，打造延长区域工业产业链与供应链，保证以有效措施促进工业稳定增长，撑起区域经济长期稳定发展的基本盘；要加大攻坚力度，解决短板难题，持续深化供给侧结构性改革，多措并举帮助中小企业纾困发展，尽力降低中小企业的经营成本，充分激发市场主体活力，增强发展动能。另外，要强化疫情常态化防控。加强对疫情形势预判和风险评估，认真做好疫情防控和经济社会发展统筹工作，根据各省区实际情况制定防控对策与应对机制，在确保安全防范、风险可控的前提下，采取更加人性化、合理化、精准化的防控措施，正确把握好"防"和"放"的关系，进一步促进经济社会发展循环畅通。

（二）加强引导投资促进消费

面对固定资产投资增速下行及消费疲软的压力，西北地区需要精准把握问题源头，加强对投资的政策引导，千方百计扩大消费需求。

在引导投资方面，要发挥好政府投资的支撑作用，认真落实国家和省区稳投资的相关措施，积极对接国家重点投资方向，把握相关投资政策，做好项目谋划、储备、实施和落地工作；重视新经济发展形态投资，持续扩大制造业投资，聚焦重点产业投资，夯实高质量发展基础；加大高新技术产业投资力度，提高生态环境保护投资，加快新型城镇化建设，不断扩大有效投资。同时，要稳定好民间投资的主体地位，加强产业政策引导，不断拓宽投资渠道，促进非公经济和民间资本等多元化投资；放宽市场准入门槛，鼓励民间资本进入基础设施、科教文卫、高新产业等投资领域；完善相关法律法规，依法保护民间投资者的合法权益，力促民间投资稳定增长。

在提振消费方面，要扎实做好就业保障工作，持续提高居民收入水平，尤其是提高中等阶层群体的收入，努力减少不同群体间的收入差距，推动居民消费潜力和活力的全面释放；要持续做好房地产、教育、医疗等领域调控与改革，防止其对居民消费空间的进一步挤压；要深入挖掘消费潜力，努力增加消费的有效供给，扩大服务消费，发展中高端消费，实施消费升级计划，开展相关领域消费促进活动，有效推进产销衔接，加快消费渠道创新，推进市场体系建设，不断优化消费环境，有效提升消费者的消费意愿。

（三）持续做大做强新兴产业

"十四五"期间，西北五省区继续将战略性新兴产业和高新技术产业作

为转型发展的重点方向，由于各地区在资源禀赋、发展环境和基础条件等方面相似度较高，因此为充分利用各省区已有基础形成发展优势，省区间需要围绕既定发展目标加强合作。

一要加强规划指导。2020年，国家发展改革委、科技部、工业和信息化部、财政部已联合印发《关于扩大战略性新兴产业投资培育壮大新增长点增长极的指导意见》，西北地区要根据国家指导意见以及各省区"十四五"发展规划，加快制定印发实施各省区的战略性新兴产业及高新技术产业发展规划，大力推动战略性新兴产业及高新技术产业融合化、集群化、绿色化发展，加快培育壮大先导性和支柱性产业，为全面开创新时代现代化强省建设新局面提供重要支撑。

二要统筹发展布局。综合考虑西北各省区已有产业基础和人才科技实力等特点，明确主攻方向，陕西要重点加快发展军民两用高端技术、生物医药、能源化工、电子信息等创新型产业集群，甘肃、青海、宁夏、新疆等地要着重加快提高农牧业现代化水平，发展生物医药、新能源等创新型产业，使西北五省区形成项目合理布局、特色优势显著、产业协同配套、发展互惠互利的新一代战略性新兴产业和高新技术产业集群。

三要完善发展环境。对战略性新兴产业和高新技术产业所涉及的技术、融资、政策等发展环境方面的问题，应充分保证其优先性和灵活性，积极搭建多种信息技术交流和合作平台，引导高新技术由传统产业加快向新兴产业转型升级；应充分发挥财政扶持资金的引导作用，提高金融服务的供给能力，进一步畅通和拓宽战略性新兴产业的融资渠道；要在积极引进战略性新兴产业所需高层次专业技术人才和创新团队的同时，依托现有的高校、科研院所以及骨干企业，最大限度地发挥各类人才的创新潜能，为战略性新兴产业的创新和发展创造优良的发展环境。

（四）加快构建创新网络体系

"十四五"时期，区域科技创新将成为促进新时代西部大开发的重要引擎，以及推动西部高质量发展的核心动力，也是西部加快构建"双循环"

新发展格局和推动共同富裕的重要抓手。必须加快构建区域科技创新网络体系，破除科技创新道路上的各类区际障碍，形成高质量发展的强大动能与合力。

一是整合创新资源，打造区域科技创新中心。西北地区要审时度势，以科技创新能力较强的西安为中心，整体布局西北地区创新体系，西安要充分利用和咸阳一体化的创新基础，打造全国重要科学研究和文化教育中心；甘肃要夯实兰州综合性国家科学中心建设基础，以兰白自创区和兰白试验区为载体，联合青海、宁夏，打造黄河上游及丝路文化科技融合创新集聚区；新疆以丝绸之路经济带创新驱动发展试验区、乌昌石国家自主创新示范区建设为抓手，加快构建向西开放的创新发展平台。

二是持续实施强省会战略，加强省会城市和创新型城市科技创新水平。当前西部地区科技创新资源多集中在省会城市，创新型城市也集中在省会，要以"强省会"战略进一步提高省会城市首位度，发挥西安、兰州、银川、西宁和乌鲁木齐等西北省会城市作为创新型城市的带动作用，辐射以省会城市为中心的都市圈，打造创新驱动新旧动能转换的示范区。

三是发挥西北地区城市群的辐射带动作用。加快建设跨行政区域创新型城市群协同创新网络，重塑西北区域新格局，减少西北省市之间的无序竞争，融入区域发展新格局。发挥兰西城市群、关中城市群等国家级城市群和都市圈在构建新发展格局中的战略腹地作用，提升中心城市和重点区域带动辐射周边地区共同创新发展能力。

四是把握"三新一高"导向，进一步深化对人才工作和科技创新的规律性认识，把人才资源开发放在最优先位置，营造更优人才环境，细化落实政策措施，着力破解人才工作瓶颈制约，加快补齐要素支撑、服务保障等短板。深化各省区人才发展体制机制改革，坚持引进与培养相结合，培育壮大各类人才队伍，形成支撑有效、结构合理的人才布局，为西北地区高质量发展提供智力和科技支撑。

B.3
2021年西北地区社会发展报告

李保平　杨永芳　徐东海*

摘　要： 2021年，西北各省区与全国一道开局"十四五"、开启了全面建设社会主义现代化国家新征程，社会发展总体形势稳定、社会建设事业蓬勃发展、社会安定和谐有序、社会文明事业进步明显、铸牢中华民族共同体意识事业高质量发展、基层治理体系日益完善、基层治理能力日益提升。然而，面对复杂的国际形势和诸多不确定性因素影响，西北地区社会发展在民生、人口、乡村振兴、基层治理等方面仍然面临诸多困难和挑战。2022年，西北各省区机遇和挑战同在，必须在科学精准做好常态化疫情防控工作的同时，自觉运用党的百年奋斗历史经验，立足新发展阶段，贯彻新发展理念，面向全面建设社会主义现代化新征程，构建新发展格局，营造安定祥和的社会环境，推动经济社会高质量发展，向党的二十大献礼。

关键词： "十四五"　社会发展　现代化　西北地区

2021年是"十四五"规划的开局之年，是举国同庆中国共产党成立100周年之年，也是中华人民共和国在现代化建设进程中具有特殊意义的一年。这一年，西北各省区与全国一道庆祝中国共产党成立100周年，百年征

---

* 李保平，宁夏社会科学院社会学法学研究所所长，研究员，研究方向为法学、法社会学；杨永芳，宁夏社会科学院社会学法学研究所研究员，研究方向为乡村振兴、社会治理；徐东海，宁夏大学2020级民族社会学专业博士研究生、宁夏社会科学院社会学法学研究所党支部副书记、助理研究员，研究方向为乡村振兴、社区治理。

程波澜壮阔，向世界展示了中国共产党为什么行；这一年，西北各省区与全国一同在中国共产党带领下，以坚定不移、顽强不息的信念和意志，与贫困作斗争的脱贫攻坚事业取得了全面胜利，为全球减贫事业的中国实践贡献了力量；这一年，西北各省区与全国同步建成全面小康社会，人民群众获得感、幸福感、安全感显著提升，美好生活需求不断得到满足；这一年，西北各省区与全国共同进一步深化改革开放、依法治省/区有序推进，进一步完善基层治理体系、进一步提升基层治理现代化水平，面向新时代社会主义现代化国家建设新征程，信心十足；这一年，西北各省区人民众志成城，依托新时代中国特色社会主义制度优势，有效控制了突发的新冠肺炎疫情，续写了打赢新冠肺炎疫情防控阻击战的西北地区故事；这一年，西北各省区进一步贯彻落实习近平总书记视察讲话精神，全面落实党的十九届二中、三中、四中、五中、六中全会精神和西北各省区党委历次全会精神，大力推进脱贫攻坚与乡村振兴有效衔接，经济社会高质量发展取得显著成效，实现了西北地区奋斗"十四五"规划和2035年远景目标的良好开局。

一 全面建设社会主义现代化新征程下 2021年西北地区社会发展新局面

2021年，西北各省区社会发展总体形势稳定、社会建设事业蓬勃发展、社会安定和谐有序、社会文明事业进步明显、铸牢中华民族共同体意识事业高质量发展、基层治理体系日益完善、基层治理能力日益提升；新冠肺炎疫情防控和经济社会发展成果得以巩固拓展，民生福祉得以提高。

（一）规划先行，顶层设计保障社会平稳运行

2021年，紧扣"十四五"由全面建成小康社会向基本实现社会主义现代化迈进关键时期的实际，西北各省区《国民经济和社会发展第十四个五年规划和二○三五年远景目标纲要》（以下简称《"十四五"规划》）编制完成，贯彻落实实施工作有序推进。党领导的新时代中国特色社会主义建设

事业，蓬勃发展。加强社会建设、完善社会治理体系、提高社会治理能力，既关系党和国家全心全意为人民服务、为人民满足美好生活向往而奋斗的目标，也关系党的立党为公、执政为民、为人民谋幸福、为民族谋复兴的本质和宗旨，意义非常重大。西北各省区《"十四五"规划》的成功编制为西北地区全面建设社会主义现代化新征程提供了顶层设计保障。

（二）民生福祉持续提升，全力创造高品质生活

1. 加快实现预期就业工作目标

2021 年，西北各省区力克新冠肺炎疫情防控常态化和突发疫情遭遇战的不利因素，年初预期就业工作目标已经实现。2021 年初，陕西省预期城镇新增就业 40 万人，城镇调查失业率控制在 5.5% 左右，登记失业率控制在 4.5% 以内；甘肃省预期城镇调查失业率控制在 6% 左右；宁夏回族自治区预期城镇调查失业率控制在 5.5% 以内；青海省预期城镇新增就业 6 万人以上，农牧区劳动力转移就业 105 万人次，城镇调查失业率 5.5% 左右、城镇登记失业率 3.5% 以内；新疆维吾尔自治区预期城镇调查失业率控制在 5.5% 以内。目前，西北各省区产业结构持续优化，服务业就业潜力加速释放；企业用工持续增加，重点群体在积极就业政策的支持下，吸纳就业能力持续提升，潜在劳动力得到挖掘，劳动力市场活跃度持续增强，就业规模持续扩大，就业市场稳定复苏就业形势逐步向好①。

2. 积极办好人民满意的教育事业

2021 年，西北各省区稳步实施教育提升工程，扎实提升教育质量，旨

---

① 数据资料根据陕西省、甘肃省、宁夏回族自治区、青海省、新疆维吾尔自治区 2021 年（2020 年度）政府工作报告整理，详见：陕西省人民政府：《陕西省 2021 年政府工作报告》，http://www.shaanxi.gov.cn/zfxxgk/zfgzbg/szfgzbg/202102/t20210203_2151881.html；甘肃省人民政府：《2021 年政府工作报告》，http://www.gansu.gov.cn/gsszf/c100190/202102/1366099.shtml；《2021 年宁夏回族自治区政府工作报告》，澎湃网，https://www.thepaper.cn/newsDetail_forward_11228649；《2021 年青海省政府工作报告》，搜狐网，https://www.sohu.com/a/449613237_120207624；新疆维吾尔自治区人民政府：《2020 年度政府工作报告》，http://www.xinjiang.gov.cn/xinjiang/xjyw/202102/19f86de68387406ca2e1b25f0b0f789a.shtml。

在办好人民满意的教育事业。陕西省加大普惠性幼儿园财政投入力度、大力实施普通高中达标创建示范工程、通过加大"双一流"建设支持力度深入实施新时代高等教育振兴行动。甘肃省努力扩大城镇学校学位供给、大力推进"技能甘肃"建设办强办优职业院校、通过深入实施新时代高等教育振兴计划纵深推进高校"双一流"特色建设工程。宁夏回族自治区加快"互联网＋教育"示范区建设、大力推动义务教育优质均衡发展、持续增加普惠性学前教育供给、通过推动宁夏师范学院"升大创博"支持"双一流"建设进而提升高等教育质量。青海省努力创新开展思政教育、加快实施学前教育发展薄弱县和普通话提升行动、大力推进高中育人方式改革和高等教育内涵式发展。新疆维吾尔自治区全面加强国家通用语言文字教育、大力实施4～6岁学前儿童幼儿园"应入尽入"工程、努力促进义务教育优质均衡发展、鼓励高中阶段学校多样化发展、深入推进职业教育改革发展、通过完善新疆大学新校区建设促进高等教育内涵式发展。此外，西北各省区把师德师风建设提上了议程，为新时代实施教师素质能力提升行动奠定了基础。

3. 稳步推进全民健康事业

健康是促进人的全面发展的必然要求。在全面建成小康社会进程中，习近平总书记曾做出"没有全民健康，就没有全面小康"的重要论断。党的十八大以来，党和国家把人民健康放在优先发展的战略地位，颁布《"健康中国2030"规划纲要》，加快推进健康中国建设，西北各省区健康事业正在稳步推进。陕西省通过加快区域医疗中心和县域医共体建设、继续实施重点人群健康筛查、加快推动中医药传承创新等大力实施健康陕西17项行动。甘肃省通过大力改善省市县疾控基础条件、加快构建紧密型医联体、全面推广"互联网＋医疗"服务、积极推动群众身边的公共体育设施建设，力促健康甘肃建设。宁夏回族自治区通过深化"互联网＋医疗健康"示范区建设、健全疾病预防控制和公共卫生体系、深化公立医院改革和区域医疗中心及医联体建设、促进中医药传承创新发展等措施，让健康宁夏优起来。青海省通过建好把牢新冠肺炎疫情防控体系、建立健全疾病预防控制体系、深化

公立医院改革、完善异地就医备案和费用直接结算制度、保障妇女儿童健康等措施，筑牢人民健康的社会防线。新疆维吾尔自治区通过不断深化医药卫生体制改革、持续完善乡镇卫生院和村卫生室标准化建设、有效防治重点区域重点疾病、试行优化公立医院住院结算方式等措施推动健康新疆建设。此外，大力推动爱国卫生运动也是西北各省区落实推进健康中国建设步伐、提高民众健康素养和全民健康水平的有力抓手。

4. 扩面织密社会保障网络

2021年，西北各省区大力实施全民参保计划，健全基本养老保险制度、完善失业和工伤保险制度，扩大城镇职工居民医疗保险覆盖面，进一步健全和完善城乡居民最低生活保障动态调整机制；逐步健全基本养老保险、基本医疗保险筹资机制，发展多支柱养老保险体系；深化养老、工伤、失业保险省级统筹，推进医保、社会救助制度改革，加强对残疾人、精神病人等特殊群体的救助，健全退役军人工作体系和保障制度，逐步探索有意愿的农村"五保"老人全部实现集中供养、孤儿全部实现集中收养机制。目前，西北五省区与全国同步实现了社保卡申领、社保功能启用、补换、临时挂失等服务事项的跨省通办；除甘肃省外，陕西省、宁夏回族自治区、青海省、新疆维吾尔自治区于2021年均已成为普通门诊费用（不含门诊慢特病）跨省直接结算试运行省区。

（三）人口情况出现新特点，城镇化发展水平持续提高①

1. 人口增长持续趋缓

自1982年全面实行计划生育政策以来，西北各省区人口发展呈有计划增长但持续趋缓态势，甘肃省人口出现负增长趋势。第七次全国人口普查数据显示，西北地区常住人口为103527786人。其中陕西省39528999人、甘肃省25019831人、宁夏回族自治区7202654人、青海省5923957人、新疆

---

① 数据资料根据陕西省、甘肃省、宁夏回族自治区、青海省、新疆维吾尔自治区第七次全国人口普查公报整理，详见：陕西省统计局：《陕西省第七次全国人口普查主要数据公报》（1－6号），http://tjj.shaanxi.gov.cn/tjsj/ndsj/tjgb/qs_ 444/； （转下页注）

维吾尔自治区 25852345 人。与 2010 年第六次全国人口普查数据相比，西北地区常住人口增加 6883748 人、增幅约 7.12%，其中，陕西省人口增加 2201621 人、增幅为 5.90%；甘肃省人口下降 555423 人、增幅为 -2.17%；宁夏回族自治区人口增加 901304 人，增幅为 14.30%；青海省人口增加 297235 人，增幅为 5.28%；新疆维吾尔自治区人口增加 4039011 人，增幅为 18.52%。

2. 人口素质不断提高

从西北地区人口受高等教育程度看，西北地区人口素质呈不断提高趋势。第七次全国人口普查数据显示，西北地区每 10 万人中拥有大学文化程度人口约为 16332 人，其中陕西省 18397 人、甘肃省 14506 人、宁夏回族自治区 17340 人、青海省 14880 人、新疆维吾尔自治区 16536 人。与 2010 年第六次全国人口普查数据相比，西北地区每 10 万人中拥有大学文化程度人口增加约 7035 人，增幅为 75.67%，其中，陕西省增加 7841 人，增幅为 74.28%；甘肃省增加 6986 人，增幅为 92.90%；宁夏回族自治区增加 8188 人，增幅为 89.47%；青海省增加 6260 人，增幅为 72.62%；新疆维吾尔自治区增加 5901 人，增幅为 55.49%。

3. 人口居住与流动格局正在发生历史性变化

第七次全国人口普查数据显示，西北地区居住在城镇的人口为 60688701 人，约占常住人口的 58.62%；居住在乡村的人口为 42839085 人，约占常住人口的 41.38%。其中，陕西省、宁夏回族自治区、青海省居住在城镇的人口数量超过西北地区平均值且占比超过六成。城镇人口比重逐年增加，城市化率逐年提高，表明近 10 年来随着西北地区新型工

（接上页注①）甘肃省统计局：《甘肃省第七次全国人口普查主要数据公报》（1-6 号），http：//tjj. gansu. gov. cn/tjj/c109457/info_ list. shtml；宁夏回族自治区统计局：《宁夏回族自治区第七次全国人口普查主要数据公报》（1-6 号），http：//tj. nx. gov. cn/tjsj_ htr/tjgb_ htr/；青海省统计局：《青海省第七次全国人口普查主要数据公报》（1-6 号），http：//tjj. qinghai. gov. cn/tjData/surveyBulletin/；新疆维吾尔自治区统计局：《新疆维吾尔自治区第七次全国人口普查主要数据公报》（1-5 号），http：//tjj. xinjiang. gov. cn/tjj/tjgn/ist. shtml。

业化、新型城镇化和农业现代化进程稳步推进，城镇化建设取得了历史性成就（见表1）。

表1 西北各省区第七次全国人口普查人口居住情况

单位：人，%

省区	"七普"常住人口	"七普"城镇人口	"七普"城镇人口占比	"七普"乡村人口	"七普"乡村人口占比	"七普"流动人口	"七普"流动人口占比
陕西省	39528999	24769730	62.66	14759269	37.34	9273878	23.46
甘肃省	25019831	13067332	52.23	11952499	47.77	5341595	21.35
宁夏回族自治区	7202654	4678654	64.96	2524000	35.04	2506995	34.81
青海省	5923957	3559363	60.08	2364594	39.92	1606035	27.11
新疆维吾尔自治区	25852345	14613622	56.53	11238723	43.47	8051404	31.14
合计	103527786	60688701	58.62	42839085	41.38	26779907	25.87

注：数据资料根据陕西省、甘肃省、宁夏回族自治区、青海省、新疆维吾尔自治区第七次全国人口普查公报整理。

第七次全国人口普查数据显示，西北地区流动人口为26779907人，约占常住人口的25.87%。总体而言，西北地区流动人口呈增加趋势，流动人口的流入存在较大人口素质、年龄等结构差异。

从常住人口中城镇人口占比情况看，根据第七次全国人口普查数据，与全国63.89%（全国人口中居住在城镇的人口为901991162人）水平相比，西北地区人口城镇化水平尚比全国约低5.27个百分点。陕西省人口城镇化水平仅比全国约低1.23个百分点，宁夏回族自治区人口城镇化水平比全国约高1.07个百分点。

（四）基层治理体系不断完善，基层治理能力持续提升

面向全面建设社会主义现代化新征程，基层治理体系和治理能力现代化意义重大。通过基层治理体系和治理能力现代化的全力构建，可以探索国家治理体系和治理能力现代化的过程、方法和模式。2021年4月，中共中央、国务院出台《关于加强基层治理体系和治理能力现代化建设的意见》，为全国加强基层治理体系和治理能力现代化建设指明了方向，西北各省区结合自身前期完善基层治理体系、提高基层治理能力的实际和政策实践，重点围绕基层村（社区）两委换届做了大量工作。2021年10月，外省份输入所引起的西北地区部分省区本土感染新冠肺炎病例增加，西北各省区依托党建引领基层治理体系推行机关和企事业单位党组织、在职党员到社区"双报到、双报告"制度以及"街道（社区）吹哨、部门报到"的联动融合制度，强化以党员为主体的应急志愿者队伍建设，充分发挥基层社区辖区机关、企事业单位党组织和党员在社区疫情防控工作中的积极作用，快速应对突发新冠肺炎疫情。12月中旬，陕西省在应对突发新冠肺炎疫情的同时，遭遇了突发的出血热疫情，这也为依托基层治理体系和治理能力现代化应对突发公共卫生事件带来了新的考验。

（五）开启新时代党的民族工作高质量发展新格局

西北地区是全国主要少数民族聚居区，推进新时代西北地区民族工作高质量发展是西北各省区贯彻落实中央民族工作会议精神、贯彻落实习近平总书记关于加强和改进民族工作重要思想的重要体现。中央民族工作会议后，西北各省区迅速组织学习、研究、部署、落实，坚决以铸牢中华民族共同体意识为主线，结合各自实际，进一步增强西北地区各民族的文化自觉和文化自信，担当起新时代赋予西北各民族的维护国家统一和民族团结使命，共同为做好新时代西北地区民族工作做出贡献。

二　全面建设社会主义现代化新征程下2021年西北地区社会发展面临的困难与挑战

2021年，面对新冠肺炎疫情防控和各类突发公共卫生事件防控压力下的"十四五"开局繁重任务，西北各省区在党中央、国务院坚强领导下，

戮力同心，顽强拼搏，各项社会事业取得新的重大进展，但面对复杂的国际形势和诸多不确定性因素影响，西北地区社会发展中仍然面临诸多困难和挑战。

（一）民生保障有短板，社会建设事业与广大人民群众对美好生活向往和实现共同富裕目标还有较大差距

向往美好生活、实现共同富裕。多年以来，西北各省区积极推动民生保障事业发展，为促进共同富裕创造了良好条件。然而，在伴随经济发展不断提高民生水平方面还存在部分短板。一是高质量教育体系建设与高质量发展目标还有差距。各级各类教育供需矛盾尚存，城乡、区域、学校之间的差距还普遍存在；特殊教育总体相对薄弱；"互联网＋教育"示范区建设面临挑战，资金缺口比较大；德育教育重视程度不够，德育工作评价机制不健全，缺少专业德育教师，德育课师资薄弱，德育内容与形式创新不足，德育实效性有待提升；心理健康教育专业教师十分缺乏，心理健康教育弱化。二是就业压力依然较大。劳动力供给与市场需求矛盾突出；受疫情影响，市场对就业的带动作用减弱，特别是批发零售业、交通运输业、旅游业等岗位数量大幅下降；就业结构性矛盾突出；职业技能培训因教材、培训方式、手段、内容、实操等不能满足求职者和市场的有效需求；创业服务体系不完善，创业孵化园区带动就业作用发挥不够，企业入驻创业孵化园区的积极性不高，园区运营成效不理想。三是医疗卫生供给与服务能力不足。公共卫生体系不健全、应急反应能力不足；群众医疗需求旺，医疗成本增大，医疗费用上涨，医保资金压力加大，医疗资源相对不足与过度医疗并存；基层医疗服务水平不高，区域资源配置不均衡，优质资源短缺，群众"看病难、看病贵"问题还没有根本缓解，居民住院费用个人负担比例仍然偏高，自费药品较多，群众看病就医负担比较重；人口流动对城乡医疗卫生资源、医保医药保障服务等的供给和布局带来新要求；家庭医生签约服务和全科医生供给不足，妇女儿童等群体相关医疗保健服务的供需矛盾日益突出；慢性非

传染性疾病数量急剧上升，成为影响群众健康素养不容忽视的问题。四是社会保障基金支付和救助压力较大。受新冠肺炎疫情和一些行业企业用人单位经营困难等因素影响，部分群体参保缴费困难，应保尽保难度加大；灵活就业人员流动性大，大部分未与用人单位签订劳动合同，缴纳社保比例低、经济负担重；新业态就业群体的参保制度不健全；社保基金可持续能力不足，基金支付和管理风险加大；社保经办力量薄弱，跨省跨部门信息数据共享渠道不畅通，数据传递不及时，导致多户、重复领取待遇问题，死亡、服刑人员难以做到及时停发待遇，冒领基金追缴难度较大；职业康复设施少、服务能力较弱；社会救助压力大，精准识别特殊区域、特殊人群、特殊家庭难度大。

（二）老龄化、少子化趋势加剧，西北地区未来人口走向对经济社会发展及政策调整带来新的挑战和考量

西北地区是少数民族聚居相对集中的地区，有两个省级建制的自治区，由于长期实施"一二三孩"生育政策，西北各省区人口与全国相比，在年龄结构、性别结构、抚养比等方面都具有一定优势。然而，老龄化、少子化仍在成为西北各省区未来人口发展的基本走向，从中长期发展来看，人口老龄化趋势影响着西北地区人口发展的走向，人口数量仍然是一个逐渐下行的过程。一是人口不均衡分布逐步加剧。西北地区人口向省会城市、区域中心城市以及市（市辖区）转移态势明显，并进一步加快转移速度，随着城镇化推进，流动人口逐年增加，西北地区人口不均衡现象将进一步加剧，省会城市、区域中心城市的人口聚集效应会进一步显现。同时，随着西北各省区特色产业发展形成规模效应和生态宜居的居住环境，其对国家东中南北部人口吸纳力逐渐增强，西北地区省会城市、区域中心城市人口还会有一个较大的提升，将对这些城市基础设施、公共服务、治理水平提出严峻挑战。二是劳动力人口配置的非均衡性逐步加大。在人户分离情况下，人口向区域中心城市和市辖区转移，将进一步加大劳动力人口配置的非均衡性，形成西北地区人口输入—输出格局，人口输出

地区将会面临较大的经济发展、社会保障压力。从全国看，西北地区属于劳动力输出省区，基于区域内经济不平衡，人口红利更多地流向经济发达地区，形成发展中的不公平。实际上，在西北各省区，经济发展不平衡所导致的劳动力自然流动，也在事实上产生了对人口聚集地区有利的发展格局，导致老龄化程度存在不平衡现象。三是对城乡居民生育意愿分化产生影响。随着经济发展和人民生活水平提高，人们将会更加重视人口的质量，关注子女素质提高和全方位发展，将逐步实现从多生到善养的转变。从国家层面看，在关心儿童健康成长的同时，更关注人口总量的平衡问题，因为人口总量及其结构，对经济社会发展具有重要意义，而作为个体的家庭则更加关心孩子的身心健康和未来发展。近年来，西北地区农村的生育观念虽然也在发生变化，但总体而言，受传统文化的影响，加之养育成本相对较低和性别偏好，农民的生育意愿较为强烈，未来提高西北地区人口出生率的希望有可能仍然在农村、在农民。四是养老服务业发展亟待跟进。人口老龄化进程加快，对养老服务体系建设提出了严峻挑战。近年来，西北地区养老机构发展较快，公办养老机构的入住率要高于民营养老机构，民办养老机构利用率偏低，民办养老机构多数处于微利或保本经营状态。医养结合养老机构城乡发展差距较大，医养结合养老机构主要集中在城镇，基础设施建设比较好，但康复医疗、护理服务的水平较低，医疗服务能力较弱。五是婴幼儿照护服务体系建设滞后。当前，示范性托育服务机构缺乏，对家庭婴幼儿照护的支持和指导不足，机构配备的人员以幼教人员为主，缺少专业婴幼儿照护服务人员，婴幼儿照护服务人才培养和技能培训薄弱是婴幼儿照护服务体系建设滞后的主要体现。

（三）脱贫基础薄弱，巩固拓展脱贫攻坚成果与推进乡村振兴任务艰巨

脱贫不是终点，而是新的起点。从目前西北地区巩固脱贫攻坚成果与推进乡村振兴工作推进进程来看，迫切需要从思路、理念、方法上换挡提速。一是统筹推进的合力不够。由于机构改革和人员调整等因素，在如何推进巩

固拓展脱贫攻坚成果同乡村振兴有效衔接方面，存在工作沟通协调不及时，各行业部门和乡镇之间协同效率较低、统筹推进合力不足的问题。二是特色产业带动能力不强。特色优势产业基础不牢固，许多产业是在政策帮扶下培育发展起来的，市场竞争力和抗风险能力总体较弱；特色产业链条短、附加值低，多为初级农产品。品牌营销滞后，知名度不高，市场占有份额小。三是农村人居环境整治力度不够。部分村庄公共区域仍存在具有安全隐患的土坯房，生活垃圾、建筑垃圾存在随意堆放倾倒的问题；生活污水处理基础设施建设不足，农村在管网建设和设备采购方面都没有统一标准，管网覆盖率不高，管道和供水安全问题频繁发生；农村面源污染造成的环境问题日益加剧，农膜、农药化肥、畜禽粪便污染严重，影响乡村生活环境。四是乡村人才队伍建设有待加强。缺乏爱农业、懂技术、善经营的新型职业农民；缺乏政治素质好、发展潜力大的乡村管理人才；缺乏懂农产品精深加工、电商营销、物流等方面的经营型人才。五是必须高度重视易地搬迁的移民群体。目前，西北地区移民村村庄规划滞后，特色不鲜明；产业发展集约化水平低，总体规模小，精深加工不足，附加值不高，竞争力不强，对移民增收的带动能力较弱；就业帮扶工作对接不及时，信息不畅通，培训不精准，组织化程度不高；移民在户籍、住房、土地、社会保障等方面遗留问题较多；生态移民区空房、空圈、空棚问题仍未彻底解决；移民迁入地聚居区人口流动频繁，加大了基层社会治理的难度。

（四）基层社会治理缺乏协同性，治理效能亟待提升

党的十九届四中全会就推进国家治理体系和治理能力现代化做出了重大制度安排，提出了当前基层社会治理的五个重点环节。就西北各省区而言，受新冠肺炎疫情和巩固拓展脱贫攻坚成果等因素影响，社区治理和乡村治理是当前基层社会治理中的重中之重。一是社区治理面临体制资源等多重保障的困境。党建引领作用发挥不够，对区域内党建工作缺乏长远规划和整体构思，党组织自身建设不完善，党建工作氛围不浓厚；政府职能定位不清晰，主要表现为权力"越位"、管理"缺位"和职责"错位"。二是乡村治理缺

乏系统性整体性思维。乡村治理总体处于碎片化状态，美丽村庄建设缺乏整体规划，地域文化特色不突出。

三 全面建设社会主义现代化新征程下2022年西北地区社会发展政策建议

2022年，机遇和挑战同在。西北各省区必须在科学精准做好常态化疫情防控工作的同时，自觉运用党的百年奋斗历史经验，立足新发展阶段，贯彻新发展理念，面向全面建设社会主义现代化新征程，构建新发展格局，营造安定祥和的社会环境，推动经济社会高质量发展，向党的二十大献礼。

（一）深入学习习近平总书记视察讲话精神，全面贯彻落实党中央决策部署，推动西北地区经济社会高质量发展

2021年，西北各省区各族群众在自治区党委政府坚强领导下，凝心聚力，万众一心，社会建设和民生保障取得了显著成效。这些成绩的取得得益于在推进社会事业发展中始终坚持党的领导、始终坚持以人民为中心的思想、始终坚持实施积极的社会政策、始终坚持民生导向、始终坚持改革创新。实践证明，只要牢牢坚持中国共产党的领导、心系人民群众，西北地区社会建设事业就能够不断进步发展，并得到广大人民群众的认同和拥护。

党的十八大以来，习近平总书记高度关注西北地区发展、心系西北地区人民群众生产和生活，考察、视察足迹遍及西北各省区。习近平总书记视察西北各省区讲话精神成为激励西北地区广大干部群众在党中央带领下团结一致奔赴未来的强大精神动力和根本遵循。2022年，西北各省区要继续以习近平新时代中国特色社会主义思想为指导，坚决维护习近平同志党中央的核心、全党的核心地位，全面贯彻落实党的十九大和十九届历次全会精神，以西北各省区党委历次全会精神为指引，弘扬伟大建党精神，坚定不移地把党的百年奋斗重大成就和历史经验在西北大地落地落实，把党的各项决策部署贯穿在西北地区社会建设和社会发展的方方面面，切实变成满足人民群众日

益增长的美好生活需要的福祉。2022年，西北各省区要继续统筹好疫情防控和经济社会发展，加强社会建设，兜牢民生底线，巩固拓展脱贫攻坚成果和乡村振兴有序衔接。2022年，西北各省区要继续扩大中等收入群体比重，增加低收入群体收入，合理调节高收入，取缔非法收入，逐步形成中间大、两头小的橄榄形分配结构，促进社会公平正义。2022年，西北各省区要进一步提升基层治理能力和水平，铸牢中华民族共同体意识，保持社会大局稳定，以新气象、新作为、新担当，使全体人民朝着共同富裕目标扎实迈进，迎接党的二十大胜利召开。

（二）加强社会建设，兜牢民生保障，在高质量发展中办好民生工程

2022年，西北各省区将继续实施积极的社会政策，尽力而为、量力而行，从群众最关心的就业、教育、医疗、社会保障等现实利益问题着手，兜住民生底线，有力保障全体社会成员都能从社会建设的成果中受益。一是加大政策帮扶力度，加强就业创业服务。就业是最大的民生，解决好就业问题就是在解决群众的操心事、烦心事和揪心事。要加强政策支持力度，落实好就业优先战略，用好国家各项就业政策措施。加大就业帮扶力度、实施好高校毕业生基层就业项目、抓好创业载体培育、加强职业技能培训。二是促进教育公平，办人民满意的教育事业。加快建设高质量教育体系，以教育高质量发展助力黄河流域生态保护和高质量发展先行区建设。要加快推进基础教育质量提升行动、加快落实普通高中大班额专项规划、通过净化教育环境营造良好的学习成长空间、普及心理健康教育知识、加快"互联网＋教育"示范区建设、加强教育云平台应用。三是实施全民健康水平提升行动。要凝聚西北地区全社会力量，推动全民健康水平提升行动取得新成效。重视重大疾病防控、提升医疗服务能力和水平、加强城市社区卫生服务中心和乡镇卫生院建设、加快县域（区域）互联网、医共体数字化建设。四是完善社会保障体系，提升保障水平。既要坚持尽力而为，着力提升社会保障水平，也要坚持量力而行，充分考虑西北各省区经济社会发展水平，把保障和改善民

生建立在财力可持续的基础之上，防范不切实际的盲目拔高，避免掉入"高福利陷阱"。要继续推进实施全民参保计划、跟进养老保险全国统筹步伐、推进机关事业单位养老保险制度改革、规范社保基金管理、做好基本养老保险基金投资运营和划拨工作，在社会救助方面重点做好医疗救助、在医疗救助方面丰富药品参保种类、在重要节假日和关键节点向困难群众发放平价食品消费券或采暖补贴。五是住房开发市场健康发展，老旧小区改造要回应群众关切。解决好"宜居""安居"问题，是西北地区高质量发展的内在要求。面对近年来持续走高的房价，必须下大力气稳定房地产市场。要围绕"稳地价、稳房价、稳预期"目标，合理调控土地入市频率和出让节奏，避免房价出现较大波动和过快上涨。六是多措并举提升居民收入，促进消费升级。以实施城乡居民收入提升行动为抓手，扩大中等收入群体比重，增加低收入群体收入，合理调节高收入，取缔非法收入，逐步形成中间大、两头小的橄榄形分配结构。为此，要多举措拓宽居民增收渠道。

（三）以优化生育政策为抓手，推进人口战略健康发展

人口问题事关国家未来发展大局，人口众多是我国最大的国情，也为我国有效应对各种风险挑战创造了基础性条件。面对日益严峻的人口形势，西北各省区需要制定出符合人口发展规律的法律政策，形成有利于生育的社会环境，保证法规政策的有效实施，促进人口生产，保障国家人口安全。一是扎实推进乡村振兴，有效提升生育意愿。通过提高城乡居民收入水平，切实解决抚育、教育、医疗等方面存在的问题，是有效提升生育意愿、实现从多生到善养的重要途径。二是重视人口问题研究，理性看待鼓励生育政策的实际效应。生育政策调整不是应对人口问题的灵丹妙药，有作用但不应给予过多期待。随着经济社会发展水平的提高和妇女地位提升，生育率普遍趋于下降，已经成为许多发达国家和发展中国家存在的事实，许多经验值得我们吸取。三是建立以人口为基准的公共资源配置机制，有效缓解人口输入地区公共资源压力。要改变现行公共资源按照行政区划进行分配的做法，建立以人口为基准的公共资源配置机制，解决因城镇化、移民搬迁等导致的人口资源

与公共资源失配问题，有效缓解人口输入地区公共资源压力。四是以法治建设为契机，推动新的生育政策落地落实见效。应发挥法治优势在购房、教育、托育服务、婴幼儿照护等方面极大地体现以人为本的原则，进而实现推动西北地区保持适度生育水平，优化人口结构，打造生育友好型社会，促进人口长期均衡发展。

（四）巩固拓展脱贫攻坚成果，扎实推进乡村全面振兴

2021年2月25日，习近平总书记在全国脱贫攻坚总结表彰大会上庄严宣布我国脱贫攻坚取得全面胜利。脱贫攻坚取得胜利后，要全面推进乡村振兴，这是"三农"工作重心的历史性转移。一是打好政策组合拳，做好巩固拓展脱贫攻坚成果同乡村振兴的有效衔接，着力提高社会救助的力度和精度、以产业发展助推乡村全面振兴、推进移民致富提升行动出成效。二是把握正确方向，扎实稳妥推进乡村建设，着力推动农村人居环境整治提质增效、加强乡村人才队伍建设、提高农村公共服务水平。

（五）树立多方参与合作治理的理念，不断提升基层社会治理效能

提升基层社会治理效能，对维护社会稳定、全面实施依法治省（区）、巩固党的执政基础具有重大意义。一是要树立合作参与的治理理念，建立健全社区互助机制。西北各省区打赢新冠肺炎疫情阻击战，做好新冠肺炎疫情以及各类突发公共卫生事件防控常态化的案例充分表明，新时代基层社会治理要取得成效，必须不断营造社区成员的共同家园意识，宣传培育理性自觉、互爱互助和担当责任的公民意识，不断提高公众的道德水准。二是要加强社区和乡村治理体系建设，提升基层社会治理能力。重点要理顺基层政府与社区居委会、村委会的关系，让社区居委会、村委会更多地发挥自治组织的功能，为社区居民提供满足各类需求的多样化服务。三是要促进技术手段现代化，提高基层治理信息化智能化水平。要加强社区网络建设、共享信息平台等基础设施建设，特别是结合前期掌握及疫情期间大起底信息，建设社区的基础资源共享库，对治理单元内的房屋、人口、设施、商铺、公共场所

等各类信息，进行全面采集、定时维护、动态掌握，通过大数据的分析研判，为基层社区治理及应对突发事件提供精准决策服务，提高效率，降低基层社会治理成本，利用技术力量倒逼社会治理体制机制变革。四是要铸牢中华民族共同体意识，提升民族事务治理法治化水平。要坚持铸牢中华民族共同体意识这条党的民族工作的主线，引导西北地区各族群众不断增强对伟大祖国的认同、对中华民族的认同、对中华文化的认同、对中国共产党的认同、对中国特色社会主义的认同；坚持依法治理民族事务，要根据各民族的发展实际制定实施差别化区域支持政策、要依法保障各族群众合法权益、要依法妥善处理涉民族因素的案事件、防范化解民族领域风险隐患，不断夯实中华民族共同体的法治基础。

参考文献

李培林、陈光金、王春光主编《社会蓝皮书：2022 年中国社会形势分析与预测》，社会科学文献出版社，2021。

李保平主编《宁夏蓝皮书：宁夏社会发展报告（2021）》，宁夏人民出版社，2021。

丁守庆主编《西北蓝皮书：中国西北发展报告（2021）》，社会科学文献出版社，2021。

B.4
2021年西北地区文化发展报告

张　筠*

摘　要： 2021年，在疫情防控常态化背景下，西北地区文化发展呈现"回暖"态势，各省区始终坚持稳中求进的工作总基调，深入贯彻落实党的十九大精神和习近平新时代中国特色社会主义思想，"文化抗疫"热度有增无减，传承红色文化、赓续精神血脉持续推进，公共文化服务普惠大众不断深化，数字文旅创新发展成效显著，国内外文化互鉴交流积极深入，文化遗产保护工作不断完善。2022年，西北各省区将继续提升文化发展质量，不断夯实铸牢中华民族共同体意识的文化根基，持续增强文化发展在经济社会高质量发展中的精神动力，开创新时代文化发展新格局。

关键词： 文化发展　高质量发展　西北地区

2021年，中国共产党迎来百年华诞，"十四五"规划胜利开局，社会主义现代化建设新征程全面开启，在此关键历史时刻，西北各省区始终坚持习近平新时代中国特色社会主义思想，深入贯彻落实党的十九大和十九届历次全会精神，坚持稳中求进的工作总基调，立足新发展阶段、共享新发展理念、构建新发展格局，不断推进西北地区文化高质量发展。

---

* 张筠，青海省社会科学院文史研究所副研究员，研究方向为地方文化、社会语言学。

一 西北地区文化发展形势及亮点

2021年，西北地区文化发展较2020年呈现"回暖"态势，分别在"文化抗疫"、传承弘扬红色文化精神血脉、推进公共文化普惠大众、数字文旅融合激发新业态、促进文化互鉴交流、增强文化遗产保护力度等方面凸显新亮点、激发新动力、呈现新气象。

（一）"文化抗疫"热度有增无减，凝聚人心、汇聚民力

2021年进入疫情防控常态化时期，在全民抗疫的"持久战"中，西北地区"文化抗疫"的热情和温度持续高涨。一是"抗疫"文化作品数量有增无减。截至2021年11月7日，甘肃共创作"抗疫"题材文艺作品1616个，其中音乐和歌曲119首、舞蹈38支、戏曲和曲艺152个、诗歌130首、美术书法作品1075幅，其他艺术形式的作品102件。[①] 青海、陕西、宁夏、新疆各省区"抗疫"类文化作品的创作数量也持续走高，内容涵盖文学、书法、美术、音乐、戏剧、戏曲、舞蹈等多个文化门类，主题鲜明、形式多样、内容丰富，以此助力全民抗疫，提振民众信心。二是"抗疫"文化作品推陈出新，开启线上活动新热潮。青海利用互联网数字平台，广泛推送各级各类非物质文化遗产项目的线上展演，如花儿《听党的指挥听党的话》《国家是坚强的后盾》，贤孝《同舟共济共抗疫情》，皮影戏《疫情防控人人有责》等，在彰显非遗文化魅力的同时助力全民抗疫；宁夏通过微信公众号推送"书画作品线上微展"，主题包括先进模范事迹、天使在人间、坚守抗疫一线、最美逆行者等，以饱满的情感书画"全民抗疫"；甘肃拍摄制作视频短片《别怕，我的亲人》，广泛流传于朋友圈和各网络社交媒体，在传递正能量的同时也掀起了"全民抗疫"的新热潮。线上文化活动热度持续高涨，以更新颖、更快捷、更多元的方式在传承和弘扬优秀传统文化的同时

[①] 资料来源：甘肃省文化和旅游厅。

凝聚人心、汇聚民力，为"全民抗疫"助力。三是"抗疫"文化主旋律鲜明，具有突出的时代特色和现实意义。"抗疫"文化作品涵盖书法、美术、音乐、舞蹈、曲艺、诗歌等各艺术领域，主题紧扣时代需求，内容贴近现实生活，在礼赞"抗疫"英雄的同时，聚焦普通民众"抗疫生活"的细节和点滴，极富共情力，为全民抗疫贡献了文化力量。

（二）红色文化浸润人心，礼赞百年风华、传承红色基因

在持续推进党史学习教育活动走深走实的过程中，西北地区不断挖掘红色资源、传承红色基因，弘扬红色文化、赓续精神血脉。一是深入挖掘各地红色旅游资源。陕西延安枣园革命旧址、杨家岭革命旧址和宝塔山入选国家"建党百年红色旅游百条精品线路"，"五一"小长假期间，陕西又推出25条主题红色旅游精品路线，涵盖"重温红色历史""走近大国重器""助力乡村振兴""品读红色经典""研学长征精神""探访革命根据地"等多个红色主题，在深挖红色旅游资源的同时为广大民众提供了丰富的红色文化精神给养。宁夏利用红色旅游资源，积极打造"六盘山上""贺兰山下""黄河两岸""长城内外"等文化旅游综合体，在传承红色经典的过程中让红色资源成为宁夏全域旅游发展的新引擎。青海新认定了5个省级红色旅游经典景区：湟源县小高陵村、互助县班彦村、海晏县时代楷模纪念馆、乌兰县莫河骆驼场和德令哈市农垦文化博物馆，分别以各自独特的红色文化主题为引导，结合游览、研学、文博展示等多项服务功能，成为新时代传承和弘扬红色文化精神血脉的学习阵地。二是活态传承红色文化精神血脉。陕西创作情景剧《延安保育院1946》，以历史上发生在延安第二保育院的真实故事为背景，生动演绎了延安保育院在撤离前夕的感人事迹，该剧在"庆祝中国共产党成立100周年红色故事会全国大赛"中获特等奖。甘肃创作秦腔剧《肝胆祁连》，以爱国民主人士高金城烈士为原型，演绎了他的光荣革命事迹，该剧入选国家文化和旅游部"2017年度戏曲剧本孵化计划"，2021年，该剧亮相"建党百年·春绿陇原"百部百场文艺展演，好评如潮。青海现代京剧《七个月零四天》讴歌了以慕生忠将军为代表的老一辈革命家及筑

路军民的英雄形象，该剧入选全国"百年百部"创作计划重点扶持作品。三是积极发掘红色文化创新发展新模态。新疆推出"学党史·颂党恩·红色经典音乐"在线分享会，在分享红色经典乐曲的同时，在线重温作品创作背景和创作历程，实现了在百年党史中汇集精神力量。甘肃"红色之旅"纪念登机牌首发，将20个红色经典景区图案印制在80万枚登机牌上，为乘客营造了游历祖国大好河山的同时学习百年党史的健康氛围。宁夏短视频《重温〈清平乐·六盘山〉》《党的好儿子崔景岳》在第二届"追寻先烈足迹"短视频征集展示活动中，分获"机构推选优秀作品"和"网络人气优秀作品"，本次活动融合多媒体资源，"线上""线下"同步，"现场""云端"共享，超过3500家革命文物展览展示单位、档案馆和烈士纪念保护单位以及广大网民积极参与，征集短视频3.6万余部，相关微话题阅读量突破10亿次，短视频播放量突破50亿次。①

（三）公共文化服务普惠大众，赋能美好生活

一是合作互惠实现基层服务能力不断提升。陕西、江苏两省积极合作，先后举办了"苏陕推动现代公共文化服务体系建设东西部对口研修班""苏陕对口协作——公共图书馆服务创新研修班"，安康和榆林举办了两期"苏陕扶贫协作公共图书馆培训班"，在互动中强化和提升公共服务能力与水平；陕西图书馆与南京图书馆签署了《苏陕公共图书馆"十四五"协作交流框架协议》，为基层综合性文化服务中心建设、公益性文化事业单位法人治理结构改革、图书馆文化馆总分馆制建设等顺利实施提供了保障。二是项目落地助力基层服务高效赋能。延安市"延安过大年系列文化活动"项目和韩城市"欢乐送基层"项目成功入选国家文化和旅游部、财政部"第四批国家公共文化服务示范项目名单"。"延安过大年"项目按照"品牌化建设、特色化打造、常态化开展"的创建思路，以稳定的财政投入和完善的公共文化体系为基础，在坚持创办民俗文化活动、城镇

---

① 资料来源：宁夏回族自治区文化和旅游厅。

文化活动、大型群众文化活动的同时，不断促进文化和旅游深度融合，并向社区和乡村延伸，组织开展以秧歌、民歌、戏曲等民俗文化为主的日常活动，成功构建了市、县（区）文化活动品牌体系。韩城市"欢乐送基层"项目通过多种方式把"欢乐"送到农村、学校、社区、厂矿、医院等基层单位和群众身边，创新了公共文化服务供给，满足了群众文化需求。三是示范引领带动基层服务扎实推进。张掖市作为甘肃省被推荐为全国积极探索推进文化和旅游公共服务机构功能深度融合试点的唯一市州，探索建立了甘肃省文旅公共服务融合发展试点工作新路径：延伸试点单位公共服务触角，提升试点乡村旅游文化品位，开展特色文化旅游品牌活动。发挥公共服务机构在文旅融合发展中的辐射带动作用，进一步提升了文旅服务的效能，不断促进了公共文化资源与旅游业的有机融合，努力实现了文旅资源共享、优势互补、协同并进。

（四）数字文旅创新发展，助力深度融合、催生新业态

《数字化2021：全球数字化概览》数据显示，全球互联网普及率达到59.5%，社交媒体用户达到42亿人，文化和旅游数字化时代已经到来。随着文化与科技融合的"化学反应"日益加剧，西北地区在文化和旅游的数字化深度融合上势头迅猛。甘肃推出了"陇上飞阅"公共数字文化平台项目建设，旨在通过数字化平台建设，大力推动全民阅读、健康阅读、优质阅读，在全社会形成爱读书、读好书、善读书的良好氛围。宁夏围绕"大西北"文旅标签，聚焦"大西北"文旅IP，正式启动"星星故乡"数字文旅项目，构建以"1＋1＋N"为模式的数字文旅运营阵地，推动宁夏文旅产业数字化升级。"新疆是个好地方"视频宣介会上，50多个国家的驻日内瓦外交官、大使，联合国人权高专办官员、人权理事会特别机制专家，通过跨时空"云游"联动，切身感受了新疆的繁荣稳定和民族团结。青海创作的短视频《母亲河，源头清清在青海》《天下黄河贵德清》《最美黄河源》，在"母亲河·幸福河"黄河文化旅游微视频大赛中分获二等奖、三等奖和网络人气奖，"以数字促交流"，在展现黄河沿岸的秀美风光和黄河儿女自强不

息的精神风貌的同时，依托数字化信息技术谱写了黄河文旅生态保护和高质量发展的新篇章。

（五）对外交流持续深入，捕捉新动能、普惠新发展

习近平强调，"完整、准确、全面贯彻新发展理念，以高标准、可持续、惠民生为目标，巩固互联互通合作基础，拓展国际合作新空间，扎牢风险防控网络，努力实现更高合作水平、更高投入效益、更高供给质量、更高发展韧性，推动共建'一带一路'高质量发展不断取得新成效"①。西北地区不断深化对外交流，持续加强区域合作，共谋文化发展创新之路。一是节会高规格举办，实现合作共赢。第五届"深化经贸合作共建'一带一路'"中国－阿拉伯国家博览会促进了中国与共建"一带一路"国家和地区的经贸合作，推动了中阿合作全面进入高质量发展新阶段。博览会共签约277个项目，计划投资和贸易总额达1566.7亿元，发布政策报告、签署备忘录协议54个。其中，宁夏交通建设股份有限公司与巴基斯坦诺曼建筑公司的巴基斯坦罗德兰至木尔坦公路和跨铁路桥施工工程承包项目成功签约。中阿博览会充分发挥了平台支撑作用，服务共建"一带一路"成效显著，丰富了中国与"一带一路"沿线国家和地区在经贸、技术、能源等领域的合作成果。二是多元互鉴文化交流格局不断构建。《西北旅游协作区推动文化旅游高质量发展（阿勒泰）宣言》在第30届"西北旅游协作区会议"上发布，会议秉承西北旅游协作区"联合宣传、资源共享、产品共推、优势互补、市场互动、相互支持"发展理念，助推区域旅游业在共建共享中快速发展。第五届丝绸之路（敦煌）国际文化博览会和旅游节以"线上＋线下"的方式在敦煌举行，深化了"一带一路"人文交流的官方合作和民间往来，增进了共建"一带一路"国家的文化认同，强化了各国各民族民众的情感共鸣，为构建人类命运共同体赋能。青海在第21届中国（厦门）国际投资贸

---

① 《习近平出席第三次"一带一路"建设座谈会并发表重要讲话》，中华人民共和国中央人民政府网，2021年11月19日，http：//www.gov.cn/xinwen/2021－11/19/content 5652067.htm，最后检索时间：2022年1月19日。

易洽谈会上结合"四地"建设新成果，宣传推介了青海的优势资源、特色产品和生态旅游精品路线，集中展示了青海文旅行业践行习近平生态文明思想的实践成就和文旅融合发展的新亮点。2019 年文旅融合以来，青海共组织 152 批 970 人次赴日本、韩国、阿联酋、新加坡等"一带一路"沿线国家和中国港澳台地区开展文化宣传推介与交流合作，与此同时，来自韩国、泰国、俄罗斯、捷克等 30 余个国家和地区的 25 批 1533 人次赴青海参加各类文旅活动。

（六）非物质文化遗产保护工作持续推进，传承中华经典、升腾文化自信

一是政策法规不断成熟完善。在《中华人民共和国非物质文化遗产法》颁布实施 10 周年之际，西北各省区先后审议通过和修订了地方非物质文化遗产保护条例及办法，如《新疆维吾尔自治区级非物质文化遗产代表性传承人认定与管理办法》《青海省非物质文化遗产条例》《宁夏回族自治区非物质文化遗产保护条例》，均于 2021 年正式实施。甘肃制定了《甘肃省"十四五"非物质文化遗产保护规划》《甘肃省黄河流域非物质文化遗产保护规划》，为推动非遗保护传承弘扬工作高质量发展蓄力。二是专项培训持续推进。陕西举办了"2021 年度黄河流域国家级非物质文化遗产代表性传承人研修班"，来自黄河流域 9 省区的近 70 名国家级非遗代表性传承人参加培训，培训重点关注非物质文化遗产保护的政策理论、非遗传播以及传承人的权利与义务等内容，着力增强传承人的文化自信与文化自觉，提升非遗传承实践能力，不断推动黄河流域非遗高质量发展。青海举办了第二期"青绣就业工坊"，全省 31 家省级"青绣"就业工坊和 20 家"青绣"重点企业负责人参加培训，培训深入解读了非遗法律法规政策、非遗就业工坊认定与管理政策实施、"青绣"产品设计与研发、企业运营与管理等内容，强化了非遗政策引导和业务指导。宁夏举办的"2021 年宁夏黄河流域非遗保护传承培训班"，参训人员有 150 余人，覆盖全区文化旅游行业领域、保护传承基地（工坊）、项目责任保护单位、非遗与旅游

融合发展项目实施单位、非遗传承人和保护研究专家等。三是非遗活力不断激发。"新疆非物质文化遗产周"系列活动热度高涨,先后推出了《中华人民共和国非物质文化遗产法》颁布实施十周年专题展、新疆非遗专场演出、"粽香情浓话端午"文化遗产讲堂、新疆非遗特色饮食展、云游非遗·影像展、新疆是个好地方·非遗购物节、第五批国家级非遗代表性项目颁牌、新疆传统工艺传承基地颁牌等八项主题活动,为社会各界关注和参与保护传承中华优秀传统文化营造了浓厚的氛围。宁夏以庆祝中国共产党百年华诞和"非遗进万家文旅展风采"为主题,开展了"黄河流域非遗美食大赛",5市推荐45个非遗项目55名传承人参赛,旨在促进非遗与文旅融合发展,挖掘非遗故事打造非遗品牌。10月,以"新疆是个好地方——对口援疆19省市非物质文化遗产展"为依托,新疆14地(州、市)展出非遗项目94项,非遗活力值增长24.01%。宁夏"神奇宁夏星星故乡"旅游大篷车走进全国十城巡演活动启动,大篷车穿越"一带一路"沿线城市,展示具有鲜明地方特色的文艺演出、非遗项目、文旅产品,非遗活力值较9月增长了287.33%。①

二 西北地区文化发展存在的问题和短板

2021年,西北各省区在文化发展上统筹推进、积极向上,取得了一系列突出成就,但其中仍存在一些问题和短板。

(一)红色文化基地建设有待进一步巩固

红色文化所依托的革命遗址、纪念馆、博物馆等机构的创新性升级有待持续推进,展馆陈列方式、数字化展示、情景重构、文字解析等有待进一步规范化和现代化,增强红色故事与民众生活共情方面有待积极探索,红色文

---

① 《10月非遗传播大数据解读:受全国多地疫情影响,城市非遗活力均值月降12.59%》,光明网,2021年11月24日,https://m.gmw.cn/baijia/2021-11/24/35333740.html,最后检索时间:2022年1月19日。

化谱系研究有待深入展开，红色文旅融合发展有待持续推进，红色文化人才队伍建设有待进一步提升。

（二）文化遗产保护传承力度有待进一步增强

文化遗产保护立法工作有待持续推进，文化遗产蕴含的重要文化价值和经济价值的挖掘有待持续深入，文化遗产保护的宣传力度有待进一步增强，文化遗产传承人的"缺失"现象有待改善，对文化遗产传承人的关注度有待进一步提升。

（三）公共文化服务质量有待进一步提升

公共生活环境有待进一步优化，公共文化设施有待进一步更新提质，文化活动的种类、场次、规模等有待进一步丰富，公共文化"云服务"技能有待持续提升，在保证公共文化服务从业人员数量的同时，不断提升其综合素质，进一步强化公共文化服务基层干部队伍建设。

（四）数字文旅健康发展有待持续推进

数字文旅健康发展的制度约束力有待进一步增强，推进文旅数字化发展的创新性人才储备工作有待持续推进，传统旅游企业的角色转变有待提速增效，新老旅游目的地的协调互促有待持续强化。

（五）文化产业转型升级有待持续强化

深度挖掘极具地方特色文化资源的力度有待进一步增强，创新性文化资源的开发与应用有待持续推进，数字化新业态发展的技术支撑力有待进一步提升，"文化＋科技"融合发展有待进一步提质增效。

三 西北地区文化发展形势预测与对策建议

文化兴则国运兴，文化强则民族强。党的十八大以来，以习近平同志为

核心的党中央始终把文化建设放在党和国家事业的重要位置，高瞻远瞩、科学决策，为中国特色社会主义文化发展开创了崭新的局面。展望 2022 年，西北各省区将在习近平新时代中国特色社会主义思想的指导下，全面贯彻落实党的十九大及十九届历次全会精神，深入推进文化高质量发展，继续开创新时代文化发展的崭新格局。

（一）西北地区文化发展形势预测

1. 国内文化发展环境分析

一是国家投入力度将持续加大。近年来，国家对文化建设的投入力度持续加大，为文化建设提供了坚实的经济保障。截至 2020 年末，全国文化和旅游事业费投入 1088.26 亿元，比上年增加 23.51 亿元，增长 2.2%，其中，西部地区文化和旅游事业费投入 301.64 亿元，占比 27.7%，提高了 1.6 个百分点。① 2022 年，国家对文化建设的投入力度将持续加大。

二是文化生产规模将不断壮大。"今年以来，我国文化企业发展虽然受到局部地区疫情汛情叠加等因素影响，但助企纾困政策措施落实有力，我国文化及相关产业保持较快增长，恢复基础得到巩固。"② 2021 年前三季度，全国规模以上文化企业实现营业收入 84205 亿元，比上年同期增长 21.8%。③ 呈现的业态发展特点是：第一，文化核心领域作用突出。前三季度，6 个文化核心行业营业收入 51911 亿元，比上年同期增长 22.9%。④ 第二，文化新业态发展迅速。前三季度，文化新业态特征较为明显的 16 个行

---

① 《中华人民共和国文化和旅游部 2020 年文化和旅游发展统计公报》，中华人民共和国中央人民政府网，2021 年 7 月 5 日，http：//www. gov. cn/fuwu/2021 – 07/05/conten t5622568. htm，最后检索时间：2022 年 1 月 19 日。

② 国家统计局社科文司高级统计师张鹏对数据的解读。

③ 《文化产业继续保持良好发展态势》，中华人民共和国中央人民政府网，2021 年 10 月 31 日，http：//www. gov. cn/shuju/2021 – 10/31/content564796 0. htm，最后检索时间：2022 年 1 月 19 日。

④ 《文化产业继续保持良好发展态势》，中华人民共和国中央人民政府网，2021 年 10 月 31 日，http：//www. gov. cn/shuju/2021 – 10/31/content564796 0. htm，最后检索时间：2022 年 1 月 19 日。

业小类实现营业收入 28322 亿元，比上年同期增长 26.1%。① 第三，区域文化产业高地示范引领作用显著。前三季度，东部地区实现营业收入 64715 亿元，比上年同期增长 22.5%，两年平均增长 10.4%，高于全部文化企业平均水平 0.4 个百分点；占全国的比重为 76.9%。② 2022 年，国内文化产业发展势头将更为迅猛，市场活力更为充沛，文化产业将持续推进国民经济平稳增长。

三是文化传播力度将持续增强。首先是传统媒体文化传播力将保持平稳发展。随着互联网的高速发展，人们的阅读习惯虽然发生变化，阅读率和影响力相对受到冲击，但传统媒体在媒体公信力上的排名仍高于新媒体。"2020 中国信用小康指数"数据显示，传统媒体中的报纸、电视、杂志、广播位居媒体公信力榜单前 4 名。电视媒体受众基数近两年不断加大，收视时长也持续上升，相关数据显示，2020 年电视观众（按电视观众总数计算）平均收视时长为 289 分钟，人均（按总人口计算）收视时长 132 分钟③；电视剧题材丰富、质量把控严格、观众认同度高。从 2020 年下半年开始，中国电影行业逐步复苏并朝向健康发展，电影题材的不断丰富为电影的创作、投资、拍摄、上映带来新的发展动力。其次是新型媒体文化传播力将不断增强。新型媒体中的网络视频已成为文娱产业的核心，《中国互联网发展报告（2021）》数据显示，2020 年，中国网络视频市场规模达到 2412 亿元，同比增长 44%，网络视频用户规模已达 9.44 亿人，使用率为 93.4%，④ 今后，网络视频将不断涉足文化、电商、教育、卫生、医疗、住房等多元领

---

① 资料来源：《文化产业继续保持良好发展态势》，中华人民共和国中央人民政府网，2021 年 10 月 31 日，http：//www. gov. cn/shuju/2021 – 10/31/content5647960. htm，最后检索时间：2022 年 1 月 19 日。

② 资料来源：《文化产业继续保持良好发展态势》，中华人民共和国中央人民政府网，2021 年 10 月 31 日，http：//www. gov. cn/shuju/2021 – 10/31/content5647960. htm，最后检索时间：2022 年 1 月 19 日。

③ 徐瑾、江畅主编《中国文化发展报告（2021）》，社会科学文献出版社，2021，第 202 页。

④ 资料来源：《2021 年中国网络视频行业市场规模与竞争格局分析 用户规模庞大且短视频市场占比较大》，前瞻网，2021 年 11 月 26 日，https：//xw. qianzhan. com/analyst/detail/220/211126 – 56alle24. html，最后检索时间：2022 年 1 月 19 日。

域，民众对其的信赖感和认同感将不断得到提升。

2. 西北地区文化发展形势预测

一是文化在铸牢中华民族共同体意识中的价值引领作用将进一步提升。中华民族共同体意识是国家统一之基、民族团结之本、精神力量之魂。2022年，西北各省区将继续坚持铸牢中华民族共同体意识的工作主线，持续深入学习习近平新时代中国特色社会主义思想和习近平关于中华文化、中华文明的重要论述，深入挖掘中华悠久历史在铸牢中华民族共同体意识中的坚强根基和中华优秀文化在铸牢中华民族共同体意识中的时代价值，传承弘扬地方各民族优秀文化，以文化为鲜活基因铸牢中华民族共同体意识，把各民族像石榴籽一样紧紧团聚在一起，实现中华文明在共建人类命运共同体中的勠力同心，以高度的历史自觉和坚定的文化自信持续推进新时代文化的高质量发展。二是西北地区文化建设将稳步推进。《中共中央关于党的百年奋斗重大成就和历史经验的决议》深刻总结了我们党在推进文化建设上的重大部署和历史成就，2022年，西北各省区将在深入学习党的十九届六中全会精神的基础上，持续、积极、稳步推进文化建设。中华优秀传统文化、红色文化、地方文化和民族文化将迎来不同程度的丰富和发展，特色区域文化将为中华文化体系的不断充实和饱满提供丰富的文化给养。与此同时，在深入推进"一带一路"倡议顺利实施的过程中，西北各省区将继续秉承共商共建共享的发展理念，促进文化互鉴、民心相通，不断增强文化自信与文化自强，为铸牢中华民族共同体意识和促进当代人类文明发展提供价值支撑。三是公共文化服务质量不断提升。《关于推动公共文化服务高质量发展的意见》为"十四五"时期全国公共文化服务的高质量发展提供了政策依据和行动指南。2022年，随着国家对文化发展投入力度的持续加大，西北各省区公共文化建设力度也将持续加大，城乡公共文化空间发展将迈入崭新阶段，公共文化设施和公共文化产品（服务）将不断提档升级，基层公共文化人才队伍建设将持续强化，技术赋能公共文化事业等将迎来新的进展和新的突破。四是数字文旅融合发展稳步推进。随着数字化技术的迅猛发展，中华优秀文化不断输出，在线旅游规模持续增强，文化和旅游不断进入消费升级的新阶段。2022 年，西北各省区的旅游数字化融合发展将持续推进，在文旅消费、文旅数字体验、数字产业转型、新基地建设等方面呈现新亮点、激发新业态。

（二）促进西北地区文化发展的对策建议

1. 推进红色文化基地建设，讲好西北红色故事

一是结合本土红色资源，制定符合地方实际的政策措施。不断强化政府的主导性地位，完善体制机制改革建设，科学制定推进红色文化和旅游发展的政策、规划和措施。二是深度挖掘红色资源，创新传承发展红色文化。植根本土红色文化内涵，结合"互联网 +"模式，始终坚持传播红色文化、弘扬革命精神的发展理念，选择民众认同度高、参与性强、体验感好的学习形式和传承方式，实现在趣味中传承红色文化、弘扬革命精神。三是试将传承红色文化融入高校思政教育。传承和弘扬红色精神血脉要充分运用红色文化资源，努力实现把红色文化教育融入高校思政教育，形成以教育和传播为主导，以融合发展为中心的高素质中坚力量。四是积极培养解读、传播、宣传红色文化的专业人员，不断提高这部分人的综合素质，为传承本土红色文化提供人才保障。

2. 提升公共文化服务水平，赋能优质文化生活

一是优化公共文化环境，升级公共文化硬件设施，不断提升民众向往美好生活的获得感和满足感。二是拓展城乡公共文化发展空间，构建城乡公共文化服务一体化新格局。立足本土文化特点，创新性建设"复合型"公共文化空间，融合传统与现代、文化与休闲、轻食与阅读、游览与沙龙等多模态综合体验。三是探索"互联网 +"公共文化服务新业态。在突破原有文化空间的基础上，创新发展化数字图书馆、博物馆、纪念馆、文化驿站等，以一种全新的互动体验方式发展受众群体更广、文化资源更丰富、传播方式更新颖的服务新业态。四是不断强化公共服务人才队伍建设。提质方能增效，在满足民众文化诉求的同时，不断提升公共文化服务从业者的专业素养，为实现公共文化服务高质量发展提供人才保障。

3.强化文化遗产保护力度，让非遗"鲜活"起来

中宣部印发的《中华优秀传统文化传承发展工程"十四五"重点项目规划》明确了23个重点项目，并对原有重点项目进行了补充完善和调整，①充分体现了强化文化遗产保护力度的国家力量。西北地区地缘辽阔、民族众多、文化遗产资源丰厚，在保护和传承方面，一是要不断健全法律体系，制定和出台切合民族地区具体实际的、可操作性强的法律条文和法规细则。二是有效整合物质文化资源和非物质文化资源，不断彰显地方文化遗产的生命力。三是创新传承路径，提升民众对文化遗产保护和传承的参与度，实现各级各类参与者的多元化。四是不断增强对文化遗产传承人的关注度，确立其保护主体地位的同时不断输送新生力量，并在政策上予以支持。五是进一步推进文化遗产与旅游产业的深度融合，在树立旅游目的地标志性形象的同时不断提升经济效益，实现文化遗产的传承和发展。

4.完善数字文旅体系，激发数字文旅新业态

"在数字经济格局下，推动文化和旅游融合发展，以文塑旅，以旅彰文。"②数字技术已经广泛应用于社会各行业领域，同时也在改变着文化旅游的传播和发展方式。中国社会科学院财经战略研究院和美团联合发布的《中国景区预约旅游便利度指数报告》显示，我国5A级、4A级景区以及一级博物馆的预约旅游便利度进一步提升，现有超过90%的5A级景区已实现网络售票和分时预约等便利服务。在未来，各地文旅行业要不断打破原有发展壁垒，整合文旅资源，制定符合西北地方特色和市场需求的发展规划，深化"互联网+文化""互联网+旅游"的发展模式，在此基础上不断激发新的文旅消费需求，构建新的文旅服务体系，丰富和创新文旅体验方式，不断实现文旅产业转型升级，提升文旅数字化服务质量，不断构建数字文旅产业

---

① 《中宣部印发中华优秀传统文化传承发展工程"十四五"重点项目规划》，中国文联文艺研修院网，2021年4月20日，http：//www.alac.org.cn/content/details4950249.html，最后检索时间：2022年1月19日。

② 《关于推动数字文化产业高质量发展的意见》，中华人民共和国中央人民政府网，2020年11月27日，http：//www.gov.cn/zhengce/zhengceku/2020 – 11/27/content5565316.htm，最后检索时间：2022年1月19日。

发展体系，实现数字文旅的高质量发展。

5. 强化人才队伍建设，为文化高质量发展保驾护航

当今世界正经历百年未有之大变局，我国正处于实现中华民族伟大复兴的关键时期，要实现社会经济各项事业的高质量发展，人才队伍建设是基础更是保障。建设一支强有力的人才队伍，一是牢固树立"六个一"理念，正确认识人才队伍建设在文化高质量发展过程中的重要性，出台更为积极、更为开放、更为高效的人才政策。二是打破学科壁垒，广纳贤才，保持活力。把引进高层次人才与培养本土人才结合好，在文化创新实践中培育人才、激励人才、凝聚人才，培养一支总量足、素质高、结构优的创新型文化人才队伍。三是持续推进人才交流与合作。积极协调争取文化交流项目，依托项目平台选送各类文化人才在国内、国际层面上的深度交流、合作、学习，不断提升文化领域人才的综合素质。四是优化就业创业环境。为创新性技术人才提供事业发展"绿色通道"，不断提升事业发展的自信心和获得感。

B.5
2021年西北地区生态文明建设报告*

宋建华　张　钿**

摘　要： 2021年是"十四五"规划的开局之年，西北地区全面贯彻落实习近平生态文明思想，坚持新发展理念，以推进绿色转型发展方式为主线，以污染防治和生态修复为重点，以提高生态环境质量、提升环境治理体系和治理能力及健全生态文明领域统筹协调机制为目标，在推动生态文明建设上全面发展。2022年，西北地区生态建设仍存在明显短板，需坚持绿水青山就是金山银山的理念，加速绿色转型发展，加大生态环境保护和修复力度，完善生态文明建设评价制度考核体系等，以实现碳达峰、碳中和为重大战略目标，努力把西北地区建成绿色低碳、蓝天净土、生活富裕、人与自然和谐共生的现代化省区。

关键词： 生态文明　绿色发展　西北地区

　　2020年，西北地区坚持以习近平新时代中国特色社会主义思想为指导，深入贯彻新发展理念，坚持生态优先、绿色发展，围绕转变生产生活方式、打赢污染防治攻坚战、深化生态文明体制改革等重点工作，锐意进取，推进西北地区生态环境保护及生态文明建设取得了显著成效。2021年，党中央加强重视生态环境保护，但是存在生态系统退化、生态环境脆弱、环境污染

---

　　* 本文系2021年新疆社会科学基金重点项目（编号：21AZD105）的阶段性成果。

　　** 宋建华，新疆社会科学院经济研究所研究员，研究方向为区域经济学、产业经济学；张钿，新疆社会科学院经济研究所实习研究员，研究方向为区域经济学、工商管理学。

严重等短板，如果不抓紧扭转恶化趋势，必将付出惨重代价。2021 年 10 月 12 日，国家主席习近平在《生物多样性公约》第十五次缔约大会上指出 "绿水青山就是金山银山。良好生态环境既是自然财富，也是经济财富，关系经济社会发展潜力和后劲。我们要加快形成绿色发展方式，促进经济发展和环境保护双赢，构建经济与环境协同共进的地球家园"①。人类高质量发展，必须秉承生态文明、新发展理念，坚持绿色低碳发展，助力中国可持续发展。

一　2021 年西北地区生态文明建设总体情况

（一）2021 年西北五省区生态建设的新举措和新进展

2021 年，陕西省出台《陕西省 "十四五" 生态环境保护规划》。全省围绕 "一山一水一平原"② 生态环境保护，开展了以建立国家公园为主体的自然保护地体系、生物多样性保护重大项目、推进绿色矿山建设、强化湿地湖泊保护。陕西作为唯一全境处在黄河与长江干流之间的省份，其特殊的地理位置造就了湿地生物多样性的特点，2021 年，持续完善湿地保护体系，全省各级湿地类型自然保护区共建立 9 处，国家湿地公园（试点）43 处，其中，初步形成了 26 处自然保护地分类体系，包括国家公园、自然保护地、各类自然公园等。强化三水统筹管理体系、健全流域污染联防联控机制、加强南水北调沿线水资源保护，持续加强城市清洁能源基础设施建设工程。全省在推进碳达峰、碳中和发展上成效显著，《陕西省 2021 年新能源发电企业参与市场化交易实施方案》出台以来，通过跨省外送方式完成 2021 年度新能源外送江苏省 4 亿千瓦时，通过省内绿电交易方式组织 77 家充电设施用户完成绿电交易 5.68 亿千瓦时。2021 年 9 月，陕西榆林市发改委发布关于

---

① 习近平：《共同构建地球生命共同体——〈生物多样性公约〉第十五次缔约方大会领导人峰会上的主旨讲话》，中国经济网，2021 年 10 月 12 日。
② "一山一水一平原"：一山指秦岭，一水指黄河，一平原指汾渭平原。

确保完成 2021 年度能耗双控目标任务的通知，新建成的"两高"项目不得投入生产，本年度新建已投产的"两高"项目，在上月产量基础上限产60%，对于能效水平未达到先进值或未落实节能措施的"两高"企业实行停产整改，验收通过方可复工[①]。据统计，陕西榆林拥有的电解铝产能为60 万吨，按压降 50% 计算，运行产能将下降 30 万吨。

2021 年，甘肃省贯彻落实《甘肃省"十四五"生态环境保护规划》，确保"十四五"期间，生态环境明显改善，应对气候变化能力持续增强，环境风险有效控制，生态系统质量稳步提升，生态环境治理能力和治理水平显著提高[②]。甘肃省传统产业转型不断升级，聚焦碳达峰、碳中和工作，降低碳排放强度，推进绿色低碳生活方式。通过加强对细颗粒物和臭氧的协同管控，改善了大气环境，提升了全省空气质量。统筹水资源管理，加强水资源保护，始终坚持节水优先，节水是甘肃永恒的话题，2021 年，甘肃省敦煌市将滴灌用于农业节水，实施膜下滴灌、微灌等节水灌溉技术，截至2021 年，全市再生水利用量达 117 万立方米，城市再生水利用率达 27%。强化源头防疫，推进土壤和农村环境改善工作。坚持"防"与"疫"并重，强化风险防控，积极探索创新，加快构建现代环境治理体系，共同建设一个生态环境安全、人与自然和谐共生的美丽甘肃。

2021 年，青海省出台了《青海省"十四五"生态环境保护规划》，围绕守护好"中华水塔"，维护好生态屏障，大力推动绿色低碳发展、"三水统筹"聚焦打造绿水江河源、持续改造大气污染巩固提升"青海蓝"、提高土壤和农村环境保护好高原净土、加强建设洁净青海、健全生态环境管理体系和生态环境法律法规、完善生态环境管理制度、提升监管监督能力。以减污降碳协同增效为目标，持续深入推进青藏高原生态保护和高质量发展。2021 年，青海省初步建成两个可再生能源基地，分别为海南藏族和海西蒙占族藏族自治

① 中国水泥网信息中心：《榆林发布〈关于确保完成 2021 年度能耗双控目标任务的通知〉》，2021 年 9 月 15 日，https：//www.ccement.com/news/11676370539385001.html。
② 甘肃生态环境厅：《〈甘肃省"十四五"生态环境保护规划〉政策解读》，2021 年 12 月 21 日，http：//sthj.gansu.gov.cn/sthj/c113070/202112/1923631.shtml。

州，大力支持太阳能发电和风电规模化发展，持续推进黄河上游水电基地建设。不断加强全域山水林田湖草沙冰保护和系统治理，为打好污染防治攻坚战、促进绿色低碳循环发展打好基础，共同构建生态环境保护新格局。

2021年，宁夏回族自治区发布《宁夏回族自治区生态环境保护"十四五"规划》，全区生态环境、空气质量明显改善，经济高质量发展和生态环境高水平保护持续推进，黄河流域生态保护和高质量发展先行区进一步加快，为实现碳达峰、碳中和，坚持绿色低碳发展，构建减污降碳，加强污染治理，以生态环境高水平促进经济社会高质量发展。在落实打好污染防治攻坚战方面，坚持"四尘同治"、统筹"五水共治"、推进"六废联治"，全区环境空气质量和水环境质量均有所改善，危险废物、医疗废物安全处置率均达到100%。

2021年，新疆维吾尔自治区出台了《新疆维吾尔自治区国民经济和社会发展第十四个五年规划和2035年远景目标纲要》，围绕实现可持续发展战略，以建设天蓝地绿水清的美丽新疆为目标，在健全生态保护机制方面，严禁将"三高"项目带进新疆，严格执行水资源管理制度及完善国土空间开发保护制度。在推动绿色发展方面，在源头处防止环境污染，加强"双控"管理，严格控制能耗强度和能源消费总量，对"乌—昌—石""奎—独—乌"等重点区域实施新建用煤项目煤炭等量或减量替换。制定碳达峰行动方案，加快发展绿色建筑，支持绿色技术创新，推进工业企业绿色改造，健全绿色发展政策体系。在加强生态环境保护方面，持续推行河湖长制、林长制，深入打好污染防治攻坚战，持续加强对大气污染、水污染、土壤污染、生活垃圾处理的管控，保护森林与草原等生态系统。在加强生态环境建设方面，对天山、阿尔泰山、昆仑山—阿尔金山区域生态系统重点保护，对环塔里木盆地和准噶尔盆地边缘绿洲区防沙治沙重点推进，构建"三屏、两环、四廊道"的生态安全格局。2021年，全区在统筹推进能耗"双控"管理和"两高"项目清理上取得了阶段性成果，各地压减350多个拟上马"两高"项目，减少新增用能需求2.7亿吨标准煤。根据2021年对博尔塔拉蒙古自治州企业的二噁英和六溴环十二烷排放及其变化情况调查，完成46家产生

固体废物单位新旧名录变更，49 家企业年报补录及 50 家企业管理计划申报，完成率均为 100%。根据上半年对主要污染物减排量的测算，实现全州减排氮氧化物 111.26 吨，减排二氧化硫 273.84 吨①。

（二）西北五省区生态建设的成效与特点

1. 西北五省生态环境质量稳中有升

空气质量稳中趋好。截至 2021 年 11 月，陕西省 13 个市（区）空气质量均有所改善，平均环境空气质量综合指数 4.03，同比下降 6.3%；优良天气平均 266.8 天，优良天数比例为 79.9%，同比 2020 年增长 6.2 个百分点；NO_2、CO 年均浓度同比分别下降 3.3%、7.1%；PM2.5 平均浓度 34 微克/立方米，同比下降 15.0%②。2021 年 9 月，甘肃 14 个城市平均空气质量优良天数比例为 98.9%，同比 2020 年增长 0.6 个百分点，除嘉峪关、酒泉外其余城市均为 100%；PM2.5 月均浓度值为 14 微克/立方米，同比下降 6.7%③。截至 2021 年 10 月，青海各市州政府所在地及格尔木市空气质量达标天数比例为 90.3%~100%，其中海西州格尔木市最低；细颗粒物（PM2.5）平均浓度为 22 微克/立方米，玉树州玉树市最低、海东市平安区最高④。截至 2021 年 10 月，宁夏环境空气质量优良天数比例为 82.1%，细颗粒物（PM2.5）平均浓度优于国家考核目标，可吸入颗粒物（PM10）优于自治区的目标要求。截至 2021 年 11 月，新疆城市空气质量进一步改善，14 个城市平均优良天数比例为 75.8%，较上年同比增长较

① 博尔塔拉蒙古自治州人民政府：《强化措施抓"双控"绿色发展见成效》，2021 年 9 月 14 日，http://www.xjboz.gov.cn/info/1342/105448.htm。
② 陕西省生态环境厅：《2021 年 11 月及 1~11 月全省环境空气质量状况》，2022 年 1 月 5 日，http：//sthjt.shaanxi.gov.cn/newstype/hbyw/hjzl/dqhjzl/20211217/75854.html。
③ 甘肃省生态环境厅：《省生态环境厅公布 2021 年 1~9 月全省地级城市及兰州新区地标水环境质量排名情况》，2022 年 1 月 5 日，http：//sthj.gansu.gov.cn/sthj/c114872/202111/1895114.shtml。
④ 青海省生态环境厅：《2021 年 10 月份青海省两市六州政府所在地城镇及格尔木市空气质量状况》，2022 年 1 月 5 日，https：//sthjt.qinghai.gov.cn/zwgk/xxgkml/hjzl_285/zdczhjkqzlzkyb_289/202111/t20211112_116192.html。

小，仅为 0.2 个百分点。PM2.5、SO_2、CO 平均浓度同比分别下降 9.1%、12.5%、12.5%。通过以上数据分析，西北地区甘肃空气质量优良天数比例最大，陕西和新疆优良天数相对较低，仍需加强对空气污染的治理力度。

水质量总体为优。截至 2021 年 11 月，陕西河流水质总体为优，53 个秦岭区域断面（点位）中Ⅰ～Ⅲ类水质断面占比 100%，27 个城市集中式饮用水源所测项目均达标，10 个地表水水源所测项目全部达到或优于《地表水环境质量标准》Ⅲ类标准或对应的标准限值[1]。截至 2021 年 10 月，黄河干流宁夏段稳定保持Ⅱ类进Ⅱ类出；20 个地表水国控考核断面水质优良比例为 80%，达到国家考核目标；11 个地级城市集中式饮用水水源地水质达到或优于Ⅲ类标准的比例为 81.8%[2]。截至 2021 年 9 月，新疆河流水质总体为优。从地表水考核断面来看，Ⅰ～Ⅲ类优良水质断面占比 98.2%；全区湖库水质保持稳定，Ⅰ～Ⅲ类优良水质断面比例为 82.8%，Ⅳ类轻度污染水质断面比例为 1.2%；29 个自治区考核湖库中，Ⅰ～Ⅲ类优良水质湖库比例为 82.8%，Ⅳ类轻度污染水质湖库比例为 6.9%[3]。西北地区受地理气候环境影响，水资源与生态环境发生重大问题，仍需强化水资源开发利用和保护的规划与监督管理。

2. 污染防治水平持续提升

一是打好蓝天保卫战。陕西省聚焦产业、运输、用地、能源等四个结构优化，关中地区散煤治理已完成 81 万余户，将 9840 家工业源、6558 家扬尘源纳入应急减排清单，淘汰黄标车、高排放老旧车 34 万辆。甘肃省火电

---

① 陕西省生态环境厅：《陕西省 2021 年 11 月份水环境质量月报》，2022 年 1 月 5 日，http：// sthjt. shaanxi. gov. cn/newstype/hbyw/hjzl/water/whdm/20211217/75850. html。

② 宁夏回族自治区生态环境厅：《2021 年 11 月宁夏回族自治区地表水环境质量状况月报》，2022 年 1 月 5 日，https：//sthjt. nx. gov. cn/page/news/article/202112/20211223161933bq6wH z. html。

③ 新疆维吾尔自治区生态环境厅：《2021 年 1～9 月全区水环境质量状况及城市水环境质量排名情况》，2022 年 1 月 5 日，http：//sthjt. xinjiang. gov. cn/xjepd/sthjhjjcspm/202110/65f0c8a ccb364c66bfa338646a1e726b. shtml。

机组超低排放改造项目全面完成，整治"散乱污"企业共计1072家、燃煤锅炉13065台；加大污染综合管控，城市建成区道路机械化清扫率达80%。青海制定了《青海省2021年度大气污染防治工作要点》，坚持科学治污、依法治污，加大治污力度，实施有机物与氮氧化物协同治理、细颗粒物和臭氧协同控制、温室气体和大气污染物协同减排。宁夏大气污染防治能力持续增强，大气污染热点网格不断完善，建成120个热点网格和520个监测微站，淘汰燃煤锅炉共计22622台、黄标车和老旧车辆共计14万余辆①。2021年，新疆在大气污染防治方面坚持多部门联动工作机制，支持重点区域散煤治理、工业企业大气污染防治设施超低排放改造，对"乌—昌—石""奎—独—乌"等重点区域，采暖季以散煤治理为重点、非采暖季以扬尘治理为重点开展行动，同时，统筹城乡供暖燃煤锅炉清洁能源替代工作及强化禁燃区监管行动。"乌—昌—石"区域4县市禁燃区面积达到建成区面积的100%。各县市完成禁燃区内高污染燃料和高污染燃料设施的清理和清洁能源替代工作②。

二是打好碧水保卫战。陕西省持续加强城镇生活污水处理能力及工业污染防治，通过加大饮用水水源保护力度及控制用水总量，提高水资源节约利用，2021年全省年用水总量控制在114.18亿立方米以内，经济技术开发区、高新技术产业开发区等工业聚集区再生水利用率不低于30%。甘肃省全面建立"河（湖）长＋检察长"协作机制，建立信息共享、联席会议、联合督导等制度，联合打击各类破坏水生态环境的问题，确保水环境生态安全。青海省全面落实国务院《水污染防治行动计划》目标任务，完成省级工业集聚区污水处理设施建设12个，防渗更新改造636个加油站地下油罐，完成147座城镇、乡村生活污水处理设施及配套管网调查；把握长江大保护、黄河高质量发展战略机遇，争取专项资金12.32亿元，持续深化三江源

① 《宁夏回族自治区空气质量改善"十四五"规划》，北极星大气网，2021年12月30日，https：//huanbao.bjx.com.cn/news/20211230/1196802.shtml。
② 《昌吉州12项硬核措施综合整治大气污染》，《昌吉日报》2021年4月26日。

头生态环境保护及修复①。宁夏在全国领先完成地表水型集中式饮用水水源地保护专项整治任务；污水处理能力明显提高，自治区级以上工业园区废水全部集中处理，配套建设45个人工湿地尾水净化及生态修复工程，建成68个一般工业固体废物填埋场②。新疆持续规范化建设饮用水水源地，实现257个农村"千吨万人"饮用水水源保护区划定任务，全区建成159座城镇供水厂，实现99.7%的城镇用水普及率。

三是打好净土保卫战。陕西省开展全省重点行业企业用地调查，加强有色金属冶炼、化工、焦化、石油加工等重点行业土壤污染重点单位监管，安全利用污染地块、受污染耕地，开展涉镉重点污染源企业整治，全省土壤环境质量总体安全可控。按照土壤环境质量类别对耕地进行划分，完成1.53万亩受污染耕地严格管控任务，受污染耕地安全利用率达到98.94%③。青海全面推进空间布局管控，落实土壤污染防治行动，突出重点区域防治，严格管控重金属对土壤的污染。宁夏全面完成重点行业企业用地调查，实施107个农村生活污水治理项目，跨省转移44万吨核准危险废物，销毁10.45吨易制毒化学品。新疆持续加强农业农村污染防治，深入推进农用地土壤的污染防治，完善"无废城市"建设制度，确保"十四五"时期推进100个左右地级及以上城市开展"无废城市"建设。

3. 节能降耗成效显著

2021年以来，西北五省区扎实推进能耗双控工作，在政策决策、结构调整、节能管理等方面取得积极进展。陕西省实行完善能源消费总量与强度双控制度，将控制化石能源消费作为重点。受"双控"和坚决遏制"两高"项目盲目发展政策的影响，能源消费速度较上半年有明显回落。经初步测算，前三季度能源消费总量同比增长5.6%，增速分别比第一季度、上半年

---

① 《青海省2020年污染防治攻坚战阶段性目标全部实现》，《青海日报》2021年6月15日。
② 宁夏回族自治区生态环境厅：《关于印发〈宁夏回族自治区"十四五"主要污染物减排综合工作方案〉的通知》，2021年12月28日，https：//sthjt. nx. gov. cn/page/news/article/202112/20211229150446PZgvTV. html。
③ 《甘肃省土壤环境质量总体保持稳定》，《每日甘肃》2021年8月13日，https：//baijiahao. baidu. com/s？ id=1707935970503849007&wfr=spider&for=pc。

回落6.9个和6.4个百分点。"六大高耗能行业"①占规模以上工业能源消费总量的87.7%，能耗同比增长7.5%，推动全省规模以上工业能源消费增长6.5个百分点②。煤炭消费量增速较上半年大幅回落，增速分别较第一季度和上半年回落16.1个和8.5个百分点。新疆维吾尔自治区认真贯彻落实党委、政府的决策部署，按照经济高质量发展要求，能源综合开发和节能降耗取得实效。高耗能行业用能减缓，单位工业增加值能源消耗明显回落，能源消费增长减速。2021年前三季度，规模以上工业企业综合能源消费量同比增长12.3%，比上半年回落3.3个百分点；六大高耗能行业能耗得到有效控制，能耗增速比上半年回落3.1个百分点。同时，清洁能源发电量明显增加，水、风、电等清洁能源发电量同比增长10.4%，增速较上年同期提高7.4个百分点。宁夏进一步调整能源结构和投资结构，加快发展光伏、风电等新能源产业。前三季度，六大高耗能行业占规模以上工业增加值的比重下降到61.1%，同比下降2.9个百分点；水电、风电、太阳能等可再生能源发电量占全区工业发电量的比重提高到23.5%，同比上升3.8个百分点③；高耗能行业投资占全区投资的比重下降4.3个百分点。青海省加大生态环境投入，积极发挥财政引导作用，地方财政收入中环境保护税增长16.5%，公共财政支出中用于节能环保方面的支出增长7.7%；不断壮大新能源发电规模，风力和太阳能发电同比分别增长49.0%和25.6%。

4. 绿色转型发展逐步升级

推动绿色发展促进人与自然和谐共生。树牢绿水青山就是金山银山的理念，加快推进农业绿色、工业绿色转型升级，支持绿色金融、绿色科技创新发展，着力城乡建设发展，打造绿色宜居的美丽乡村，促进经济社会发展的

---

① "六大高耗能行业"指石油、煤炭及其他燃料加工业，化学原料和化学制造业，非金属矿物质品业，黑色金属冶炼和压延加工业，有色金属冶炼和压延业及电力、热力生产和供应业。

② 《陕西前三季度能源生产消费情况分析》，2021年11月26日，https://cj.sina.com.cn/articles/view/6192937794/17120bb4202001pluk。

③ 《前三季度宁夏经济增长8.4% 经济继续保持稳定增长态势》，宁夏新闻网：2021年10月20日，https://www.nxnews.net/yc/jrww/202110/t20211020_7307984.html。

全面绿色转型，提升生态环境的稳定性。

陕西省在促进经济社会全面绿色转型方面谋新局。在绿色技术创新方面依法设立了一些分领域、分类别的专业绿色技术创新联盟，全面建立绿色技术转移转化市场交易体系，从而提高绿色技术创新成果的转化率。在全省设置50个绿色低碳技术创新项目孵化器和50个创新创业基地。在产业绿色转型方面，对重污染企业进行搬迁或改造，淘汰了未完成超低排放改造的钢铁、建材、火电行业产能，同时加强对秦岭保护范围内尾矿库源头的监管，在金融绿色转型方面，截至2021年第二季度末，金融机构绿色贷款金额3204.75亿元，同比增长34.22%，增速较上年末和上年同期分别加快17.12个和19.94个百分点，金融绿色转型不断升级。

甘肃省高端化智能化绿色化改造推进传统产业转型升级。截至2021年，绿色化项目107项，总投资245亿元，绿色化改造取得新突破，在清洁生产产业发展推动上，征选并推广先进适用技术，支持工业企业开展一般工业固废综合利用技术研究与产业化应用，组织第三方机构为工业企业做好咨询服务。在工业节能降耗方面，鼓励工业企业实施节能技改、鼓励企业及园区建设绿色电网。在构建绿色制造体系方面，对工业企业开发绿色产品、建设绿色工业及绿色园区给予支持和鼓励，培育认定省级绿色工厂15家、省级绿色园区1个、开发绿色产品3个、工业节水型企业5户，对典型案例及成功经验进行交流宣传①。

青海"绿电"实践为能源转型谱写新篇章。截至2021年，青海省电源总装机4045万千瓦，其中，清洁能源装机3657万千瓦，占比90.3%，新能源装机2464万千瓦，占比60.9%②。青海作为清洁能源大省，新能源装机占比全国最高，光伏为省内第一大电源。2021年，中国电网青海省电力公司积极开

① 天水市麦积区人民政府：《甘肃省工业和信息化厅关于印发高端化智能化绿色化改造推进传统产业转型升级2021年工作要点的通知》，2021年5月26日，http://www.maiji.gov.cn/html/news/xxgk/bmxz/bmdw/gxg/gknr/zcwg/2021 - 05/32046.html？ ivk _ s a = 1024320u。
② 三江源国家公园：《青力"清"为，释放高质量发展最大效能》，2021年7月23日，https://m.thepaper.cn/baijiahao_ 13723510。

展以新能源为主体的零碳电力系统建设研究，率先出台"1＋4"实施方案，推进碳捕集与封存技术应用，实现煤电碳排放清零，青海省打造柔性送端电网和零碳电力系统，促进源网荷储协同发展①。

宁夏能源转型探路绿色低碳进展明显。宁夏作为西北地区能源富集地，不仅煤炭资源丰富，"风光"资源同样充裕，国家能源集团宁夏电力公司投资100亿元在200万千瓦光伏项目上，预计年均发电量达31.5亿千瓦时，届时通过高压直流输电工程外送至浙江，可有效提高外送通道里的"绿电"占比，提高清洁能源利用率。截至2021年9月底，宁夏新能源装机达到2690万千瓦，占发电总装机容量的47%，新能源装机占比居全国第二②；新能源利用率达到97.7%，位居西北第一。同时，宁夏瞄准氢能开辟绿色转型新路，2021年5月试运营了一家新型加氢站，依托现代煤化工产业对氢气的巨大需求，在太阳能电解水制氢、化工副产氢、天然气掺氢等领域"全面开花"。

新疆传统工业转型迈出了新步伐。新疆是全国能源资源大区，焦煤是新疆的重要资源之一，但是焦煤化企业炼焦过程中会产生焦炉尾气，对大气造成污染。新疆的自治区级工业园区阜康产业园，经过一系列加工处理，将焦炉尾气加工成了清洁能源的天然气。这不仅降低了大气污染，还为园区带来了新的经济增长点，园区内近30家企业通过实施焦炉尾气开发利用年销售达1亿立方米。实践证明，新疆的工业企业绿色转型发展已成为实现新疆经济发展和生态文明建设的重要抓手。

二 西北地区生态文明建设中存在的主要问题

（一）生态环境仍然比较脆弱

西北地区处于欧亚大陆内部，远离海洋，由于叠加特殊的地理环境，尤

---

① 《绿电奏响绿色新乐章》，《中国电力报》2021年8月6日。
② 《能源转型探路绿色低碳》，《潇湘晨报》2021年11月2日。

其是青藏高原隆起对印度洋水汽的阻隔，因此降水稀少，同时水分蒸发量远大于降水量，是全国水资源最为紧缺的地区之一。水利部数据显示，全国水资源总量31605.2亿立方米，西北五省区水资源总量2651亿立方米，占全国水资源总量的8.4%。全国人均水资源量2239.8立方米/人，其中，陕西省人均水资源量为1062.4立方米/人，为全国的47%；宁夏人均水资源量为153立方米/人，仅为全国的7%左右①。农村地区农田大水漫灌粗放使用、对地下水过度开采，造成水资源的紧张和不可持续性。工业生产中的非法排污也对水资源产生较大危害。近年来，西北五省区土地沙漠化程度有所好转，但是沙化面积仍在持续增大。我国西北地区存在大片的沙漠和戈壁，我国最大沙漠为新疆塔里木盆地的塔克拉玛干沙漠，面积达33.76万平方米，我国沙漠总面积占比较大的还有准噶尔盆地的古尔班通古特沙漠、青海的柴达木盆地沙漠等。沙尘暴和干旱天气不仅对当地经济发展起到阻碍作用，而且对中东部地区的经济发展和生命财产造成重大危害。西北地区长期粗放型经济发展模式对地区生态环境造成较大破坏。因此，对西北地区脆弱生态环境进行积极地预防和治理是实现西北地区绿色、可持续发展的必然举措。

（二）经济发展水平较低，产业结构调整优化任务艰巨

与东部沿海发达省份相比，生态环境脆弱和经济发展水平较低是西北地区较大的劣势。同时，西北地区不仅面临"六保""六稳"的重要任务，而且肩负着保护好青山绿水、维护好生态环境的重要使命。以青海为例，三江源自然保护区是我国面积最大的自然保护区，作为中华民族的水塔，其生态环境却尤为脆弱。从西北五省区整体来看，经济发展水平不足是主要问题，与全国和东部沿海发达省份相比较，西北地区经济发展水平存在较大的差距。2020年，西北地区居民人均可支配收入排名中，陕西位居第一，为

---

① 中华人民共和国水利部：《2020年全国水资源公报》，2021年7月9日，http://www.mwr.gov.cn。

26226 元，甘肃最低仅 20335.18 元，而全国平均水平为 32188.8 元，且城镇居民和农村居民人均可支配收入均低于全国平均水平。

"长期以来，我国主要采取粗放型经济发展模式，更多地强调规模与数量，表现出污染严重、消耗巨大、效率较低等特征，而这也是现阶段绿色发展面临困境的最根本原因"[1]，这也是我国西北地区绿色发展所面临的问题之一。从产业结构来看，由于西北五省区加速发展工业化、城镇化，第二产业在三次产业结构中占比相对加大，而第三产业发展较为落后。2021 年上半年，陕西省第二产业占比达到 47%，第二产业占比高出全国平均水平 8.1 个百分点，第三产业占比为 48.1%，较全国平均水平低 7.7 个百分点；宁夏第二产业占比达到 43.5%，第二产业比重比全国平均水平高出 4.6 个百分点，第三产业占比为 52.3%，较全国平均水平低 3.5 个百分点。

（三）能耗"双控"工作有待进一步加强

严格落实能源消费总量和强度"双控"，加强节能降耗，是促进生态文明建设和推动高质量发展的重要手段。2021 年 8 月 12 日，国家发展改革委员会印发的《2021 年上半年各地区能耗双控目标完成情况晴雨表》显示，在能耗强度降低方面，青海、新疆、宁夏、陕西上半年能耗强度不降反升，为一级预警（形势十分严峻）；甘肃上半年能耗强度降低率未达到进度要求，为二级预警（形势比较严峻）。在能源消耗总量控制方面，青海、宁夏为一级预警（形势十分严峻）；陕西、新疆为二级预警（形势比较严峻）；甘肃为三级预警（进展总体顺利）[2]。西北地区经济条件比较薄弱，"六大高耗能行业"占比较高。上游产品投产速度加快使得能源消费呈现增长趋势，下游深加工产品项目落地、产业链条长造成难以在短时间内提高产品附加

---

① 黑晓卉、宋振航、张萌物：《我国绿色发展面临的困境及推进路径》，《经济纵横》2016 年第 10 期。
② 《国家发展改革委办公厅关于印发〈2021 年上半年各地区能耗双控目标完成情况晴雨表〉的通知》，2021 年 8 月 17 日，https：//baijiahao.baidu.com/s？id＝1708336695774350105＆wfr＝spider&for＝pc。

值，这导致能源消费总量和强度出现双增长现象。因此，西北五省区完成能耗"双控"目标面临严峻挑战。

（四）治理体系和治理能力不够

西北地区生态文明建设各项改革进展不明显，环境治理能力需进一步提高。生态环保参与宏观经济治理手段不足，市场化制度体系建设及价格、金融、财税等经济政策还不完善，环保政策尚未对产业结构的宏观调控发挥作用；部分地区和领域环保基础设施建设存在隐形短板，尤其体现在农村环保基础设施建设上；生态环境监测水平不高，信息化建设能力有待提高；一些企业和地方依法治污、自觉保护生态环境的意识不强；同时，风险管控压力比较大，亟须提高对突发环境事件的应急处理能力；空间管控政策未能精准落地，主体功能区划分制度的空间约束能力有待提高，缺乏对新污染物控制的有效手段，细颗粒物与臭氧的协同控制、大气污染治理与碳达峰协同增效等还需进一步加强。

（五）政府官员考核评价制度有待优化

改革开放40多年，西北地区在经济发展和脱贫攻坚方面取得显著成就，这得益于我国长期坚持以经济建设为中心的发展战略，从而形成以GDP为主的官员考核评价制度。这种考核评价制度的核心是经济总量和增长速度，对经济高速增长的本能追求冲动和对经济效益的过度追逐，忽视了经济社会可持续发展要求，从而造成资源利用效率低下和环境污染严重，也让很多地方政府忽视生态保护工作，给地区绿色发展造成极大现实困境。先污染后治理的经济发展路径依赖使得需要花费更大代价以补救前期经济发展所造成的生态环境破坏。与中部和东部沿海发达地区相比，西北五省区经济发展相对落后，且生态环境较为脆弱。在当前社会环境下，需要改变过去以GDP至上的政绩观，在政绩考核中要持续增加生态环保指标的权重。因此，政绩考核要以生态文明与经济社会融合发展为核心，以实现西北地区经济社会的可持续发展。

三　西北地区推动生态文明建设的政策建议

（一）加强生态系统保护修复

西北生态环境脆弱主要体现在水资源缺乏，加强水资源保护是推动西北地区生态环境建设的重要路径。一是强化"三水"统筹管理。在水资源消耗总量与强度上实施"双控行动"，控制用水总量、用水效率、水功能区限制纳污"三条红线"，对水资源、水生态及水环境建立监测评价机制，推进深度节水，促进水生态恢复，保护生态用水。二是推进水环境综合治理。加强地表水与地下水协同防治，提高地下水环境水质指标监测能力，加强自然资源与水利等部门的协同合作，完善地下水环境质量监测制度，建立"水体—入河—排污口—排污管线—污染源"全链条体系。三是制定联防联控机制。加大对水环境的保护和修复力度，健全流域协作制度，加强协同流域上下游各级政府及部门，实施联合监督、联合执法、应急联动、信息共享。对突发水污染事件，建立并完善联防联控机制，加强信息传递、纠纷调解、拦污控污等工作。加大对大气环境的保护和修复力度，进一步管控污染综合治理重点区域，健全大气重污染应急体系，切实推进治理常态化、精细化，完善城区内大气污染联防联控工作机制，通过区域联合管控、区域联合执法、应急响应区域联动等措施，协同推进西北地区大气环境治理持续改善。

（二）推进产业绿色转型升级

1. 促进产业结构转型升级

一是实施生产全过程清洁化、绿色化、低碳化。扎实推进清洁生产，推广绿色基础制造工艺，减少生产过程中的污染物排放。以工业绿色升级为重点，全面开展绿色工厂、绿色园区行动等，实现工业生产绿色转型。积极推进钢铁、建材、电力等重点行业的污染减排工作，实施污染物与碳排放合作监测，保障生产过程低碳化。二是加快壮大绿色新兴产业。加快新能源、新材料、绿色环保及新能源汽车等产业的发展，在"互联网＋"的创新绿色产业模式基础上，加快培养新兴产业规模，完善创新链，延伸产业链，重点扶持中小型战略性新兴企业，助力产业转型升级。三是加强资源有效节约。对高耗能行业及重点企业实施内部节能管理，淘汰落后产能。建立资源节约消费体系，高效利用工业固体废物、冶炼及化工废渣等，推进产废行业绿色转型、利废行业绿色生产。

2. 建设低碳能源体系

一是优化能源供给结构。加强建设清洁、低碳、高效的能源供给体系，加快清洁能源产业、天然气、新能源和可再生资源等发展建设，优化能源布局，推动风能、水电、氢能等稳步发展，展开多渠道、多方式优化调整能源结构。二是控制煤炭消费总量。严格控制煤炭开发强度与范围，合理规范耗煤项目审核，加强管控企业生产用煤，进一步加强煤炭加工利用，严格坚守煤炭消费总量底线。三是提高能源效率。鼓励节能技术、新能源技术不断创新发展，建议能源指标向能源利用率高、发展速度快的地区及行业倾斜，淘汰落后的耗能设备，提高能源利用率。

3. 构建绿色交通运输体系

一是改善绿色交通系统。在西北地区主要城市设立高排放货车交通限制区，推广使用新能源或清洁能源汽车，做好支持城市公共收费基础设施建设工作。稳步推进枢纽货物（物流园区）建设，完善铁路集散体系。支持实施集装箱运输、载货汽车运输、全程冷链运输、特快列车电子商务等多式联运试点项目。二是构建高效、集约的绿色流通体系。实施并完善绿色流通长效发展机制及现代综合运输体系，形成统一并开放的交通运输市场。推进建设城市绿色货运配送示范工程，发展绿色仓储，鼓励物流园区和大型仓库应用绿色建材、技术、节能设备等节能管理模式。对快递、电子商务和包装进行绿色治理，促进大型电子商务和快递公司回收和共享包装材料。

（三）实施绿色科技创新发展战略

科学技术是第一生产力。科技创新是社会高质量发展的驱动力，是

"一带一路"建设、生态文明建设的牵引力。一是提高绿色科技创新能力，西北地区原有的经济发展模式，科技含量比较低，生产水平相对落后，缺乏科技力量内在的转化动力。鼓励创新技术研究，科学解决生态环境污染治理、资源有效利用等生态环境问题，通过科学手段提高绿色科技创新能力，改进技术推动节能减排等在西部生态文明建设中发挥巨大作用。二是鼓励国内外交流合作。西北地区特殊的区域优势为其进行国内外合作带来便利，西北地区当地企业与国内外先进技术企业合作交流，学习先进技术提高创新科技水平，对带动绿色产业发展具有促进作用。三是推动企业科技成果落地。提高企业技术创新能力，打造科技创新平台，完善企业科技创新评级、考核与激励机制，加快构建以企业为主体、市场为导向的技术创新体系，推动企业科技成果由量变到质变，通过企业科技创新实现低能耗、低排放、低污染，实现可持续健康发展和生态与经济双赢，为西北地区生态文明建设提供绿色科技动力。

（四）推进生态环境治理体系和治理能力现代化

一是健全生态环境管理机制。强化政府部门监管职责，推动部门协作机制，推动各职能部门严格落实"党政同责、一岗双责"，做好环境污染和环境保护工作，进一步提高协同管理的职责划分清晰度和环境保护总体水平，完善齐抓并管、各负其责的格局。二是全面落实污染物排放许可证制度。建立以排污限额制度为核心的固定污染源监测体系，加强固定污染源全过程管理，实施多污染协同控制。推进重点行业环评、排污许可、监督执法的闭环管理，加大排污许可证的续签和备案工作。三是健全生态环境监管体制。强化生态环境治理制度建设，扎实推进科学立法、严格执法、公证司法、全民守法，加强源头管控和过程监督，加大执法监管力度。聚焦重点领域及身边生态环境问题，积极响应并进行整改。加强公安、法院、检察机关等的协作机制。四是深入推进生态补偿机制。加大对重要区域的生态保护补偿力度，包括重点生态功能区、生态保护红线区域等，鼓励展开资金补偿、产业扶持等多种形式的横向生态补偿。探索黄河流域等重点生态功能区综合补偿机制试点。完善多元化、市场化生态保护补偿机制，推进生态环境高质量发展。五是完善生态环境执法体系。建立统一领导、分级负责的生态环境执法，加强部门之间联动配合，加强执法能力规范化、健全联合执法、区域协作机制。六是加大财税支持力度。积极争取中央各类专项资金，各级人民政府应该整合统筹各类资金，加大金融机构等企业对生态环境保护的支持力度。

（五）完善生态文明绩效考核机制

一是将生态文明建设及其成效作为政府官员政绩考核的重要依据。调动各级政府对生态文明建设的自觉性和积极性，确保全面、科学有序地推进西北地区生态文明建设。持续加强顶层设计，对于西北地区的生态绩效考核，要综合衡量经济增长、资源利用、环境治理、生态污染等与生态环境相关的因素。"要做到减法与加法并举，适当降低经济增长的衡量指标，增加生态环境保护与建设的考核内容，统筹经济发展与生态建设的比重"①。二是积极完善环境绩效考核体系。不断加强目标责任管理，努力完善评价技术，及时核实西北地区地方政府绩效评估结果，并将评估结果与框架推广相结合。不断强化地方政府行政责任。重点问责惩处未能实现环境绩效目标和任务、放弃处理环境和环境问题的职责，甚至造成严重环境问题的人员。"政府绩效生态处罚的形式包括司法处罚和行政处罚，并尊重处罚与教育相结合的原则"，以有效纠正环境管理中的异常现象。通过网络、媒体、广告、广告牌等渠道，将环境质量检测结果公开透明，切实落实人民的知情权和监督权，以便有效控制政府行为，促进科学进步。三是政府积极发挥监督作用。对于企业的行为，政府可以在突击检查过程中进行全面有效的控制，对忽视社会责任的企业进行及时严厉的处罚。推行"谁污染谁治理"制度，持之以恒，增加污染者的违法成本，全面实施"以日计罚"。

---

① 胡其图：《生态文明建设中的政府治理问题研究》，《西南民族大学学报》（人文社会科学版）2015年第3期。

（六）加快形成推进生态文明建设的良好社会风尚

一是树立全民生态文明意识。培养全民参与生态文明建设行动，围绕生态文明科学知识、法律法规普及开展培训宣讲活动，鼓励全民从身边做起，从小事做起，提高全民生态文明保护意识。二是推广全民绿色生活方式。普遍推广绿色生活方式，低碳出行，节约资源，使用环保低碳用品，倡导绿色生活、绿色出行。健全生活垃圾分类投放处理系统，完善应急处理机制。三是鼓励公众积极参与。完善公众参与制度，及时将各类环境信息扩大公开范围，提高影响力，保障公众知情权、监督权、举报权。健全环境公益诉讼制度，对环境污染、破坏等行为，有关组织可提起公益诉讼。人不负青山，青山定不负人，坚持生态环境绿色转型发展，用自己的双手守好改善生态环境生命线，共筑生态屏障，守护绿水青山。

参考文献

梁珍：《西北地区绿色发展的现实困境与应对策略》，《理论观察》2021 年第 4 期。

任栋栋：《新时代西北地区生态治理现代化的路径》，《理论观察》2020 年第 12 期。

李雪松、孙博文、吴萍：《习近平生态文明建设思想研究》，《湖南社会科学》2016 年第 3 期。

束锡红、陈祎：《生态文明视阈下西北区域环境变迁与绿色转型发展》，《西北大学学报》（哲学社会科学版）2020 年第 6 期。

谷树忠、胡咏君、周洪：《生态文明建设的科学内涵与基本路径》，《资源科学》2013 年第 1 期。

赵其国、黄国勤、马艳芹：《中国生态环境状况与生态文明建设》，《生态学报》2016 年第 19 期。

经济高质量发展篇

High – Quality Economic Development Reports

B.6

陕西经济高质量发展状况分析[*]

裴成荣　顾　菁[**]

摘　要： 党的十九大以来，陕西全面贯彻高质量发展理念，经济发展迈上了一个新台阶。2021年，陕西经济高质量发展稳中求进，产业结构优化、消费结构逐步升级、农民收入稳定增长、外贸外资指数持续向好。但是，经济体量较小、区域发展差距明显、现代化产业体系不完善等现象依然存在。为进一步分析制约陕西经济高质量发展的主要因素，本文构建了评价指标体系，结合障碍度模型，识别不同时期影响陕西经济高质量发展的主要因素。依据分析结果，从加快现代产业体系建设、深化创新驱动发展战略、推进市场的供给侧结构性改革、深度融入国内国际双循环新格局、统筹优势资源、以现代化农业振兴乡

---

　*　本文系2021年陕西省社科基金（立项号：2021WT03）、陕西省哲学社会科学重大理论与现实问题研究重点智库研究项目（项目编号：2021ZD1035）的阶段性成果。

**　裴成荣，工学博士，陕西省社会科学院经济研究所所长、二级研究员，研究方向为城市与区域经济、产业经济；顾菁，管理学博士，陕西省社会科学院经济研究所助理研究员，研究方向为城市经济、区域经济。

村、完善绿色发展机制等层面提出陕西经济高质量发展的对策建议。

关键词： 经济发展　高质量发展　陕西省

党的十九大以来，陕西坚定不移地推动高质量发展，坚持以"四个全面"战略布局为统领，坚持以"创新、协调、绿色、开放、共享"的发展理念为引领，以供给侧结构性改革为主线，以创新驱动、改革开放为动力，以深度融入"一带一路"倡议为统领，统筹推进稳增长、调结构、促改革、惠民生、防风险、保稳定等各项工作，使陕西经济发展迈上了新台阶。但是，经济体量较小、区域经济发展的差距明显、城乡收入差距过大、现代化产业体系不完善等现象依然存在。准确把握陕西经济发展的阶段性特征，研究经济社会高质量发展的科学思路，推动陕西经济发展产生质量变革、效率变革、动力变革，对夯实共同富裕的经济基础、满足人民群众对美好生活日益增长的需求，具有重要意义。

一　2021年陕西经济高质量运行情况

（一）经济高质量运行稳定，增速低于全国平均水平

2021年前三季度，陕西实现地区生产总值21193.18亿元，按可比价格计算，同比增长7.0%，低于全国平均水平2.8个百分点。产业结构呈现"三二一"模式，第三产业成为陕西主导产业，产业增加值为10019.82亿元，同比增长8.4%，占总产值比重的47.3%，低于全国平均水平1.1个百分点；第二产业增加值为9944.86亿元，同比增长5.7%，占总产值比重的46.9%，低于全国平均水平4.9个百分点；第一产业增加值为1228.50亿元，同比增长5.8%，低于全国平均水平2.5个百分点①。全省经济增长稳

---

① 如无特别说明，本文数据都来源于陕西省统计局。

中有忧，尤其是经济结构转型带来的第二产业增速的下降，凸显了陕西经济体量不足的问题。

（二）产业结构逐步优化，高能耗行业增速回落

2021年前三季度，陕西工业企业效益保持良好增势，规模以上工业企业完成营业收入20799.0亿元，同比增长26.7%，高于全国平均增速4.5个百分点；利润总额2419.2亿元，同比增长94.3%，高于全国平均增速49.6个百分点；工业增加值同比增长7.2%，低于全国平均增速4.6个百分点。受主动调控、原材料价格高位上涨、汛情及基数抬高等因素影响，企业生产经营压力加大，产能释放受到抑制，工业生产稳中趋缓，尤其是高耗能行业增速回落明显。受到能耗双控政策和"十四运"疫情管控等影响，陕西前三季度能源生产和能源消费速度趋缓，规上能源工业增加值同比增长5.6%，非能源工业增加值增长8.6%，工业发展加速"轻型化"。

（三）消费结构逐步升级，消费品市场恢复放缓

陕西认真贯彻国家扩大内需政策，刺激消费品市场活力，2021年前三季度消费品市场逐渐恢复，社会消费品零售额同比增长17.3%，达到1283.25亿元，乡村市场的恢复好于城镇市场。其中，食品类零售额31.87亿元（同比增长3.24倍）、电子出版物及音像制品类零售额0.78亿元（同比增长3.2倍）、汽车类零售额63.58亿元（同比增长62.4%），分别排在消费增速的前三名。说明传统消费观念逐渐被新消费观念所代替，居民消费结构也随之加快升级，消费型市场逐步形成，这些都为消费品市场的恢复起到带动作用。但是，进入第三季度后，受持续降雨天气、上年同期基数抬升较快、疫情管控升级等因素影响，消费品市场恢复态势受阻，市场销售增速回落。

（四）农村居民收入稳定增长，城乡收入差距缩小

2021年前三季度，陕西农业生产形势稳中向好，粮食产量稳定增长，

种植结构持续优化，农村居民收入稳定增长，消费支出也呈现回暖势头。2021年，夏粮总产量470.60万吨，同比增长3.8%；蔬菜及食用菌产量1525.23万吨，同比增长2.7%；园林水果产量607.93万吨，同比增长6.6%；农业种植结构持续优化。农村居民人均可支配收入11070元，同比增长12.0%，增速高于全国平均水平（11.6%），城乡收入比值较上年同期缩小0.09，为2.81。

（五）积极融入"一带一路"，外贸外资持续向好

陕西积极融入"一带一路"倡议，全力打造内陆改革开放高地，扎实推进稳外贸外资工作，确保外贸外资持续向好发展。2021年前三季度，陕西外贸进出口总值达到3503.85亿元，同比增长25.44%，高于全国平均增速2.74个百分点。陕西以高质量建设中欧班列集结中心为引领，积极融入国内国际双循环的对外开放新格局。2021年6月，数字金融综合服务平台投入运行，有效提升了中欧班列相关企业的运营效率；同年9月，海关总署推出的"铁路进出境快速通关"业务模式在西安率先启动，首列快速通关跨关区出口专列顺利发车。目前，陕西已开行西安至土耳其、西安至英国伊明赫姆的常态化线路；开行西安至芬兰、西安至丹麦、西安至巴黎至北非三国线路；首发海铁联运过境进口专列、日韩过境货物测试专列等。同时，长安号不断提速、扩线，立体化物流大通道日趋完善，1~11月，开行数量3520列，开行量、重箱率、货运量继续稳居全国第一。

二 陕西经济高质量发展情况分析

从高质量发展要求出发，坚持"五大理念"，结合陕西经济社会发展的主要特征，本文从5个层面，选取28个指标构建综合评价体系（见表1）。

表1 经济高质量发展评价指标体系

目标层	一级指标	二级指标	单位	属性
经济高质量 发展	经济规模	GDP	亿元	+
		人均GDP	元/人	+
		全社会固定资产投资	亿元	+
		一般公共预算收入	亿元	+
		社会消费品零售总额	亿元	+
		第三产业增加值占GDP比重	%	+
		非公有制经济占比	%	+
		金融业增加值占GDP比重	%	+
	创新驱动	规模以上工业企业R&D人员全时当量	(人年)	+
		规模以上工业企业R&D经费	(万元)	+
		技术合同成交总额	万元	+
		普通高等学校教职工数	人	+
		发明专利申请数(国内)	件	+
	开放发展	进出口总额	万美元	+
		外商投资企业年底登记户数	户	+
		外贸依存度	%	+
	共享发展	城镇居民人均可支配收入	元/人	+
		城镇居民人均消费性支出	元/人	+
		农村居民人均可支配收入	元/人	+
		农村居民人均消费性支出	元/人	+
		单位人口拥有执业医师数	人/千人	+
		城镇登记失业率	%	−
		普通高等学校教职工数	人	+
	绿色发展	工业污染治理投资总额	万元	+
		森林覆盖率	%	+
		一般工业固体废物产生量	万吨	−
		电力消费量(实物量)	亿千瓦时	−
		人均耗水量	立方米	−

（一）陕西经济高质量发展综合水平评价

选取 2010～2020 年陕西经济发展的数据①，应用 TOPSIS 法构建综合评价模型，计算经济高质量发展水平。TOPSIS 法是一种多目标综合决策法，通过建立归一化的数据矩阵，计算目标样本在理想状态下最优和最差的解，评价各目标样本与最优及最差解之间的距离，据此对各目标样本进行综合评分。在计算过程中，根据离差标准化将原始数据进行归一化处理，个别数据的缺失选用三次样条插值法进行补全，评价结果见表 2。

表 2   2010～2020 年陕西经济高质量发展指数

年份	经济高质量 发展水平	共享发展	创新驱动	开放发展	经济规模	绿色发展
2010	0.528	0.166	0.053	0.082	0.136	0.090
2011	0.602	0.162	0.075	0.103	0.164	0.099
2012	0.685	0.172	0.104	0.123	0.187	0.099
2013	0.807	0.184	0.154	0.151	0.215	0.103
2014	0.885	0.193	0.177	0.171	0.238	0.106
2015	1.001	0.212	0.229	0.193	0.259	0.108
2016	1.117	0.216	0.299	0.213	0.281	0.107
2017	1.148	0.228	0.261	0.244	0.305	0.109
2018	1.280	0.249	0.316	0.277	0.333	0.105
2019	1.399	0.256	0.373	0.305	0.360	0.104
2020	1.549	0.265	0.477	0.311	0.387	0.110

计算结果显示（见图 1），陕西经济高质量发展态势可分为两个阶段。第一阶段为 2010～2015 年，国际金融危机形势下国际国内经济发展环境变化，陕西全面贯彻落实党中央、国务院关于转变经济发展方式的战略方针，通过有力有序有效地推动经济结构的调整和转型升级，着力转变发展方式。

① 计算资料来源于国家统计局国家数据库，https：//data. stats. gov. cn/，最后检索时间：2021年 12 月 8 日。

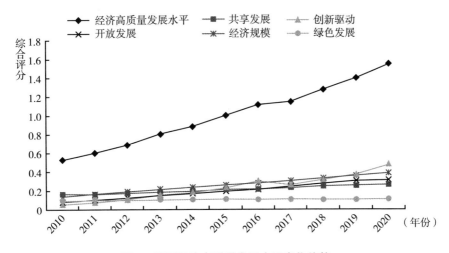

图1　陕西经济高质量发展水平变化趋势

随着国家四万亿投资计划等宏观政策经济拉动效果的显现，陕西实现了从经济欠发达省份向中等发达省份的大跨越，经济发展质量逐步提升，高质量发展指数平均每年增长0.095。第二阶段为2016～2020年，陕西经济结构优化所积攒的动能开始逐渐释放，现代化产业体系逐步成形，创新驱动能力凸显，经济高质量发展进入加速期，高质量发展指数平均每年增长0.11。二级指标得分中，创新驱动评分的提升最高，2020年的评分是2010年评分的9倍，科技创新驱动高质量发展的作用进一步凸显；经济规模的评分排在第三名，2020年评分是2010年评分的2.846倍；绿色发展2020年评分是2010年评分的1.222倍，生态文明水平还存在一定的上升空间，经济发展的绿色转型有待进一步深化。

（二）陕西经济高质量发展的障碍因子分析

引入障碍度模型，以2010年、2015年和2020年为时间节点计算三个时间点下影响陕西经济高质量发展的障碍因子，计算结果见表3①，为陕西经济高质量发展提供政策方向指引。

——————

① 压力指数越高，对经济高质量发展带来的阻碍力越高。

表3　陕西经济高质量发展一级障碍因子分析

年份	经济规模	开放发展	创新驱动	共享发展	绿色发展
2010	0.238 压力指数 排名第四	0.469 压力指数 排名第二	0.170 压力指数 排名第五	0.361 压力指数 排名第三	0.503 压力指数 排名第一
2015	0.374 压力指数 排名第二	0.456 压力指数 排名第一	0.204 压力指数 排名第五	0.285 压力指数 排名第四	0.354 压力指数 排名第三
2020	0.333 压力指数 排名第四	0.415 压力指数 排名第二	0.252 压力指数 排名第五	0.394 压力指数 排名第三	0.435 压力指数 排名第一

　　计算结果显示，2010年，绿色发展因素的压力指数最高。陕西的地形地貌复杂，尤其是沿黄地区坡面土壤和沟道侵蚀严重，风蚀水蚀交错，地质灾害防治压力大，植被覆盖率低，水土流失敏感程度高。西部大开发以来，随着退耕还林还草、小流域综合治理等生态工程的建设，黄土高原成功由黄转绿，水土保持水平整体得到提升，但局部生态问题仍然存在，防风、固沙、减轻干旱、水质保护等生态修复与保护任务繁重。在"十二五"期间，陕西能源化工工业投资（1.3万亿元）在工业投资（2.4万亿元）中占主导地位，能源产业的快速发展也加剧了陕西生态资源的治污压力。"生态脆弱"的先天不足和环境污染的遗留问题为陕西经济高质量发展带来巨大压力。2015年，随着国家提出节能降耗、绿色发展的生产要求，陕西经济在维持经济增速的同时加快了节能降耗、优化产业结构的产业升级进程，但这也使工业经济效益的增速放缓。2018年，秦岭生态修复及治理的系列工程全面启动，标志着陕西生态保护和环境治理进入了新阶段。随着"大保护"逐步成为这一时期经济社会发展的主要理念，如何因地制宜，因时制宜，优化经济结构，打破大气污染、水污染严重，资源与经济发展矛盾尖锐等环境约束，为经济高质量发展提供可持续的优质生产资源和自然资源禀赋，成为新时代陕西经济高质量发展的重要挑战。

　　陕西对外开放的底子薄，开放型经济的增速虽快，但是开放度不足、外贸规模较小、外贸结构不完善、相关配套服务无法满足业务增长等问题阻碍了陕西开放型经济的发展。陕西经济的国际竞争力较弱，开放发展的压力指数较高。积极应对复杂的外部环境和疫情带来的危机、全力打造内陆改革开放高地、加快构建双循环发展格局、扎实推进稳外贸外资工作，成为陕西深化对外开放、提升价值链地位的重要内容。

共享发展对陕西经济高质量发展的压力一直较为平稳，但是随着近年来陕西城乡差距逐步拉大，区域发展不均衡带来的经济压力逐渐增加。尤其是2020年，陕西人均可支配收入在全国31个省份中排名第19位，城镇居民人均可支配收入排名第17位，农村居民人均可支配收入排在第27位。农村居民收入水平较低，导致了城乡收入差距较大，陕西城乡收入比在西部12省（自治区、直辖市）中排名第8位。统筹优质发展资源，降低陕西经济发展中区域不均衡的阻尼效应，是解决陕西城乡、区域发展不平衡问题的核心内容。

近10年来，陕西经济规模一直保持中高速稳定增长，2020年经济规模对陕西经济高质量发展的压力指数是2010年的1.4倍。2010～2019年，陕西经济增幅均值为9.282%，与国内发达地区的相对差距逐步缩小，人均生产总值不断提高，实现了从低收入省份向中高收入省份的跨越。但是，自2019年起，陕西的经济同比增速出现了阶段性回落，低于全国增速，经济下行压力不断增大。加速追赶超越、提升经济总量、夯实经济高质量发展的经济基础，是陕西实现经济高质量发展的必然选择。

创新驱动对陕西经济高质量发展的阻碍力是五个障碍因子中最小的，但是创新压力一直在增加。陕西作为国家创新型省份建设试点，在科技创新和教育资源等方面的成效显著。截至2020年底，陕西综合科技创新水平指数由2010年的56.83%上升至68.39%，全国排名保持在第9位。其中，科技活动产出指数由2010年的55.24%上升至75.97%，全国排名保持在第4位；全社会R&D经费共投入584.60亿元，高于2010年的367.1亿元，投入强度2.27%，高于2010年0.12个百分点，为近10年最高水平，居全国第7位。但是，随着科技创新驱动高质量发展的作用进一步凸显，陕西产业

创新和成果转化方面的短板越发明显，创新发展面临瓶颈期。快速构建科技资源配置服务平台，优化成果转化机制，提升科技创新效益，将是陕西创新发展的重点内容。

三 陕西经济高质量发展的对策建议

（一）加快现代产业体系建设提升经济体量

1. 以数字化推动传统优势产业转型，积极发展新产业、新业态、新模式

以数字化、网络化、智能化提升传统产业优势，加快机械、冶金、建材、纺织、食品等特色产业的提质增效，推进石化能源清洁高效利用，加快发展风能、光伏、氢能等新能源。以"三个转化""六条产业链"为重点积极推进化工产业高端化。加速信息技术与传统产业链的深度融合和创新衍生，全面推动新产品、新业态、新模式的有序发展，推动各产业向中高端水平迈进。

2. 以重大功能设施引导产业布局，打造现代化产业集聚区

提升区域基础设施均衡通达程度。以顶层设计为出发点，加快构建以高技术产业、战略性新兴产业、现代化生产性服务业等为核心的新型基础设施。以龙头企业为引领，以现代化城市体系为基础，围绕高端机床、半导体与光子、先进金属材料、新能源汽车和集成电路等领域，打造以大城市为核心的现代化产业集聚区。加大市域产业和城市功能的统筹布局，加快构建"多中心、网络化、生态型"的组团式产业发展格局。以产业链为核心，打造核心区和关联产业城区的网络布局，发挥核心产业功能区对周边区域的辐射带动效应。

3. 服务业与工业、农业深度融合，打造协同发展的现代化产业体系

推动现代服务业与先进制造业深度融合，鼓励企业拓展创意孵化、研发设计、售后服务、设计咨询、安装维护管理等服务，推进制造型企业向制造服务集成总承包商转变。促进服务业与现代农业渗透融合，发展农机具供应、维护保养、作业托管、农产品初加工服务、农产品营销服务等农业生产性服务业。探索适应不同农产品的个性化定制服务、会展农业、农业众筹等农业新业态。

（二）深化创新驱动发展战略优化产出效能

1. 以秦创原引领创新链、产业链深度融合发展，探索科技创新和体制机制创新"双轮驱动"

以秦创原创新驱动平台为总平台，以营造良好创新生态为保障，系统布局技术研发和集成创新任务，以双链式"链长制"引领产业链与创新链的对接。以管理机制改革清除要素流动进程中的机制障碍，降低各类政策壁垒，降低企业交易的制度性成本，增强产业链韧性。扶植预备"链主"企业，以此类龙头企业为核心打造上下游关联产业集群，充分发挥高端创新资源的辐射效应，引导企业与产业研究机构联合开展技术攻关，优化产业链布局，完善产业链配套服务，打造良好的产业发展生态。

2. 做实创新服务平台载体，全面推动创新资源开放共享

围绕"智慧＋""云端""生物赋能"等重点领域，充分发挥企业、高校、院所的创新优势，搭建产业发展与科技创新的桥梁。提升现有国家工程研究中心的创新能力，加快实施一批创新能力建设项目，突破关键核心技术和重大装备等瓶颈，推进科技成果工程化产业化。探索建立跨地区的创新发展联盟，打造关中协同创新走廊，支持区域互动互补发展和错位发展，形成科技创新、项目孵化、产业推广等服务平台的共建共享。主动建立沟通平台，打破关联企业和不同部门间的信息壁垒，推动关联产业链的联动，加速生产网络的形成，用以整合、检索、交互产业和技术信息，建设信息家园。

3. 优化科技存量资源与科技成果转化机制，优化创新成果的产业化通道

完善技术在协同创新和转化过程中的利益共享机制和监督制约机制。推进科技成果转化行动，积极建设国家技术转移西北中心，加大投入省科技成果转化引导基金，发展专业化科技服务机构，更新中试政策，对科技成果转化进行精准支持和引导，建立梯次化培育机制。发挥企业出题者作用，引导

高校、科研院所科技资源，联合研发活动，使研发活动直接面向市场需求。强化企业创新主体地位，加快实现产业高端发展。各企业积极参与项目路演和推介活动，促进创新成果与资本、产业有效对接。

（三）推进市场供给侧结构性改革优化要素供需结构

1. 优化投资结构，在经济增长驱动力转变过程中做好稳定器

统筹安排工业领域专项资金，重点支持先进制造业和战略性新兴产业，完善技术改造的奖补政策。争取国家重大专项及战略性新兴产业重大项目，提高战略性新兴产业占工业投资的比重，提高生产性服务业占服务业投资的比重，更好地发挥政府的财政补贴、税费减免等政策杠杆作用。大力发展多层次资本市场，提高直接融资比重。打造"企业融资需求—投资银行—银行理财—财富管理—居民投资需求"这一投融资链条，加速居民储蓄向投资转化，引导资金和资源向绿色低碳、科技创新等产业聚集。

2. 主力培养"专精特新"，为制造业和实体经济发展提供重要支撑

建立创新型中小企业、专精特新中小企业、专精特新"小巨人"企业等优质企业的梯度培育体系。把企业打造为掌握独门绝技的单项冠军，以解决产业在补链、强链、延链中的"卡脖子"难题。从有自主知识产权、产品科技含量高、市场潜力大的中小企业中挑选出"专精特新"中小企业，实施"定向"培养及分类服务，在基础研发、成果转化、产品配套、技改升级、场景开放、专利布局、资金融通、人才引进、空间规划以及品牌塑造等方面给予多层次的支持。加强与陕西中小企业融资担保服务中心等金融机构的合作，开展银企对接，进行融资辅导，拓宽企业融资渠道。同时，设立专项基金，为"专精特新"中小企业提供融资支持。

3. 以"亩均效益"评价为导向，激励低产低效企业改造升级

分别制定实施高新区、经开区、县域工业集中区"亩均效益"领跑者行动方案，发布"领跑者"名单，对"亩均效益"领跑者叠加扶持政策，打造典型案例的分享示范。进一步推进低效企业的改造提升。通过追加投资，支持引导低产低效企业通过"零地技改"、增加设备等方式提高土地单

位产能；通过转让出租，支持引导低产低效企业对其部分长期未开发利用的土地和厂房依法进行转让、出租，盘活用地；引导低产低效企业整合资源要素，提升生产效率。此外，对于达不到相关标准的企业，要加大整治力度，通过置换流转的方式，探索带建筑储备、以楼换地、以股换地、以合并竞争等方式置换用地政策制度，引导低产低效企业有序退出用地。

（四）立足开放平台深度融入国际国内双循环新格局

1. 加速融入"一带一路"建设内陆开发开放枢纽，加快建设高水平国际贸易通道

构筑内陆地区多元国际化的开放平台。将西安由"集结中心"向"内陆国际物流枢纽"转变。提升国际贸易体系的管理效率，织密向西开放的货运航线网，与中欧班列资源互补，共同打造面向欧亚的国际贸易通道，提升通道运行能级。推动"物流优势区"向"贸易生态高地"的转变，创新跨境服务贸易管理模式，争取获得亚投行、丝路基金、中非基金、国开行、进出口银行等中央金融机构对陕西"走出去"的支持，深化金融领域创新。推动从"经济通道"向"通道经济"转变，依托中欧班列长安号全网物流优势，带动贸易导入及产业聚集，引导行业龙头企业逐步将贸易转向陕西，加快港产城融合发展。

2. 推动外贸外资优化升级，打造高质量外资集聚地和高层次对外投资策源地

创新外资引进方式，鼓励本土企业与跨国公司合作，有效引进境外资金、高端人才和先进技术，落实好外商投资准入前国民待遇加负面清单管理制度，建设外商投资公共信息服务平台，加大国际招商力度，促进外商投资稳定增长。支持跨国公司在陕西设立投资、运营、采购等经营机构。支持龙头企业联合共建或自建海外园区和制造基地，鼓励企业参与"一带一路"重大基础设施、重点产业项目建设。加强国际产能合作培育本土跨国公司，促进跨国公司产业链、供应链双循环。推动外贸新业态加速聚集融合、联动发展。

（五）统筹优势资源推动区域协调发展

1. 加强区域互联互通，促进跨区域要素流动

利用区域内各地区发展优势，突破行政壁垒，统筹资源配置，优化区域政策协调机制，打造优势互补的高质量经济布局。加快西咸、富阎一体化进程，大力推动西安国家中心城市建设和西咸一体化发展，支持西安、咸阳共建临空经济带，提升杨凌农业高新区示范水平；推进呼包鄂榆城市群发展，加强榆林、延安产业分工协作、合理布局和转型升级，推动榆林能源革命创新示范区建设；加大对陕南园区承载服务能力提升、主导产业链构建等的支持力度，继续开展创新驱动发展试点。

2. 凸显三大区域产业优势，打造陕西多极支撑新格局

推动关中创新发展。以西安国家中心城市建设为龙头，着力打造"一带一路"六大中心。优化关中平原城市群规模等级和结构，促进关中平原城市群形成优势互补、竞合有序、协同发展新格局。立足传统能源化工产业基地的优势，强化陕西能源领域"三链"融合，推进陕北产业结构升级，加快对重点园区低碳化和循环化改造提升。推动全省太阳能光伏、氢能等新能源领域重点产业链的培育壮大。围绕服务重点产业链，加快科创研发机构和金融服务平台的联动布局，建立金融服务绿色通道，将陕北打造为陕西能源科技创新高地。立足绿色科技和产业变革加速推进陕南发展。以药、茶、菜、果等特色产业为重点，打造全国优质绿色农产品基地；推动有色金属、冶金、建材三大新材料产业延伸产业链，实现绿色转型，稳步发展陕南低碳绿色工业；打造"健康＋"产业融合发展新途径，重点发展健康农业食品、健康医疗医药、健康养生养老、健康文体旅游以及健康管理信息产业，着力发展文旅康养产业，形成前延后伸、横向配套和跨界融合的高质量绿色循环产业体系。

3. 加快推进西安都市圈建设，强化共商共建共享的区域协调

以西安为主导推动西安都市圈发展规划，推进西咸一体化、富阎一体化发展，推进西铜、西渭融合发展，推动西安与周边城市同城化协调发展，打

造陕西高质量发展示范区。支持重点合作区域先行发展，以韩城—河津合作试验区为试点，推动关中平原城市群社会治理协同发展。推动陕西自贸试验区、中欧班列西安集结中心、上合组织农业技术交流培训示范基地、西安临空经济试验区等开放平台向城市群外溢辐射。通过打造"总部＋基地""研发＋生产""智慧＋应用""服务＋共享"等发展模式，鼓励西安与周边城区的生产基地合作布局。

（六）以现代化农业振兴乡村跨越城乡鸿沟

1. 以产业链、价值链为纽带，促进县域经济快速发展

深化农业的供给侧结构性改革，优化产业布局，调优产品结构，提升特色农业竞争优势，打造苹果和猕猴桃两大世界级拳头产业。培育壮大更多农村新产业新业态。依托农产品基地建设，从实施乡村信息化工程建设入手，推动乡村产业振兴。以农产品加工、农业旅游和农业社会化服务领域为重点，鼓励引导工商资本、新型农业经营主体开展农业产业化经营。将县域作为推进乡村振兴的主体。对不同类型县区，在推进乡村产业、人才、文化、生态、组织等方面，采取差异化的要求。依据县域经济实力、城镇化率、基础设施条件等综合实力，制定各县域不同的发展目标和推进路径。

2. 拓宽农民增收渠道，加快经营和财产净收入增长

加快现代农产品产地加工业发展，支持新型农业经营主体开展精深加工。助力民营企业和小微企业发展，激发小微创业者增收活力，推动形成农产品加工产业集群，带动农村家庭种养殖业发展。持续推进技术培训，提高农民特别是脱贫群众的生产经营能力，增加农民合作社、家庭农场及企业对普通农民从事绿色有机产品生产的带动作用，促进农民普遍生产提质增收。

以数字乡村建设发展农村新业态，完善农村通信基础设施，深化所有行政村和易地扶贫搬迁安置点的5G网络全覆盖，提升农村公共服务数字化水平。加快推进信息进村入户工程，持续改善农村电子商务基础条件和农产品电商市场营商环境，加速电商与传统实体产业的融合发展，融合市县、镇、

村三级区域行政资源，系统性打造标准化、风险低、产品有保障的电商体系。

拓宽农民财产性收入来源。深化农村集体产权制度改革，加深农村土地制度改革，盘活农村集体资源资产，让农民通过农用地、宅基地以及各类农产品的流动获得收入。鼓励金融行业拓展农村居民理财投资渠道，增加低风险理财品种，提高农村居民富余资金盈利能力，实现资产保值增值。

（七）以绿色发展机制将生态效益转化为经济效益

1.将生态文明融入经济体系，构建现代化绿色生产网络

将生态强省的建设融入区域经济发展规划中，完善生态文明建设目标评价考核机制。优化生态资源供给和生产资源需求的匹配机制，把资源保有强度和资源消耗强度精准匹配。打造绿色循环低碳发展的产业体系。突出发展陕西的生态环保经济，壮大节能环保产业、清洁生产产业、清洁能源产业的规模，推进可再生资源产业园和循环经济园区试点的建设。充分发挥绿色信贷、融资、财税等政策的调节作用，全面建设绿色陕西，为可持续发展生产力提供生长点。

2.以环境承载力为上限，定调生态资源的开发水平

以农林牧系统的要素、结构和功能为重点，通过技术改造、社会化生产和市场化经营，立足生态资源的培育、资产化、资本化、市场化过程中各环节的有序开展，实现生态资源的提质增效。协调农村生态保护与农村产业发展的矛盾，以绿色技术为主导，优化现代化农业生态产品的转化流程，提高农村可持续发展能力和区域竞争力。

参考文献

孙元元、杨壮：《国家级新区如何促进地区经济增长——人口规模的扩张还是发展质量的提升》，《经济问题探索》2021 年第 10 期。

王嵩、范斐、卢飞：《国内大循环、国际大循环与区域高质量发展》，《统计与决策》2021 年第 19 期。

王健、高铭：《基于新发展理念的中国省域经济发展评估》，《现代管理科学》2021 年第 4 期。

俞林、赵俊红、霍伟东：《推进数据要素市场化配置　促进经济高质量发展》，《宏观经济管理》2021 年第 10 期。

B.7
甘肃经济高质量发展状况分析

张广裕[*]

摘　要： “十四五”时期经济社会发展要以推动高质量发展为主题，这是根据我国发展阶段、发展环境、发展条件变化做出的科学判断。在研究甘肃创新发展、协调发展、绿色发展、开放发展和共享发展的基础上，本文分析了甘肃经济高质量发展存在的主要问题，提出了促进甘肃经济高质量发展的措施：不断加强对制造业的金融支持；培育壮大新能源产业；创新培育数据要素市场体系；打造甘肃创新发展新高地；保持经济就业良性互动；加快推进城镇基本公共服务均等化；加快发展保障性租赁住房；培育壮大绿色环保产业。

关键词： 经济发展　新发展理念　高质量发展　甘肃省

　　“十四五”时期经济社会发展要以推动高质量发展为主题，这是根据我国发展阶段、发展环境、发展条件变化做出的科学判断。当前，我国社会主要矛盾已经转化为人民日益增长的美好生活需要和不平衡不充分的发展之间的矛盾，发展中的矛盾和问题集中体现在发展质量上。这就要求我们必须把发展质量问题摆在更为突出的位置，着力提升发展质量和效益。以推动高质量发展为主题，必须坚定不移地贯彻新发展理念，以深化供给侧结构性改革为主线，坚持质量第一、效益优先，切实转变发展方式，推动质量变革、效率变革、动力变革，使发展成果更好地惠及全体人民，不断实现人民对美好生活的向往。

---

[*] 张广裕，甘肃省社会科学院副研究员，研究方向为人口、资源与环境经济学。

一　甘肃经济高质量发展状况

（一）创新发展

2021 年，从甘肃规模以上工业增加值来看，1～10 月战略性新兴产业和高技术产业增加值分别同比增长 19.4% 和 36.8%，较快的增长速度表明工业领域的创新发展效果明显（见表 1）。

表 1　2021 年甘肃战略性新兴产业和高技术产业增加值环比增速

单位：%

项目	1 月	2 月	3 月	4 月	5 月	6 月	7 月	8 月	9 月	10 月
战略性新兴产业	44.3	47.1	9.2	7.7	6.8	55.1	25.0	26.9	14.5	13.6
高技术产业	29.1	47.8	31.2	14.3	10.5	99.7	50.6	49.4	32.1	52.2

资料来源：2021 年甘肃统计月报。

2021 年 1～10 月，甘肃教育支出 522.94 亿元，同比增长 2.7%；科学技术支出 21.08 亿元，同比增长 3.9%。增长速度较慢，财政支出总额较小（见表 2）。

表 2　2021 年甘肃教育和科技方面的财政支出

单位：亿元

财政支出	1～2 月	1～3 月	1～4 月	1～5 月	1～6 月	1～7 月	1～8 月	1～9 月	1～10 月
教育支出	99.23	169.00	220.21	269.99	351.27	386.14	423.25	488.75	522.94
科学技术支出	4.71	6.28	7.84	9.91	12.22	13.96	14.85	18.17	21.08

资料来源：2021 年甘肃统计月报。

2021 年，科学研究和技术服务业固定资产投资不断下降，1～10 月下降 27.1%。项目投资增长 10.4%，教育方面的投资增长 27.0%。从长远来看，

这有利于创新发展。但从短期来看，科学研究和技术服务业方面的投资不足，将制约甘肃的创新发展（见表3）。

表3　2021年甘肃科学研究和技术服务业固定资产投资增速

单位：%

项目	1~2月	1~3月	1~4月	1~5月	1~6月	1~7月	1~8月	1~9月	1~10月
科学研究和技术服务业	-70.0	-72.5	-73.2	-75.2	-72.9	-36.7	-20.1	-24.1	-27.1
教育	12.1	37.7	32.6	32.1	28.4	28.5	31.1	26.8	27.0
项目投资	31.1	31.9	28.5	23.0	17.9	15.0	12.6	11.6	10.4

资料来源：2021年甘肃统计月报。

（二）协调发展

甘肃经济发展不平衡不充分现象明显。2020年甘肃地区生产总值9016.70亿元，人均地区生产总值36038元，居全国末尾。各市州之间人均地区生产总值差别较大，嘉峪关市的人均地区生产总值是临夏州、定西市的5倍多（见表4）。

表4　2020年甘肃14个市州人均地区生产总值

市州	地区生产总值（亿元）	总人口（万人）	人均地区生产总值（元）
甘肃	9016.70	2501.98	36038
兰州市	2886.74	435.94	66219
嘉峪关市	281.60	31.27	90054
金昌市	340.31	43.80	77696
白银市	497.27	151.21	32886
天水市	666.90	298.47	22344
武威市	526.41	146.50	35932
张掖市	467.05	113.10	41295
平凉市	476.16	184.86	25758
庆阳市	754.73	217.97	34625
定西市	441.36	252.41	17486
陇南市	451.80	240.73	18768

续表

市州	地区生产总值 （亿元）	总人口 （万人）	人均地区 生产总值（元）
酒泉市	657.70	105.57	62300
临夏州	331.30	210.98	15703
甘南州	219.06	69.18	31665

资料来源：各州市统计公报。

（三）绿色发展

从 2021 年 1~10 月的数据看，甘肃全社会用电量基本稳定。规模以上工业能源月消费量总体呈下降趋势，有利于资源能源的有效利用和节约利用，促进甘肃经济社会发展全面绿色转型（见表5）。

表5　2021 年甘肃全社会月用电量和规模以上工业能源月消费量

单位：亿千瓦时，万吨标准煤

项目	1月	2月	3月	4月	5月	6月	7月	8月	9月	10月
全社会月用电量	167.1	105.7	125.3	121.5	123.3	124.7	128.4	127.7	117.5	126.7
规模以上工业能源月消费量	—	781.3	436.5	447.6	456.3	444.5	427.4	440.1	434.0	415.0

资料来源：2021 年甘肃统计月报。

2021 年 1~10 月，甘肃节能环保财政支出 54.87 亿元，月增长 6.06 亿元（见表6）。甘肃属于生态环境脆弱和生态类型多样地区，也是我国重要的生态屏障区。地处黄河上游，生态保护与修复的任务艰巨。环保支出增长快，但是与巨大的环境保护需求相比，资金短缺。

表6　2021 年甘肃节能环保财政支出

单位：亿元

项目	1月	1~2月	1~3月	1~4月	1~5月	1~6月	1~7月	1~8月	1~9月	1~10月
节能环保支出	—	6.39	10.97	16.26	21.75	32.41	38.04	43.40	50.48	54.87

资料来源：2021 年甘肃统计月报。

（四）开放发展

2021年1～10月，甘肃进出口总额为403.2亿元，同比增长30.1%；出口额73.4亿元，同比增长7.5%；进口额329.8亿元，同比增长36.6%。虽然进出口总额小，但是增长速度较快。总体上看，甘肃进口额大于出口额，甘肃经济发展质量不高，产品在国际市场缺乏竞争力。相反，进口额较大，是出口额的4.5倍（见表7）。

表7　2021年甘肃进出口总额

单位：亿元

项目	1月	1～2月	1～3月	1～4月	1～5月	1～6月	1～7月	1～8月	1～9月	1～10月
进出口总额	86.3	86.3	130.6	186.7	217.8	255.0	296.0	332.0	378.3	403.2
出口额	14	14	20.7	27.5	34.2	41.2	47.8	55.0	62.9	73.4
进口额	72.3	72.3	109.9	159.2	183.6	213.8	248.2	277.0	315.4	329.8

资料来源：2021年甘肃统计月报

（五）共享发展

2021年1～10月，甘肃住房保障支出108.5亿元，同比增长5.4%；扶贫支出263.8亿元，同比下降12.4%；社会保障和就业支出478.7亿元，同比增长3.4%。住房保障支出增长快，但是总量小。对于大量的无住房人口来说，保障性住房供给量还需要增加。由于脱贫攻坚任务的完成，扶贫支出逐渐减少（见表8）。

表8　2021年甘肃社会保障支出

单位：亿元

项目	1～2月	1～3月	1～4月	1～5月	1～6月	1～7月	1～8月	1～9月	1～10月
社会保障和就业支出	126.9	217.5	249.4	279.3	360.0	384.3	411.6	458.0	478.7
#扶贫支出	9.1	16.8	27.1	43.1	93.9	134.3	180.1	224.7	263.8
住房保障支出	14.3	28.6	36.2	45.2	67.8	73.1	84.4	102.7	108.5

资料来源：2021年甘肃统计月报。

二 制约甘肃经济高质量发展的因素分析

（一）科技创新能力不足

从全省来看，科技创新仍然处在发展关键期、改革攻坚期、矛盾凸显期，经济增长方式发生新的转变，呈现速度换挡、结构调整、动能转换的新特征，科技创新对经济社会发展的支撑作用不断增强。同时也面临新的挑战：科技创新投入不足，企业研发经费投入偏低，科技与金融结合不够紧密，科技创新缺乏坚实稳定的资金支持。高质量科技供给不足，科技成果转移转化效率不高，支撑高质量发展的动能不够强劲。创新主体培育不足，战略性新兴产业和高新技术产业规模偏小。科技人才总量不足，部分领域科技领军人才、高端人才短缺。创新治理能力不足，市场配置创新资源的决定性作用尚未充分发挥，跨部门、跨学科、跨行业的科技创新统筹协调机制不够顺畅。

（二）环境保护与建设任务巨大

甘肃地处西北内陆、黄河上游，生态环境脆弱，环境承载力弱，80%以上的区域为限制和禁止开发区，生态修复和环境保护任务艰巨。同时，受资源禀赋影响，长期以来甘肃省经济发展过度倚重重化工业，经济发展方式单一，经济结构不合理，新能源、节能环保新技术等新兴产业形态发展较慢，结构优化调整与转型升级压力大，甘肃经济向绿色化转型仍然面临严峻挑战和迫切任务。

（三）就业形势不容乐观

一是就业总量压力仍然较大，"十四五"期间，每年需确保城镇新增就业30万人以上、输转城乡富余劳动力500万人左右、高校毕业生就业20万人左右。国际形势的日趋复杂，不确定因素增加，经济下行压力加大，对就业产生潜在冲击，影响甘肃省农民工输转，制约甘肃省企业吸纳就业。二是

"就业难"与"招工难"并存，劳动者就业诉求更加多元化，劳动者技能素质与岗位需求不相匹配的现象日益凸显，就业结构性矛盾突出。三是人工智能等新技术加速应用，对就业的替代效应持续显现，产业结构调整步伐加大，企业人员失业风险增加，隐性失业问题将逐渐显性化。总之，"十四五"时期甘肃省就业形势依然严峻，稳定和促进就业任务艰巨。

三 促进甘肃经济高质量发展措施

（一）不断加强对制造业金融支持

加大对高新技术制造业、战略性新兴产业的信贷投放，支持传统制造业设备更新和技术改造，稳妥退出过剩产能和"僵尸企业"贷款，逐步提高制造业贷款比重。强化发改、工信、金融等部门间信息共享和工作联动机制，探索建立产融信息对接合作平台，促进产业政策信息、企业生产经营信息、金融产品信息交流共享，对制造业部分重点行业建立企业"白名单"，为金融机构落实差异化的信贷政策提供参考依据。鼓励金融机构通过单列制造业贷款额度、合理安排授信期限等方式，不断加大对制造业"三化"改造升级和重点产业链"链主"企业的中长期金融支持，力争制造业中长期贷款增速不低于各项贷款平均增速。推动建立互利共赢的银企关系，调整优化企业负债结构。

（二）培育壮大新能源产业

培育氢能产业，加快推进电解水制氢试点，有序推动制氢产业基础设施建设，谋划制氢、氢存储、氢运输、加氢站、氢燃料电池"五位一体"的氢能产业园。依托太阳能光热发电项目建设，加大线性菲涅尔式、塔式、槽式太阳能聚光发电系统关键设备技术攻关，带动高温高效率吸热材料（金属、陶瓷、涂层材料）、太阳能光热发电专用高效膨胀动力装置、熔盐泵、熔盐阀等产业发展，提升太阳能光热发电全产业链设备制造能力。加快太阳能光热产业的自主化国产化，打造全国领先的太阳能光热产业示范基地。因地制宜发展"光伏＋"综合利用模式，探索利用采煤沉陷区、露天矿排土场、关停废弃矿区发展光伏产业，推动光伏治沙、农光互补、牧光互补，促进太阳能发电与沙漠治理、矿区生态修复、农牧业等立体化协同发展，积极创建"光伏＋"应用实证平台，实现"光伏＋"的综合生态效益[1]。

（三）创新培育数据要素市场体系

按照国家要求，建设甘肃省一体化大数据中心协同创新体系，引导数据中心集约化、规模化、绿色化发展。充分发挥甘肃省资源优势，重点提升算力服务品质和利用效率，积极承接后台加工、离线分析、存储备份等非实时算力需求，打造面向全国的非实时性算力保障基地。持续完善甘肃省数据共享交换平台体系，加强政务信息共享应用。探索运用数据沙箱、多方安全计算、联邦学习等新技术，建立公共数据定向开放和开发利用机制，促进政务数据库和公共数据库依法合规向社会开放，深化公共数据资产化开发利用。着力构建数据要素市场化体系，研究制定数据交易市场管理制度，推动数据确权交易流通，充分释放数据作为关键生产要素的重要价值，推进大数据市场化应用[2]。

（四）打造甘肃创新发展新高地

主动融入国家双边和多边科技创新合作，面向"一带一路"经济走廊建设科技合作平台。围绕新能源、新材料、生物技术、装备制造、育种制种、旱作农业及环境保护等领域开展联合研发，推进科技成果转移转化和技术示范推广。充分发挥各类开发区在科技引领、产业集聚等方面的载体与平台作用，鼓励和支持创新要素向酒嘉新能源、金武新材料、天水电子信息、陇东能源化工、中部有色金属等现代产业创新集群延伸扩散，建立跨区域跨

---

① 甘肃省人民政府：《关于培育壮大新能源产业链的意见》，2021 年 6 月。
② 甘肃省人民政府：《甘肃省"十四五"数字经济创新发展规划》，2021 年 9 月。

领域产业集群协同联动发展机制，推进酒嘉、金武、天水、陇东和中部现代产业创新集群建设[①]。

（五）保持经济就业良性互动

顺应经济高质量发展阶段新要求，大力发展实体经济，支持民营经济和中小微企业健康稳定发展，加大投资项目建设、促进消费升级，创造更多高质量就业机会，推动实现产业转型与就业提升协同发展，经济发展与扩大就业良性互动。保持经济就业良性互动。加强就业政策与宏观政策协同联动，合理制定经济增速预期目标，深入推进改革创新，以经济高质量发展带动就业高质量发展。深入实施创新驱动发展战略，在新旧动能转换中优化就业结构，扩大就业规模，提高就业质量。精准对接国家重大发展战略和甘肃省中长期发展规划，加强就业政策与财税、金融、投资、消费、产业、区域等政策的相互衔接，强化就业优先政策，把促进更加充分更高质量就业作为经济社会发展优先目标，将稳定和扩大就业作为宏观调控的下限[②]。

（六）加快推进城镇基本公共服务均等化

发挥政府在基本公共服务供给中的主体作用，建立健全本地区基本公共服务标准和定期评估调整机制。探索建立居住证与身份证功能衔接并轨路径，稳步实现基本公共服务由常住地供给，覆盖全部常住人口。健全覆盖城乡的就业公共服务体系，加强基层公共就业创业服务平台建设。充分利用东西部协作机制，加强劳动力跨区域精准对接，提高劳务输转质量。推动农业转移人口与城镇户籍劳动者享有公平的就业机会、职业发展机会，保障劳动者同工同酬。探索建立新业态从业人员劳动权益保障机制。保障农业转移人口随迁子女入学入园，以公办学校为主将随迁子女全部纳

---

① 甘肃省人民政府：《甘肃省"十四五"科技创新规划》，2021 年 10 月。
② 甘肃省人民政府：《甘肃省"十四五"就业促进规划》，2021 年 10 月。

入流入地义务教育保障范围。根据城镇辖区人口增长态势，科学规划学校布局，核定教师编制，着力解决大班额问题。放宽灵活就业人员、新业态就业人员参保条件，实现社会保险法定人群全覆盖。积极推进实现基本养老保险全国统筹。

（七）加快发展保障性租赁住房

统筹考虑经济社会发展和民生保障，坚持房子是用来住的、不是用来炒的定位，以解决新市民、青年人等群体住房困难为主要出发点，按照"政府引导、市场运作，因地制宜、按需定建，充分挖潜、存量优先"及"谁投资、谁所有"、"只租不售"原则，由政府给予土地、财税、金融等政策支持，引导多主体投资、多渠道供给，充分发挥市场机制作用，发展以建筑面积不超过70平方米为主的小户型、低租金的保障性租赁住房，缓解住房租赁市场结构性供给不足，推动实现全体人民"住有所居"。兰州市作为人口净流入的大城市，应充分利用各项支持政策，大力发展保障性租赁住房；其他城市可结合实际按需发展保障性租赁住房。

（八）培育壮大绿色环保产业

积极争取创建国家绿色产业示范基地，明确绿色主导产业，提高绿色产业集聚度。实施"大基地、大区域、大企业"带动战略，发挥国家"城市矿产"示范基地、国家资源循环利用基地、国家大宗固体废弃物综合利用基地、大型省属企业等资源集聚作用，支持国有资本积极布局节能环保、清洁生产、清洁能源等绿色产业领域。引导中小企业聚焦主业增强核心竞争力，配套建设一批"专精特新"中小企业，提高装备和技术的成套化生产能力。引导大型节能环保装备制造企业由"生产型制造"向"服务型制造"转变，鼓励大型重点用能、排放单位依托自身技术优势和管理经验开展节能环保服务。积极落实国家绿色产业指导目录，引导绿色环保产业从业者把准发展方向，精中选优，促进行业整体升级。探索大气污染物和温室气体排放协同控制，推动能源清洁低碳安全高效利用，推进工业、建筑、交通等领域

119

低碳转型，推动绿色低碳技术创新，推行绿色低碳生产生活方式，降低碳排放强度，增强适应气候变化能力①。

参考文献

陈润羊：《把握五大发力点　推动甘肃高质量发展》，《甘肃日报》2019 年 1 月 22 日。

高云虹：《以新发展理念引领甘肃高质量发展》，《甘肃日报》2021 年 1 月 12 日。

卫韦华：《甘肃以绿色经济破题"高质量发展"》，《金融世界》2018 年第 3 期。

---

① 甘肃省人民政府：《甘肃省"十四五"生态环境保护规划》，2021。

B.8
宁夏经济高质量发展状况分析[*]

王林伶[**]

摘　要： 宁夏经济总体呈现新气象，农业生产稳定增长，特色产业优势明显；工业生产较快增长，重点行业支撑显著；服务业持续恢复，市场消费保持增长。新时期宁夏立足资源禀赋、产业优势，对发展前景做出战略部署，以建设黄河流域先行区统领生态保护和经济高质量发展。针对产业结构转型升级不够、投资增长支撑乏力、市场消费恢复较慢等问题，提出推进经济结构转型升级、加快新旧动能转换，实施投资牵引工程、增强沿黄城市群实力，提升产品质量、塑造品牌形象，推动宁夏经济高质量发展。

关键词： 经济发展　高质量发展　新旧动能转换　宁夏

　　高质量发展是"十四五"乃至更长时期我国经济社会发展的主题。建设黄河流域生态保护和经济高质量发展先行区是习近平总书记2020年6月视察宁夏时对宁夏提出的目标要求，更是宁夏"十四五"乃至更长时期经济高质量发展的核心内容。推动宁夏经济高质量发展正是顺应了进入新发展阶段、贯彻新发展理念、构建新发展格局的客观要求，契合了经济转型升级的必然趋势，必将激发新的增长动力。

---

　*　本报告系宁夏哲学社会科学规划项目"发挥资源优势打造宁夏葡萄酒千亿产业研究"（项目编号：20NXBYJ07）的阶段性成果。

　**　王林伶，宁夏社会科学院综合经济研究所（"一带一路"研究所）副所长（主持工作）、副研究员，研究方向为"一带一路"与内陆开放型经济、区域经济与产业经济、资源规划与可持续发展研究。

一 宁夏经济高质量发展的主要举措与成效

宁夏党委、政府立足资源禀赋、产业优势、对发展前景做出战略部署，确定了九个重点特色产业，精心谋划、长远布局，成立专班、全力推进，使特色产业发展取得了新进展、实现了新突破；同时，统筹做好疫情防控和经济社会发展成果，扎实做好"六稳"工作，全面落实"六保"任务，全区经济基础稳中加固、运行态势稳中向好，主要指标运行在合理区间，经济社会工作取得了新成效。2021 年，宁夏实现生产总值 4522.3 亿元，同比增长 6.7%；财政收入快速增长，地方一般公共预算收入 460 亿元，同比增长 9.7%，为近年最高增速；社会消费品零售总额 996.14 亿元，同比增长 7.6%；全体居民人均可支配收入 27904 元，同比增长 8.4%；市场活力持续释放，市场主体总量突破 71.3 万户，增长 13.9%，企业活跃度达 88.7%。①

（一）农业生产稳定增长，特色产业优势明显

坚决守住守牢粮食安全底线，落实粮食播种面积，聚焦增加品种、提升品质、打造品牌，畜牧业生产保持较快增长，主导产业优势更加明显，农业经济稳定增长。

1. 粮食生产再获丰收

针对 60 年不遇的严重干旱，加强灾情监测和形势研判，加大抗旱补灌力度，及时改种补种复种，强化饲草料供应保障，落实各项惠农资金，有力支持农户开展生产自救。坚决贯彻稳粮食安全重大政治责任，加强粮食安全责任制考核，调整优化种植结构，稳步压减灌区小麦、水稻面积，扩大旱地玉米、马铃薯、小杂粮种植。2021 年，新建高标准农田 96 万亩，全区粮食

---

① 马晓芳、周一青、尚陵彬：《勇担使命先行区建设破浪开新局 笃行不怠美丽新宁夏扬帆再起航 自治区十二届人大五次会议隆重开幕 陈润儿主持 咸辉作政府工作报告》，《宁夏日报》2022 年 1 月 21 日。

播种面积 1019 万亩以上，完成国家下达的 380 万吨计划任务，①粮食生产实现"十八连丰"。

2. 农民收入稳定增长

大力实施城乡居民收入提升行动，重点扶持发展特色种养业增加经营性收入，动员组织农民务工就业增加工资性收入，全面落实强农惠农政策增加转移性收入，稳步推进农村改革增加财产性收入。2021 年，宁夏农村居民人均可支配收入 15337 元，增长 10.4%；城镇居民人均可支配收入 38291 元，增长 7.2%。②

3. 农业领域重点特色产业提质增效

在"十四五"期间，宁夏确定了九个重点特色产业，其中农业领域重点特色产业有五个，分别为葡萄酒产业、奶产业、肉牛和滩羊产业、绿色食品产业、枸杞产业。

葡萄酒产业，打造"葡萄酒之都"。宁夏贺兰山东麓因得天独厚的风土条件，是世界上最适合种植酿酒葡萄和生产高端葡萄酒的黄金地带之一。2021 年，国务院批准《宁夏国家葡萄及葡萄酒产业开放发展综合试验区建设总体方案》，宁夏成为西部第一个国家级农业类开放试验区。宁夏加大招商引资力度，新建酿酒葡萄基地 2.8 万亩，成为全国最大的酿酒葡萄集中连片产区，在国际葡萄酒大赛中获得各类金奖银奖等 1000 余项。计划到 2025 年建成综合产值 1000 亿元的现代葡萄及葡萄酒产业区，把宁夏打造成为闻名遐迩的"葡萄酒之都"。

奶产业，打造中国高端奶之乡。宁夏得天独厚的气候、水土、阳光等自然条件为奶牛繁衍生息创造了优越环境，被评为"全国原奶品质最佳区域"，初步形成了以银川市和吴忠市为主体、石嘴山市和中卫市为两翼的奶

---

① 马晓芳、周一青、尚陵彬：《勇担使命先行区建设破浪开新局 笃行不怠美丽新宁夏扬帆再起航 自治区十二届人大五次会议隆重开幕 陈润儿主持 咸辉作政府工作报告》，《宁夏日报》2022 年 1 月 21 日。

② 马晓芳、周一青、尚陵彬：《勇担使命先行区建设破浪开新局 笃行不怠美丽新宁夏扬帆再起航 自治区十二届人大五次会议隆重开幕 陈润儿主持 咸辉作政府工作报告》，《宁夏日报》2022 年 1 月 21 日。

产业发展优势区。2021年9月，宁夏奶牛存栏64.08万头，居全国第一位，生鲜乳产量200.70万吨，居全国第三位，人均鲜奶占有量居全国第一位；建设优质饲草基地512.42万亩，饲草产量1200.91万吨，规模养殖场（存栏100头以上）达到355个，自治区级以上奶牛养殖标准化示范场85个、智慧牧场4个。奶产业"接二连三"得到快速发展，实现全产业链产值444亿元。

枸杞产业，打造中国"枸杞之乡"。"宁夏枸杞，贵在道地；中宁枸杞，道地珍品"，枸杞在宁夏种植有4000多年的文字记载和600余年的栽种历史，[①] 宁夏是枸杞发源地、原产地、道地产区，《中国药典》唯一明确可以入药的宁夏枸杞，是唯一药食同源的枸杞产品。近年来，宁夏构建了宁夏枸杞产业标准、绿色防控、检验检测和产品溯源"四大体系"，实施了枸杞"六大工程"，发布《宁夏枸杞干果商品规格等级规范》等地方标准。新增枸杞基地7万亩，枸杞种植面积达到42万亩，基地标准化率达80%，良种使用率达95%。建成宁夏枸杞文化馆，成功举办第四届枸杞产业博览会，发布区域公用品牌标识和吉祥物。枸杞特色品牌效应不断攀升，华宝、永寿堂、全通等枸杞精深加工企业新一批高科技加工生产线建成投产，玺赞枸杞与全国供销总社合作深入推进，枸杞庄园旅游呼之欲出，现代枸杞产业高质量发展的新格局正在形成。

肉牛与滩羊产业，打造高端肉牛生产基地及中国滩羊之乡。滩羊与肉牛养殖是宁夏传统的养殖形态，在脱贫富民中发挥着重要作用，尤其是在精准扶贫产业政策、金融政策支持下，滩羊产业更"洋气"，肉牛产业更有"牛劲"；2021年，肉牛、滩羊饲养量分别达到187.8万头和1138.6万只，同比分别增长15%和8%。

绿色食品产业，构建农产品加工产业链。为使农产品加工业形成规模效应，宁夏农业农村厅积极引导农产品加工业向园区汇聚，同时积极引进并培育加工型、流通型食品龙头企业，引进并培育了中粮、伊利、蒙牛、长城、

---

① 何青芳：《中宁枸杞别样红——中宁县枸杞产业发展侧记》，《共产党人》2018年第21期。

张裕、塞外香、厚生记、百瑞源、小任果业等一批增长潜力好、带动能力强的骨干型龙头企业，有 57 家营业收入亿元以上的农产品加工企业，16 家国家级重点龙头企业，131 家自治区级重点龙头企业，农产品加工转化率为 69%。[①]绿色食品加工企业达到 1539 家，综合产值达到 570 亿元，农产品质量监测合格率稳定在 98% 以上。以建设国家农业绿色发展先行区为抓手，全面推广绿色生产技术，瓜菜生产面积稳定在 296.1 万亩，瓜菜总产量达到 721.8 万吨；累计建成高标准农田 859.6 万亩、高效节水灌溉 486.6 万亩。[②]深入实施化肥农药减量增效行动，测土配方施肥技术覆盖率达 93.6%，畜禽粪污、作物秸秆、农用残膜资源化利用率达 90%、88% 和 86% 以上。[③]同时，自治区高度重视、高点部署、高位推动绿色食品产业，全区形成了以葡萄酒、枸杞果、乳制品、牛羊肉等为主，粮油加工、饮料、蔬菜、焙烤食品、调味品等为辅，覆盖 32 个食品类别、特色鲜明的食品产业体系。截至 2020 年底，全区共有规模以上绿色食品加工企业 169 家，产值 274 亿元，从业人数 10.9 万人，带动农户就业 104.4 万户；建设全国绿色食品原料标准化生产基地 13 个、有机农业（水稻）示范基地 3 个、国家级农业标准化示范园区 69 个、国家级畜禽标准化养殖示范场 72 个、水产养殖示范场 74 个，打造了吴忠金积、贺兰工业园区和银川高新区等 10 个绿色食品加工集聚区。

4. 农业品牌效应持续提升

宁夏大力实施品牌带动战略和品牌质量提升行动，累计打造各类特色农业品牌 317 个，中宁枸杞、贺兰山东麓葡萄酒、宁夏大米被列入中欧地理标志互保名录，贺兰山东麓葡萄酒、中宁枸杞、盐池滩羊品牌价值分别为近

---

① 何晨阳、谢建雯、唐如峰：《【聚焦宁夏九大重点产业之七】"宁"字号绿色食品如何成为农业产业引领者？——宁夏绿色食品产业发展观察》，新华网，http://www. nx. xinhuanet. com/newscenter/2021 –03/18/c_ 1127224788. htm。

② 胡冬梅：《宁夏以国家农业绿色发展先行区建设为抓手 大力发展绿色产业》，中国日报中文网，https：//cnews. chinadaily. com. cn/a/202112/24/WS61c. html。

③ 张瑛、张睿：《我区全面推进农业绿色发展》，《宁夏日报》2022 年 1 月 17 日。

300亿元、172.88亿元和71.10亿元。① "宁夏枸杞"地理标志证明商标正
式获批，"宁夏枸杞"荣登2021年中国区域公用品牌"市场竞争力品牌"
榜首。宁夏获批建设国家葡萄及葡萄酒产业开放发展综合试验区，成功举办
首届中国（宁夏）国际葡萄酒文化旅游博览会、2021年地标农品中国行首
站（宁夏）活动等产销对接活动，进一步提升了宁夏农产品的品牌知名度
和市场影响力。

（二）工业生产较快增长，重点行业支撑显著

2021年，宁夏工业经济平稳运行，总量规模急速扩大。宁夏紧抓原材
料工业市场需求旺盛、产品价格持续上涨的有利时机，工业生产实现了较快
增长，新兴动能增势稳健，转型升级成效显现，质量效益持续改善。2021
年前三季度，宁夏第二产业增加值1370.06亿元，同比增长9.4%。2021年
1~11月，全区规模以上工业生产加快，工业产出总量、增量均创历史新
高，工业增加值同比实现了较快增长，规模以上工业增加值同比增长
8.8%，② 列西北第三位。

1. 重点企业生产加快

宁夏重点企业生产稳定增长，"压舱石"作用明显，2021年1~11月，
全区累计产值排名前100户重点企业累计产值占全部规模以上工业企业的
72.8%，累计产值同比增长43.6%，对稳定全部工业增长贡献突出。

2. 支柱行业稳定增长

宁夏工业经济运行平稳增长，主要得益于宁夏煤炭、电力、化工、冶金
等支柱行业的平稳运行，对全部规模以上工业支撑作用更加明显，对增长的
推动作用更加突出。2021年1~11月，全区煤炭行业增加值同比增长
15.6%，电力行业增长12.7%，化工行业增长2.0%，冶金行业增长5.4%，

---

① 杨薇、贾润梅：《宁夏5件产品被列入全国第一批地理标志运用促进重点联系指导名录》，
《中国质量报》2022年1月19日。
② 张成海：《2021—2022年宁夏工业经济运行情况分析与预测》，载段庆林、王林伶主编《宁
夏经济发展报告2022》，宁夏人民出版社，2021。

四个行业增加值占全部规模以上工业比重72.4%，对全部规模以上工业增长的贡献率为60.4%。

3.非公经济快速增长

宁夏规模以上分所有制工业企业全面增长。2021年1~11月，全区规模以上国有控股企业增加值同比增长6.3%，股份制企业增长9.1%，非公有工业增长11.1%。非公有工业实现快速增长，增速分别比全部规模以上工业、公有工业快2.3个、4.8个百分点，对全部规上工业增长贡献率为65.5%，拉动增长5.8个百分点。其中，私营企业增长12.5%，民营企业增长10.8%。小微企业是国民经济中市场活跃的"生力军"，也是市场经济的"晴雨表""调节器"，能够准确反映市场供需变化形势，能够与大中型企业形成有力的产销互补，互相影响其生存、盈利、成长空间。近年来，自治区各项惠企政策红利持续释放，市场需求比较旺盛，着力坚持培育"专精特新"小微企业，一批小微企业发展迅速，增长抢眼。2021年1~11月，全区规模以上小微工业企业增加值同比增长13.4%，比全部规模以上工业、大中型工业企业增长分别快4.6个、6.3个百分点（见图1）。

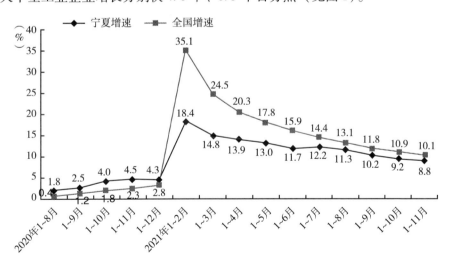

图1 2020~2021年宁夏规模以上工业增加值增速

资料来源：根据宁夏统计局月度统计信息整理所得。

（三）服务业持续恢复，市场消费保持增长

1. 呈现稳中向好态势

宁夏服务业发展呈现稳中向好态势，为推动经济有序恢复提供了强力支撑。2021年前三季度，第三产业增加值1575.09亿元，同比增长8.2%；服务业对经济增长的贡献率为50.5%，拉动经济增长4.3个百分点，在三次产业中服务业增加值占生产总值的49.5%，持续发挥"主引擎"作用；社会消费品零售总额996.14亿元，同比增长7.6%。2021年1~11月，服务业投资增长2.0%，全区房地产开发投资同比增长8.2%；金融业、教育、批发和零售业领域投资快速增长，分别增长138.5%、43.5%和17.3%，其中：教育业投资比上年同期加快40.5个百分点；交通运输、仓储和邮政业增长明显，全区铁路货运量同比增长10.1%，全区邮政业务总量增长31.0%。

2. 市场活力有效激发

2021年前三季度，宁夏深入推进"放管服"改革，持续优化营商环境，减税降费累计达11.1亿元，实实在在减轻了市场主体负担，稳定了市场预期，"五权"改革有序推进，获评中国营商环境示范引领标杆城市，市场活力有效激发。2021年1~11月，全区各类市场主体达到70.87万户，其中，新设立市场主体10.73万户，同比增长16.9%；民营经济较快增长，实现增加值1534.45亿元，同比增长9.3%，民营经济增加值占全区生产总值的比重为48.2%，对经济增长贡献率为54.3%，拉动经济增长4.6个百分点。

3. 新业态快速成长

新旧动能加快转换，新产业、新业态和新商业模式不断发展壮大，直播电商、社区团购、快递"进村"加速推进，促进市场销售增长。2021年1~10月，全区规模以上信息传输、软件和信息技术服务业营业收入同比增长11.5%；快递业务量增长46.0%，快递业务收入增长36.6%；电信业务总量增长33.8%，其中，移动互联网接入流量增长32.9%，互联网宽带接入用户增长0.9%。2021年前三季度，全区网上零售额222.1亿元，增长70.7%，其中，实物商品网上零售额56.9亿元，增长33.6%，比全国平均水平高18.4个百分点。

（四）聚焦发展难点，改革创新迈出新步伐

宁夏以建设黄河流域生态保护和高质量发展先行区为统领，推进用水权、土地权、排污权、山林权"四权"改革，加快确权、赋能、定价、入市步伐，初步形成了一些创新性、示范性改革成果。宁夏党委先后召开六次宁夏黄河流域先行区建设推进会，出台《关于建设黄河流域生态保护和高质量发展先行区的实施意见》，编制《宁夏黄河流域生态保护和高质量发展规划》，启动《宁夏建设黄河流域生态保护和高质量发展先行区促进条例》立法工作，在黄河流域率先编制了"四水四定"实施方案，深入推进水资源集约节约安全利用，"把水资源作为最大的刚性约束"要求，依法全部关停贺兰山、六盘山、罗山工业和农业灌溉地下水开采井。宁夏出台了《关于落实水资源"四定"原则深入推进用水权改革的实施意见》，推动水资源向高效益领域流转。以"四权"改革为关键，用水权重在"节水增效"，通过构建用水权市场化交易机制，体现多用多付费的原则，以达到节约用水的目的；土地权重在"盘活增值"，用市场化机制盘活城乡闲置土地，释放红利空间；排污权重在"降污增益"，通过建立有偿排污权使用和市场交易，达到污染排放下降；山林权重在"植绿增绿"，通过市场化方式放活林地经营权，让社会投资者、承包者增加绿化投入，使其能够享受到投入带来的收益，实现林业增效、国土增绿。"四权"改革，有效破解了准入不准营、无活力等难题。

（五）坚持绿色发展，生态环境改善提升

宁夏将"生态立区"作为三条生命线之一，重点推进生态保护红线监管试点工作，完善国土空间规划体系和制度机制，落实自然资源产权制度，解决企业环保评价制度不完善问题，健全危险废物管理处置和土壤污染防治制度机制等，加快形成用制度保护环境、治理生态新格局。以"蓝天、碧水、净土"三大保卫战，开展了一系列铁腕治污行动，有力推进了天蓝、地绿、水美的美丽宁夏建设。持续推进绿色转型，立足"双碳"目标，落实"双控"任务，严控"两高"项目，抓好节能减排增效，让绿色低碳成

为全社会思想共识和全民自觉行动。对重点行业、重点企业、重点园区进行达标治理，对电厂进行超低改造，并加强对施工工地的扬尘治理力度等措施取得了明显成效，地级市优良天数比例连续3年稳定在85%以上。2021年1～10月，宁夏环境空气质量总体改善，五个城市环境空气质量综合指数为3.58，在统筹推进饮用水源、黑臭水体、工业废水、农田退水、城乡污水"五水共治"综合整治黄河干支流入黄排水沟和农田退水污染中，黄河干流宁夏段水质连续四年实现Ⅱ类进Ⅱ类出，劣Ⅴ类水体全面清零。宁夏五个地级市及宁东基地主要排水沟国控断面水质达到相关要求，其中固原市8个国控断面水质优良比例达到87.5%。在水土保持方面，以"一河三山"治理为重点，全区水土流失实现了总体逆转，治理率达到58%。

宁夏坚持生态优先、绿色发展，积极践行"两山"理念。强化清洁生产，深入实施工业对标提升转型，推动传统产业绿色化改造等"十大行动"，一批绿色技术广泛应用，绿色工厂、绿色园区加速建设。深入开展绿色制造典型示范行动，鼓励企业积极推行绿色设计、绿色采购和绿色建筑技术，创建了70家国家和自治区级绿色工厂、9家绿色工业园区。组织制定绿能开发、绿氢生产、绿色发展实施方案，最大限度地释放风能、光能等绿色能源潜力，加快构建清洁低碳安全高效的现代能源体系。宁夏作为全国首个新能源综合示范区，积极探索形成了沙漠光伏、农光互补、渔光互补、光伏设施农业、光伏养殖、工商业屋顶分布式等多样化"光伏＋"模式，持续推动清洁能源产业规模化、集约化、园区化发展。2020年宁夏新能源装机容量2587万千瓦，装机占比43.5%，居全国第2位，发电量323亿千瓦时，是我国首个新能源发电量超过本地电网用电的省区；开发建设10个大型风电场、11个光伏园区，建成集中式风电场114座、光伏电站169座，非水可再生能源消纳比重为21.4%，① 居全国第3位、西北第1位。

① 杨迪：《宁夏新能源利用率达97.6% 居西北第一》，新浪网，https：//finance.sina.com.cn/tech/2021－06－10/doc－ikqcfnca0316455.shtml。

二　宁夏经济高质量发展存在的主要问题

（一）产业结构转型升级不够

宁夏产业结构调整升级缓慢，发展层次不高，重煤型、倚能型、高碳型结构明显，呈现传统产业多新兴产业少、低端产业多高端产业少、资源型产业多高附加值产业少、环境污染产业多环境友好产业少"四多四少"的特点，其是制约产业"四化"发展的根本性因素。长期以来，煤炭作为重要的电力燃料和化工原料，在全区能源需求中占据着主导地位，支撑起全区工业能源需求的"大半江山"。据统计，全区煤炭占能源消费比重历史最高值达 87.3%，"一煤独大"的能源格局仍将持续。特别是十大行业中的电力、煤炭、化工、冶金、有色等行业，物耗高、能耗高、碳耗高，产业结构调整起来涉及矛盾困难多、难度大、阵痛多。宁夏三次产业结构占比由 2001 年的 14.7：40.3：45.0 调整为 2020 年的 8.6：41.0：50.4，20 年第三产业比重仅提高了 5.4 个百分点，比全国平均水平低 4.1 个百分点；全区重工业比重超过 92%，轻工业占比不到 8%，比例严重失调。由"旧"转"新"的动力不足，全区"三新"经济增加值占全区 GDP 的比重为 12.1%，特别是科技含量高、产业结构优、经济效益好的企业还不多，对整个产业带动作用不明显，迫切需要推进宁夏经济转型升级，加快新旧动能转换。

（二）投资增长支撑乏力

受经济危机和新冠肺炎疫情双重影响，国内外环境复杂多变、不稳定不确定因素依然较多，工业经济恢复仍不稳固、不均衡，随着上年基数提高，大宗工业品价格过快上涨影响显现，工业经济增速趋于放缓，节能降耗降碳减排形势严峻，工业投资乏力，新增动能拉动作用不足，保持工业经济稳定增长的压力不断加大。2021 年 1～11 月，宁夏全区固定资产投资同比仅增长 0.2%，其中宁夏工业投资、基础设施投资同比下降 5.8%、1.8%；制造

业投资下降9.0%，已连续9个月下降；电力、热力、燃气及水生产和供应业投资下降9.4%。信息传输和信息技术服务业投资下降13.1%，水利、环境和公共设施管理业投资下降9.3%。[①] 大项目对投资增长的支撑作用不够，工业技改投资下降明显，民间投资增长乏力。

（三）市场消费恢复较慢

尽管消费市场逐步恢复，但恢复仍然缓慢，仍未能恢复到疫情前水平，批发业销售额、零售业销售额、住宿业营业额、餐饮业营业额得到恢复，但反映出消费增长不平衡，特别是住宿、餐饮等消费潜力还没有完全发挥出来。传统消费业态受到网络购物等新兴消费业态和商业模式的冲击和分流，房租、人工成本不断上涨，经营压力增加，实体零售业态总体增速趋缓；居民消费由线下向线上转移趋势明显，消费外溢较为突出，网上购入是网上售出的7.1倍，竞争压力越发凸显。汽车消费增长后劲不足，2021年11月，占宁夏限额以上消费品零售额28.9%的汽车类商品零售额同比下降35.1%，降幅比10月扩大6.2个百分点，零售额增速持续回落。同时，商品房销售面积下降，2021年1~11月，全区商品房销售面积893.79万平方米，下降7.0%，比1~10月扩大4.3个百分点。

三 宁夏经济高质量发展的对策建议

（一）推进经济结构转型升级，加快新旧动能转换

解决宁夏经济结构不优，传统产业规模较大、占比较高，市场竞争力不强等问题，需加快实施经济结构调整升级步伐，聚焦产业的改造升级，尤其要推动传统产业转型升级。

---

① 宁夏统计局：《1~11月份全区经济运行总体平稳、稳中有进》，http://tj.nx.gov.cn/tjxx/202112/t20211216_3229651.html。

1. 加快新旧动能转换

宁夏想发展"高精尖"工业，但客观条件还不够充分，以材料产业为重点，则优势显现。宁夏有材料产业的先进装备制造业基础，材料工业所需的主要原材料和新能源可就近在周边地区解决，其产品、技术、工艺、市场等都相对稳定，已形成以多元合金、新材料、电石化工、装备制造四大产业为主体的工业体系，许多产品的产能、产量在全国乃至世界占有很高的市场地位。

2. 走绿色低碳发展新路

绿色发展是构建高质量现代化经济体系的必然要求，是解决污染问题的根本之策。产业绿色化就是要把生态优先、绿色发展的要求落实到产业升级之中，走绿色文明发展新路。要始终坚持绿色循环低碳方向，对传统产业进行绿色化生态化改造。将"双控""双碳"作为各地区经济发展的约束性指标，纳入各级领导干部综合评价考核，实行"奖优罚劣"机制，对"两高"项目建立能耗、碳耗"双清单"，强化违规违建责任倒查机制，切实把好"源头关"。

3. 加大对传统行业技术升级力度

根据资源禀赋和环境容量优化产业布局和结构调整，实施产业结构调整指导目录，坚持淘汰落后产能、化解过剩产能，去除低端低效产能，推动优势资源向优势地区、行业、项目集聚。实施制造业基础再造工程，重塑传统产业新动能，加大对冶金、化工、纺织、生物医药等传统行业领域的技术升级改造力度，通过项目带动、行业对标、新技术开发与应用、关键技术攻关、创新载体培育等行动，向着智能化、数字化、高端化、绿色化、清洁化的方向持续提升企业技术改造水平。

4. 坚持以转型升级和降碳增效为核心

研究制定符合"双碳"目标要求的能耗、水耗、碳排放、清洁生产等行业标准、地方标准、企业标准，在工业重点行业、产业重点领域、企业重点环节实施绿色低碳技术改造攻坚行动，加快发展生态利用型、循环高效型、低碳清洁型和环境治理型等产业，建设一批绿色工厂、绿色园区，延伸关联性绿色产业链。

（二）实施投资牵引工程，增强沿黄城市群实力

城市群的形成过程，就是经济循环不断发展、要素配置不断优化的过程。党中央多次提出要大力发展中心城市群，包括"强化西安、郑州国家中心城市的带动作用""推动沿黄地区中心城市及城市群高质量发展"，特别是黄河"几"字弯都市圈建设，直接关系宁夏沿黄地区的发展。

1. 提升沿黄城市群聚集力

随着国内大循环加快推进，宁夏周边的关中地区、呼包鄂榆地区都将步入发展快车道，形成西部地区新的增长极，其中蕴含着产业再造、产业升级、需求提质、贸易扩容的宝贵机遇。最新人口普查显示，宁夏是人口流入省份，流入人口约占总人口的5%，说明沿黄城市群有条件、有潜力聚集更多人气。要找准区域内的产业和发展定位，顺应发展趋势、保持宜居宜业的优势，与周边经济圈强化产业融入和产业协同，就能获得更多的发展红利。

2. 将投资作为重中之重

以增量调结构、以增量促转型、以增量强动能，做强做实宁夏经济的基础。把黄河流域黑山峡大型水利工程作为今后宁夏投资的重点领域进行规划布局，黑山峡大型水利工程对于干旱少雨的甘肃、宁夏、河西走廊乃至西北的发展有重要的意义，有了水，这些区域的生态恢复、经济建设、就业岗位增加都将会有巨大的收益。继续围绕自治区确定的九个特色重点产业发展，加大招商引资力度，做大产业规模、做大产业量级、做强产业优势，形成重点产业集群化、高端化、品牌化发展的局面。

3. 推动消费升级

加快推进5G基站、特高压、轨道交通、新能源汽车充电桩、大数据中心、人工智能、工业互联网等新型基础设施建设，以新基建为驱动释放巨大需求，助推产业数字化、数字产业化。围绕高铁站点和交通枢纽，抓紧实施一批现代流通体系建设工程，形成低成本、高效益的经济走廊，解决宁夏产品端到销售端距离长的问题，实现从物流"末端"到物流"终端"的转变。着眼解决当前入托、入学、就医、停车等民生难题，适度超前谋划实施一批优质教育、医疗保健、卫生防疫、公共文化、防灾减灾、旧城改造、出行便捷等方面的项目，更好地满足居民日益增长的物质文化需要。完善"互联网＋"消费生态体系，促进传统商业与网红经济、流量经济、粉丝经济等新模式的融合。大力发展"互联网＋社会服务"消费模式，加快建设"智慧商店""智慧街区""智慧商圈"，促进消费新业态、新模式、新场景的普及应用，壮大新经济、新产业，促进消费升级。

（三）提升产品质量，塑造品牌形象

2021年10月，中共中央、国务院印发的《黄河流域生态保护和高质量发展规划纲要》（以下简称《规划纲要》），明确了黄河流域特别是中上游地区资源富集，是我国重要的能源、化工、原材料和基础工业基地，有良好的发展基础，河套灌区是国家农产品主产区。《规划纲要》提到宁夏等沿黄区域有煤炭、电力、钢铁、焦化、化工、有色等重点行业。同时将宁夏纳入"一轴两区五级"，以河套平原等为主要载体的粮食主产区和以山西、鄂尔多斯盆地为主的能源富集区格局中。

1. 提升产品质量，打造品牌影响力

宁夏有好的产业、产品、品牌，特别是葡萄酒、枸杞这样的产业，是全国独一无二的地理品牌，更需严控产品质量。在各行各业大力推进生产工艺改造、生产技术更新，以技术革新稳定提升产品质量，引导各行各业树立品牌第一、质量优先的理念，摒弃短期逐利行为。加快创建"宁夏牛奶""六盘山牛肉"等农产品地理标志品牌，申报创建沙坡头苹果、六盘山冷凉菜等中国特色农产品优势区，带动企业品牌、产品品牌协同发展。瞄准专业化方向和价值链高端，着力打造有特色有优势的产业品牌、区域品牌、地理品牌，不断提升"宁夏产品"的美誉度，为全区经济提供强有力的支撑。宁夏的许多区域品牌、地理品牌长期以来广告宣传效果有限，养在深闺人未识，需要政府和有关企业一起加大宣传推介力度。应充分利用互联网，把新媒体作为最主要的宣传推广渠道，找准目标人群开展精准宣传、精准推送、精准施策，企业要善于利用网红经济、网络主播、名人效应、展会展览等营

销产品，推广品牌认知、塑造品牌形象。

2. 建立产品与品牌标准体系

统筹抓好农业面源污染防治，持续扩大绿色发展，加快绿色农产品标准化基地建设，鼓励绿色生产技术和全程质量控制技术，推广设施光伏低碳农业模式，打造农业全产业链标准化示范基地。积极建立质量标准体系，推进行业认证体系建设，要把市场认可度较高、有一定行业话语权的"宁字号"产品，建成在全国有影响力的产品集聚地，真正把宁夏的优势特色做成"金字招牌"，把"宁夏标准"变成"中国标准"甚至"世界标准"，以标准甄别质量、区别价格、维护权益，规避市场恶性竞争、劣品驱逐良品。扎实推进国家葡萄及葡萄酒产业开放发展综合试验区建设，不断提升葡萄酒品牌和效益，建立完善区域公用品牌建设管理标准体系，打造线上线下的特色商品流通服务平台，坚持"量质并重"和"用养结合"，更好地发挥行业龙头企业、产业联盟、行业协会作用，对内整合力量、优化合作、提升实力，对外整合资源、联合营销、共塑形象。

参考文献

黄海伟：《宁夏推动产业高端化绿色化智能化融合化对策研究》，载段庆林、王林伶主编《宁夏经济发展报告2022》，宁夏人民出版社，2021。

赵楠、梁多勇：《宁夏融入双循环新发展格局对策研究》，载段庆林、王林伶主编《宁夏经济发展报告2022》，宁夏人民出版社，2021。

B.9
青海经济高质量发展状况分析

魏　珍　杜青华*

摘　要： 经济高质量发展对青海稳步实现绿色低碳转型发展具有重要的意义，2021年是"两个一百年"奋斗目标的历史交汇期，习近平总书记视察青海并提出青海要在高质量发展上不断取得新成就，奋力谱写全面建设社会主义现代化国家的青海篇章。本文在分析"十四五"青海经济发展现状的基础上，初步构建了青海经济高质量发展评价指标体系，对2016~2020年经济高质量发展水平进行了定量测度。结果表明，"十四五"以来青海经济的高质量发展水平显著提高，在推动经济发展方式转变等方面成效明显，且这种发展趋势呈现可持续态势。

关键词： 经济发展　高质量发展　创新驱动　青海省

　　2017年10月党的十九大报告做出了我国经济已由高速增长阶段转向高质量发展阶段的基本判断。近年来，青海坚定不移地走高质量转型发展之路，持续深化供给侧结构性改革，稳步转换新旧动能、创新驱动势头良好、开放水平不断提升、发展成果全民共享，经济高质量发展成效显著，人民对美好生活的向往不断变为现实。为了解青海经济高质量发展状况，明晰未来发展的着力点，本文从经济增长、效率提升、创新驱动和对外开放四个维度

---

* 魏珍，青海省社会科学院经济研究所助理研究员，研究方向为区域经济、财税经济；杜青华，青海省社会科学院经济研究所所长、副研究员，研究方向为宏观经济与政策分析。

分析了青海经济高质量发展的现状，并在综合考虑省情实际和经济数据可获得性的基础上，初步构建了青海经济高质量发展评价指标体系，对青海2016~2020年经济高质量发展情况进行了定量测评，根据测评结果提出了有针对性的建议。

一　青海经济高质量发展现状分析

"十四五"以来，面对全球宏观经济环境不稳定和新冠肺炎疫情对经济运行反复扰动的复杂态势，青海和全国一起顶住压力，科学统筹经济社会发展和疫情防控，持续优化产业结构，千方百计激活市场活力，确保经济稳定运行，经济运行保持了持续向高质量发展推进的良好态势，探索出了一条适合青海省情实际的高质量发展之路。

（一）经济运行稳中趋缓，产业结构持续优化

经济运行方面。2016年以来，青海贯彻新发展理念，积极主动融入国家发展战略，坚持改革推动、开放带动、创新驱动。2016~2020年，全省地区生产总值平均增速达到5.9%，高于全国5.7%的平均增速。五年来，CPI持续稳定在3%以下的较低水平。2020年实现地区生产总值3005.92亿元，较2010年翻了1.6番，人均地区生产总值达到50819元，同比增长1.7%。经济增长向绿色低碳转型发展的趋势日益明显，经济运行实现了由高速增长向中高速增长的平稳过渡。

产业结构方面。随着供给侧结构性改革的不断深入，青海产业结构持续优化，特别是新能源、新材料、先进制造业等新兴产业和金融、物流等现代服务业的转型发展取得了显著成效。全省三次产业占比由2016年的8.6∶48.6∶42.8优化为2020年的11.1∶38.1∶50.8，实现了由产业占比"二三一"到"三二一"的转变。第三产业增加值占据全省地区生产总值的半壁江山，与第二产业共同驱动全省经济发展。

（二）发展效率不断提升，特色经济产业优势逐步凸显

"十四五"以来，全省深入推进农业供给侧结构性改革，农牧业发展坚持集约化、有机化、品牌化方向，产业结构不断优化升级。逐步打造了东部特色种养高效示范区、环湖农牧交错循环发展先行区、青南生态有效畜牧业保护发展区。依托独特的地理位置和气候条件打造了沿黄冷水网箱养殖为主的沿黄冷水鱼产业带，建成国内最大的鲑鳟鱼养殖基地，初步形成了高原特色现代生态农牧业发展格局。西宁、海东打造集中联片、规模化、产业化生产模式的设施蔬菜产业园，海西州藜麦、肉苁蓉，海北州火焰参、披碱草，黄南州蕨麻等特色经济作物种植不断壮大。牦牛、藏羊生产逐步走上"绿色""有机"的产业化之路，农村信息化示范省建设取得明显成效。

石油天然气、盐湖化工、有色金属、煤炭等传统产业改造升级步伐持续加快，通过滚动实施100项改造提升项目和100项企业技术改造项目，青海传统产业向高端化、高质化、高新化方向加快转变。新技术新业态蓬勃发展，制度创新与技术创新融合互动，高新技术产业加快发展，代表青海经济特色的国家清洁能源产业高地、国际生态旅游目的地、绿色有机农畜产品输出地、国家清洁能源产业高地正在加快打造。数字经济持续快速发展，"互联网＋"模式广泛应用，电子商务、移动支付、共享经济发展迅猛。

服务业活力不断提升，成为财政增收的主要来源和吸纳就业的重要产业。城市商业综合体快速发展，规模不断壮大，业态模式更趋丰富、完善，很好地迎合了现代消费需求，反映了新时代的主流消费模式正从"实物交易"向"提供服务"和"创造体验感"发展。

（三）创新驱动不断深化，新旧动能转换升级

"十四五"以来，青海深入实施创新驱动发展战略，逐步构建起了新能源、新材料、先进制造、现代生物、现代农牧业、生态环保、高原医疗卫生与食品安全、新一代信息等八大绿色产业技术体系，部分核心关键技术有所

突破，达到国际先进水平和国内领先水平。

工业经济由投资拉动向科技创新驱动加速转变，重点领域项目建设不断突破。建成全国首座"百兆瓦太阳能光伏发电实证基地"、国际首条高品质多晶硅万吨级生产线，电子枪主要装置"大功率高频高压电源"首次实现国产化。世界首套 680MN 多功能模锻压机组具备规模化生产能力，世界规模最大的电解金属镁生产线试车成功，高端锂离子电池专用铜箔实现量产，光热发电并网。利用自主研发全膜法提锂工艺建成了电池级碳酸锂生产线，电池级碳酸锂产能居全国第一，自主研发一类新药"梓醇片"获得国家中药药物临床试验批件。科技创新项目陆续上线，建立了青海高原农业植物种质资源保护平台，支持青海省藏药重点实验室建设，建立了中科院三江源国家公园研究院，海南州创建国家可持续发展议程创新示范区扎实推进。青海省中小企业公共服务平台网络建成并上线运营，双创要素和资源集聚在全国范围内对接，创新创业向专业化纵深发展。青海（国家）高新技术产业开发区成为全省首个国家级"双创"示范基地，青海中关村高新技术产业基地被认定为国家小型微型企业创业创新示范基地，全省孵化器企业数量和企业从业人员不断增加，在孵企业当年知识产权申请数有效增加，获得财政资助金额大幅提高。"三新"领域新动能快速成长，法人单位数量逐年提升，营业收入稳步增加，呈现了良好的发展态势，为"双创"健康发展提供了良好的支撑。

（四）积极融入"一带一路"国家倡议，对外开放向纵深推进

"十四五"以来，青海积极融入"一带一路"国家倡议，对外开放的领域不断拓宽，开展国际合作的优势逐步培育，全方位、多层次、高质量的对外开放新格局正在构建。为提高对外开放通道水平，青海省加快铁路、民航、公路交通设施建设，各类重大项目的建设取得新进展，综合交通枢纽地位不断夯实。

截至 2021 年初，全省铁路公路营运里程达到 2854 公里，继兰州—西宁—乌鲁木齐高铁开通后，又开行了西安北—西宁动车组列车。连南通北、

东西相通的格尔木至敦煌（甘肃）铁路和格尔木至库尔勒（新疆）铁路相继建成并开通运营，西宁至成都铁路已开工建设，青海在全国铁路大网络中的关键作用正在凸显。全省公路通车里程85131公里，其中高速公路3451公里，实现高速公路市州全覆盖。民小公路，即民和（甘青界）至小峡一级公路各项设施不断完善，成为东出青海、联通甘肃的又一条重要通道。共和至玉树和花石峡至久治高速公路通车，加快了新青川大通道建设的步伐；循化至化隆高速公路建成通车，青海与甘南及川西北地区的道路联通能力有效拓展。全省民航通航里程190116公里，全省各机场与国内60多个城市实现通航。为推动开放合作和绿色发展，成功举办了青海绿色发展投资贸易洽谈会、中国（青海）国际生态博览会、青海生态文明国际交流合作论坛等大型国际交流会议。西宁综合保税区顺利通过预验收，海东、西宁跨境电商综合试验区正在加快建设。

二　青海经济高质量发展指标体系的构建

（一）指标体系的构建

从系统整体出发，充分考虑统计资料的可获得性，尝试构建了青海经济高质量发展指标体系，一级指标包括经济运行稳定性、效率提升、创新驱动和对外开放四个方面，二级指标15个（见表1），评价时期为2016～2020年。

（二）评价方法的确定

本报告在各个指标的权重确定上选择客观赋值法，即熵值法，它依据指标观测值反映的信息大小来衡量指标权重，一项指标携带的信息越多，对决策的作用越大，熵值法可以客观地为每个指标赋权，得出更为科学客观的分析结果。

（三）评价步骤

（1）构建判断矩阵，有 m 个评价对象，n 个评价指标，则初始矩阵为：

$$X = \begin{bmatrix} x_{11} & \cdots & x_{1n} \\ x_{21} & \cdots & x_{2n} \\ \vdots & \vdots & \vdots \\ x_{m1} & \cdots & x_{mn} \end{bmatrix} = x_{ij\ m \times n}(i = 1,2\cdots m; j = 1,2\cdots n) \tag{1}$$

一般而言，为消除各个指标数据量纲不同无法进行比较的问题，需要先对指标特征值进行无量纲处理，将 x_{ij} 转化为取值在 $[0,1]$ 区间的相对化数据，对于"正向型指标"（数值越大越好）和"逆向型指标"（数值越小越好），分别遵照（2）（3）式进行无量纲处理。

$$y_{ij} = \frac{x_i - x_{min}}{x_{max} - x_{min}} \tag{2}$$

$$y_{ij} = \frac{x_{max} - x_i}{x_{max} - x_{min}} \tag{3}$$

（2）确定权重 W

根据熵的定义，可以确定第 j 个评价指标的熵为：

$$e_j = \frac{1}{\ln(m)} \sum_{i=1}^{m} f_{ij} \ln f_{ij} \tag{4}$$

$$f_{ij} = \frac{y_{ij}}{\sum_{i=1}^{m} y_{ij}} (0 \leqslant f_{ij} \leqslant 1) \tag{5}$$

f_{ij} 为标准化后的指标数据，当 $f_{ij} = 0$，用 0.0001 代替计算，那么第 j 项指标的熵权可定义为：

$$w_j = \frac{d_j}{\sum_{j}^{n} d_j} \tag{6}$$

w_j 为第 j 项指标的权重；将差异系数定义为 $d_j = 1 - e_j$，d_j 越大，在指标体系中的重要性也就越高，权重也就越大。

（3）综合指数的测算

利用指标权重 w_j 和各指标无量纲处理后的数据 y_{ij}，即可得到各指标的数据加权值。

$$g_{ij} = w_j \times y_{ij} \tag{7}$$

将各对应指标 g_{ij} 逐层加总，得到评价指标体系综合指数。

$$G_{ij} = \sum_{j=n}^{n} g_{ij} \tag{8}$$

表 1   青海经济高质量发展指标体系

一级指标	序号	二级指标	单位	权重
经济运行稳定性	1	人均 GDP	万元	0.142
	2	居民消费价格指数	—	0.091
	3	第三产业增加值占 GDP 比重	%	0.141
效率提升	4	资产负债率	%	0.040
	5	非公有企业资产贡献率	%	0.054
	6	固定资产投资增速	%	0.050
	7	工业增加值率	%	0.062
创新驱动	8	地方财政科学技术支出	万元	0.054
	9	R&D 投入占 GDP 的比重	%	0.054
	10	技术市场成交额	万元	0.045
	11	规模以上工业增加值中战略性新兴产业增加值占比	%	0.055
	12	每 10 万人发明专利授予数量	件	0.080
对外开放	13	进出口总额占 GDP 比重	%	0.046
	14	进出口总额增速	%	0.036
	15	外商直接投资增长率	%	0.050

资料来源：2017～2021 年《青海统计年鉴》。

三 青海经济高质量发展评价结果

通过测算，2016～2020年青海省经济高质量发展综合评价指数分别为2.254、2.449、2.622、2.732、2.702，2020年较2016年上升了0.448，2020年受新冠肺炎疫情影响，从评价指数来看较2019年稍有下降，但下降幅度较小，五年来，指数总体呈上升趋势。从四个评价维度来看，经济运行稳定性指标五年测算结果分别为2.402、2.500、2.679、2.701、2.682，2020年较2016年提升0.280，其中人均GDP指标指数上升较快，对一级指标上升的贡献较大，居民消费价格指数、第三产业增加值占GDP比重指标均上升稳定。效率提升指标五年测算指数分别为1.707、1.836、1.802、1.912、1.800，2020年较2016年提升0.093，其中工业增加值率对一级指标指数上升贡献较大。创新驱动指标五年测算指数分别为1.604、1.633、1.768、1.820、1.840，2020年较2016年提升0.236，其中每10万人发明专利授予数量指标、规模以上工业增加值中战略性新兴产业增加值占比指标上升速度较快，科学技术支出占财政支出的比重指标比较稳定，技术合同成交额指数较低，对整个创新驱动指数有小幅度的拉低。对外开放指标五年测算指数分别为1.502、1.452、1.088、1.022、0.953，对外开放指标中的二级指标指数均有不同程度的下降，其中外商直接投资增长率指数下降幅度较大，对对外开放指标总体指数的影响较为明显，受国际国内经济形势等多种因素影响，尤其是2020年新冠肺炎疫情突袭而至，对对外开放指标的负面影响较大，造成指数下降幅度较大（见表2）。

表2　青海经济高质量发展评价结果

项目	2016年	2017年	2018年	2019年	2020年
综合指数	2.254	2.449	2.622	2.732	2.702
经济运行稳定性	2.402	2.500	2.679	2.701	2.682
效率提升	1.707	1.836	1.802	1.912	1.800
创新驱动	1.604	1.633	1.768	1.820	1.840
对外开放	1.502	1.452	1.088	1.022	0.953

资料来源：根据2017～2021年《青海统计年鉴》公布的数据，由笔者计算得出。

通过评价结果可以看出，"十四五"以来，我国经济进入新常态，青海经济运行稳定性指标保持了稳步提高的发展态势，表明青海的经济发展逐步向高质量发展迈进，没有单纯依靠经济增长来拉动。从效率提升指数来看，2020 年较 2016 年虽然有一定幅度的提高，但基本在 1.8 的区域上下波动，效率指数运行的稳定性和增长潜力还有待进一步提升。从创新驱动指数来看，增长的幅度和稳定性均较为理想，说明创新对经济高质量发展的贡献优势已逐步凸显，这也在很大程度上印证了"十四五"以来，青海在加大对科技技术的投入，培育高精尖企业，注重关键领域技术的突破，大力引进专业人才等方面的各项推动创新发展的举措取得了明显成效，未来创新驱动有望成为青海经济高质量发展的核心驱动力。从对外开放情况来看，指数虽有所下降，但青海对外开放水平在稳步提升，2020 年初以来，进出口贸易受疫情影响较大，随着疫情进入常态化防控阶段，青海对外开放各项指标有望得到持续恢复和稳步提高。

四　主要研究结论及建议

（一）主要研究结论

本报告通过对青海经济高质量发展情况进行初步测度和评价后认为，首先，青海经济发展已经由高速增长转变为中高速稳定增长阶段。2020 年以来，经济增速虽受疫情等影响有所放缓，但总体呈持续中高速稳步运行的发展态势。由于青海经济正处于换挡爬坡期，面对新冠肺炎疫情有所反复，经济全球一体化进程受阻等宏观经济背景以及煤炭、铁矿石、石油等大宗原材料商品价格持续高位运行，产业链下游企业经营压力持续加大、市场主体投资信心不足，能源消耗和资源依赖型企业占比高、投资增长乏力等微观现实困难，经济转型升级实现高质量发展的任务仍然较为艰巨。

其次，从提升效率来看，投资增长面临融资渠道单一和项目接续不足的双重制约，对经济的拉动作用持续减弱，投资拉动经济增长的贡献率持续下

降。打破投资瓶颈、提振投资信心、优化投资结构、提高资金使用效率，是将来一段时期的重点任务。

再次，从创新驱动指标的发展趋势来看，未来要将创新驱动作为推动青海高质量发展的动力源泉。青海作为祖国西部偏远地区，发展起步晚、区位优势不明显、创新动力不足，创新驱动需要的高精尖人才非常匮乏，科技对经济高质量发展的支撑相对较弱，发掘创新驱动的潜力是青海经济高质量发展的关键所在。

最后，从对外开放发展趋势来看，虽然近年评价指数有所下降，但也应该看到，自"一带一路"倡议推进以来，青海的外贸进出口结构不断优化，外向经济持续向好。未来，在及早消除疫情影响的基础上，培育更多更好本土特色进出口产品、企业和特色品牌，持续提高市场化水平，扶持外贸龙头企业发展壮大，确保进出口贸易的稳定性，持续加大对外开放对经济的贡献率是未来经济高质量发展的重点。

（二）对策建议

近年来，青海经济发展向高质量不断迈进，虽然经济增长速度较前一阶段有所放缓，但发展步子踏得较稳，发展质量比较高。基于上述研究结果，为实现青海经济持续高质量发展，提出如下对策建议。

一是要巩固青海自身的发展优势，保持目前经济基本盘稳定运行的向好局面。在深入推进供给侧结构性改革、加快落后产能淘汰步伐的同时，贯彻新发展理念，围绕"四地"建设，以创建国家公园示范省、国家清洁能源示范省、绿色有机农畜产品示范省为契机，加快建设绿色低碳产业体系和具有市场竞争力的优势产业链，持续发挥特色农牧业、中藏药制造业、高原特色优势产业的优势，加快推进清洁能源、战略性新兴产业的发展，积极融入碳市场交易，促进生态产品价值实现，深度融合以盐湖化工、新能源、新材料为主的循环经济，逐步构建具有青海特色的现代化经济体系。

二是要重点关注效率在经济发展中的重要作用，补齐发展中已经存在和预期会有的短板，有效协调投资与消费的关系，提高投资利用率。持续优化全省营商环境，大力提升招商引资水平，务实推动重大项目投资有效接续，确保形成更多投资实物量。着力增强民间投资动力，实施好小微企业融资专项行动和"银税互动"等创新举措，满足多元化融资需求。重视居民消费对扩大内需的拉动作用，围绕深入挖掘城乡居民生活服务各类消费需求潜力，持续提振居民消费能力。深入实施优质消费升级增效行动，落实好取消二手车限迁、新能源汽车财税优惠等政策。加快布局季节性体验式消费，优化全省踏青体验、避暑消费、养老养生项目配套环境，持续办好"西宁美食节""消费促进月""购物节"等活动，培育"夜经济"等新型消费热点和消费方式。

三是要充分发挥科技创新在经济发展中的引领作用，支持和扶持实体经济在各行业全面建立共享技术创新平台，聚焦关键领域和核心技术攻关，积极拓展融资渠道，加大各类资金投入，尤其是对产业发展"卡脖子"的领域开展技术攻关。继续打造和提升藏药新药研发企业国家重点实验室、省部共建三江源生态与高原农牧业国家重点实验室、省部共建民族教育与文化智能技术国家重点实验室的建设水平。坚持项目带动，构建科技成果转化平台和机制，促进科技成果又好又快转化。加大对基础教育和基础创新的财政支出、企业 R&D 研发投入力度。注重高精尖专业人才的培养引进，一方面，探索与省内外高校和科研机构联合培养人才的模式，鼓励高校设立特殊专业，按照人才需求定点定向为紧缺领域培养人才；另一方面，面向国内外引进相关领域高精尖人才，适当借鉴参考外省人才保障政策，结合省情，为引进人才提供物质和生活保障，消除他们的后顾之忧，保证人才引得进、留得住、用得好。

四是持续加大对外开放，将"一带一路"倡议提出以来青海取得的成就红利不断释放，提高对外开放水平，推进青海外向型经济发展。拓展对外开放通道，实现基础设施联通，建设重点面向"一带一路"六大经济走廊的丝绸之路铁路枢纽和全国性综合开放门户，开辟西宁直飞"一带一路"沿线重点国家的国际航班和货运航线，将西宁、格尔木、玉树机场打造成为西部地区同中亚地区航空一体化网络建设重要支点，谋划建设向西开放大型

物流集散地。依托省内西宁云鑫实业有限公司等外贸企业，加强与周边国家在现代农业、饲草业、林业及旅游业等方面的深度合作。推进千万美元潜力企业和出口自主品牌"双育计划"，培育和扶持具有自主创新能力和国际竞争力的外贸企业，打造特色轻工、新能源省级外贸转型升级示范基地。继续深化全国通关一体化改革，加快融入互联互通南向通道建设，推动中欧班列常态化运营。

参考文献

孙发平等：《2020～2021年青海经济形势分析与预测》，载索端智主编《2021年青海经济社会形势分析与预测》，社会科学文献出版社，2021。

邹一南、赵俊豪：《中国经济高质量发展综合评价指数报告》，载韩保江主编《中国经济高质量发展报告（2019）》，社会科学文献出版社，2020。

黄群慧、崔志新、叶振宇：《北京"三城一区"科技创新要素流动和联动发展路径研究》，《北京工业大学学报》（社会科学版）2020年第5期。

青海省"一优两高"战略指标体系的构建与评价研究课题组：《青海省"一优两高"战略实施成效与对策研究》，载索端智主编《2021年青海经济社会形势分析与预测》，社会科学文献出版社，2021。

师博、任保平：《中国省际经济高质量发展的测度与分析》，《经济问题》2018年第4期。

马茹等：《中国区域经济高质量发展评价指标体系及测度研究》，《中国软科学》2019年第7期。

任保平：《新时代中国经济从高速增长转向高质量发展：理论阐释与实践取向》，《学术月刊》2018年第3期。

B.10
新疆经济高质量发展状况分析

王宏丽[*]

摘　要： 在新发展阶段，高质量发展成为经济发展的主题。新发展理念引领新疆经济高质量发展，新旧动能转换初显成效，数字经济重构现代产业体系、企业发展模式及商品市场格局，特色优势资源产业创新发展。"十四五"时期，新疆经济高质量发展，需要在双循环新发展格局中找准定位和方向，在共同富裕道路上进一步增进各族群众民生福祉，在数字时代发展中做优做强实体经济，激发经济高质量发展的内生动力。

关键词： 经济发展　高质量发展　创新驱动　新疆

2017年10月18日，习近平总书记在党的十九大报告中首次提出："我国经济已由高速增长阶段转向高质量发展阶段。"这明确了我国经济发展呈现的新特征，也为今后经济发展指出了新方向。2017年中央经济工作会议提出："推动高质量发展是当前和今后一个时期确定发展思路、制定经济政策、实施宏观调控的根本要求，必须加快形成推动高质量发展的指标体系、政策体系、标准体系、统计体系、绩效评价、政绩考核，创建和完善制度环境，推动我国经济在实现高质量发展上不断取得新进展。"[①] 这指出了高质量发展是"根本要求"的明确定位，并提出推进高质量发展应完善的各项

---

* 王宏丽，新疆社会科学院经济研究所副所长、副研究员，研究方向为区域经济学。

① 《中央经济工作会议在北京举行 习近平李克强作重要讲话》，http：//www.ce.cn/xwzx/gnsz/szyw/201712/20/t20171220_ 27355763. shtml，最后检索时间：2022年1月20日。

工作。之后，高质量发展成为高频词，出现在各个领域各个行业，成为新时代中国特色社会主义经济发展的新目标和新要求。2021 年 3 月，以"推动高质量发展"为主题贯穿《中华人民共和国国民经济和社会发展第十四个五年规划和 2035 年远景目标纲要》全文。立足新发展阶段、贯彻新发展理念、构建新发展格局的"三新"思想，是"十四五"时期推动经济高质量发展的根本遵循和行动指南。

一 新疆经济高质量发展现状

经济高质量发展，内涵深刻，维度丰富。简要讲，第一是贯彻新发展理念的发展，第二是重塑发展动力的发展，第三是优化发展结构的发展，第四是共享发展成果的发展。"十三五"时期，新疆综合实力快速提升、经济高质量发展成效显著。地区生产总值从 2015 年的 9306.88 亿元增加到 2020 年的13797.58 亿元，五年年均增长 6.1%。一般公共预算收入从 2015 年的 1330.85亿元增加到 2020 年的 1477.2 亿元，年均增长 2.1%。2020 年城镇居民人均可支配收入 34838 元，五年年均增长 5.8%；农村居民人均可支配收入 14056 元，五年年均增长 8.3%。工业经济表现出强大韧性和旺盛活力，旅游经济成为发展的突出亮点，现代服务业成为拉动经济增长的主要动力。[1]

（一）新疆经济高质量发展的总体态势[2]

2021 年，新疆经济发展"稳"字当头，工业生产运行平稳，60% 行业保持正增长，固定资产投资增长较快。

2021 年 1~11 月，新疆规模以上工业企业实现增加值同比增长 9.4%，增速比上年同期提高 2.7 个百分点。工业产业中 40 个行业大类，实现增加值增长的有 24 个，占比 60%。工业中采矿业，制造业，电力、热力及水的

---

① 《2020 年度政府工作报告》，http：//www.xinjiang.gov.cn/xinjiang/xjyw/202102/19f86de68387406ca2e1b25f0b0f789a.shtml，最后检索时间：2022 年 1 月 20 日。

② 本部分资料来源如无特殊说明，均来源于新疆维吾尔自治区统计局统计报告。

生产和供应三大门类增加值比上年同期分别增长 7.3%、9.1% 和 13.1%。公有制经济增加值和非公有制经济增加值分别比上年同期增长 7.1% 和 13.6%。大型企业增加值和中小微企业增加值分别比上年同期增长 5.9% 和 13.3%。在统计的 376 种工业产成品中实现 257 种产品产量保持正增长，占比为 68.4%。

作为国家能源资源陆上大通道，新疆的石油、煤炭、电力等能源产业在"双控"中保障有力。2021 年 1 ~ 11 月，原煤产量 27768.99 万吨，比上年同期增长 13.4%；原油产量 2745.02 万吨，比上年同期增长 2.2%；全社会电力供应总量 4228.49 亿千瓦时，比上年同期增长 14.4%。

新疆固定资产投资（不含农户）比上年同期增长 16.3%，其中，第一产业投资增长 38.0%，第二产业投资增长 14.7%，第三产业投资增长 15.3%。第二产业中工业投资比上年同期增长 14.5%，其中，制造业投资力度持续加大，投资增长 38.2%，投资总量占工业总投资的 48.7%。民间投资活跃，比上年同期增长 31.1%，占固定资产投资比重 38.6%。基础设施行业投资比上年同期增长 8.3%，增长平稳。房地产开发投资比上年同期增长 21.2%，增长较快。

2021 年 1 ~ 10 月，新疆规模以上服务企业实现营业收入 2402.60 亿元，比上年同期增长 15.2%。规模以上文化、体育和娱乐业企业实现营业收入 65.82 亿元，比上年同期增长 52.9%；交通运输、仓储和邮政业实现营业收入 1328.22 亿元，比上年同期增长 16.3%；信息传输、软件和信息技术服务业实现营业收入 405.25 亿元，比上年同期增长 14.3%。规模以上服务业企业实现利润总额 194.92 亿元，比上年同期增长 18.9%。

财政收入增长较快，1 ~ 11 月，一般预算公共收入 1477.47 亿元，比上期同期增长 16.4%；金融机构本外币各项存款余额 26927.50 亿元，比上年同期增长 6.4%。

（二）新疆经济高质量发展的基本特征

进入"十四五"时期，新疆提出，"坚持把创新作为引领高质量发展的

第一动力，把科技自立自强作为发展的战略支撑，深入实施创新驱动发展战略和人才强区战略，加快从要素驱动向创新驱动转变，增强发展的内生动力和可持续发展能力"①。

1. 创新驱动初显成效

丝绸之路经济带创新驱动发展试验区和乌昌石国家自主创新示范区是新疆创新驱动发展的展示窗口。2016 年，新疆与科技部、中科院和深圳市共同启动"丝绸之路经济带创新驱动发展试验区"建设，创新驱动发展试验区以优先建设"五地七园"方式，在乌鲁木齐市、昌吉回族自治州、石河子市、哈密市和克拉玛依市的 7 个国家级高新技术产业开发区、经济开发区、农业科技园区启动打造"一带一路"创新高地。2018 年 11 月，国务院批复同意乌鲁木齐、昌吉、石河子高新技术产业开发区建设国家自主创新示范区；新疆在 2019 年 4 月出台《关于建设乌昌石国家自主创新示范区的若干意见》②，主要在加快特色优势产业创新升级、激发企业自主创新活力、深化科技创新"放管服"改革、促进科技成果转化、加大创新人才支持力度、完善创新投入保障机制、扩大开放协同创新、建立健全管理体制等八大方面施策，力争将乌昌石国家自主创新示范区建设成为具有创新创业生态优化示范区等六大功能的示范区。丝绸之路经济带创新驱动发展试验区和乌昌石国家自主创新示范区建设成效明显，形成了以石油石化、新能源开发、棉花种植加工、奶业为主的特色优势产业，在矿产资源开发、煤层气开发、畜禽新品种选育等领域掌握了关键技术，在凝聚创新驱动实力、提升科技创新支撑能力、提高创新驱动效能等方面发挥了重要作用。

2. 数字经济快速发展

党的十九大提出要建设数字中国、网络中国、智慧社会，这无不意味着

---

① 《新疆维吾尔自治区国民经济和社会发展第十四个五年规划和 2035 年远景目标纲要》，http：//www. xinjiang. gov. cn/xinjiang/ghxx/202106/34c93dfab5bc477bbde161bedb646d2b. shtml，最后检索时间：2022 年 1 月 20 日。

② 《印发关于建设乌昌石国家自主创新示范区的若干意见的通知》，http：//www. xin jiang. gov. cn/xinjiang/zfgbml/201912/0d0a0c774b0f499c854c0122c500fa61. shtml，最后检索时间：2022 年 1 月 20 日。

大数据、人工智能和互联网的快速发展，数字经济日益成为引领经济高质量发展的新动能。新疆数字经济发展较快，得益于新疆"5G＋工业互联网"的快速发展。在5G新基建快速建设完善的基础上，新疆工业产业中20多个重点行业实现不同程度地采用数字化设计、智能化制造、精益化管理及网络化协调等发展新模式，实体经济紧密融合新一代信息技术导向十分明确。2020年，新疆数字经济增长10%，占全疆GDP比重达26%。① 2021年8月，新疆工业和信息化厅公布了新疆数字经济示范园区名单②，将乌鲁木齐高新技术产业开发、新疆软件园有限责任公司、伊宁边境经济合作区、新疆准东经济技术开发区、克拉玛依云计算产业园区和阿克苏纺织工业城等6家园区确定为新疆数字经济示范园区。这6家园区分布为乌鲁木齐2家、伊犁哈萨克自治州1家、昌吉回族自治州1家、克拉玛依市1家、阿克苏地区1家。6家园区产业各具特色、规模发展可观、聚集效应明显、创新能力突出、生态体系优化，引领了新疆数字经济的发展。2021年12月，新疆工业和信息化厅发布了2021年度自治区"专精特新"中小企业名单，171家"专精特新"中小企业榜上有名，其中不乏绿色环保、新能源、高端装备、生物医药等战略性新兴产业以及自主可控计算机、大数据、人工智能、物联网等企业的影子，进一步呈现产业结构高级化、产业转型加速化、产业链条现代化的发展趋势。2022年，新疆数字经济将进一步发展数字产业化和产业数字化，深度推进数字经济和实体经济融合发展。

3. 重点口岸带动引领

新疆聚焦"一港、两区、五大中心、口岸经济带"，大力推进丝绸之路经济带核心区建设。乌鲁木齐国际陆港区全方位推进中欧班列集货提质，加速推动园区建设和产业集聚，大力发展商贸物流业、先进制造业和高端服务业等重点产业。乌鲁木齐国际陆港区与100余家企业建立了揽货联盟，注册

① 《新疆数字经济产值2020年增长10%》，http：//www. ce. cn/xwzx/gnsz/gdxw/202102/01/t20210201_36277464. shtml，最后检索时间：2022年1月20日。

② 《关于公布2021年新疆数字经济示范园区的通知》，http：//gxt. xinjiang. gov. cn/gxt/zdxxgk/202108/b648055cbba3408c953903c2bf3ad054. shtml，最后检索时间：2022年1月20日。

商贸物流企业 700 余家，特别是 2021 年以来，在公路出口货运量急剧增长的情况下，乌鲁木齐国际陆港区实施 24 小时"一站式"服务，全面提升验放通关速度，提高了物流链整体效率。

"两区"建设成效明显。霍尔果斯经济开发区和喀什经济开发区引领作用增强。2021 年 1 月，新疆出台《关于进一步推进霍尔果斯高质量发展的指导意见》，强调以霍尔果斯经济开发区"一区四园"为载体，以"两霍两伊"（霍尔果斯市、霍城县、伊宁市、伊宁县）一体化发展战略为支撑，霍尔果斯加大招商引资力度，大力发展现代装备制造、电子信息、生物制药、新材料、新能源等五大战略性新兴产业，大力推动煤炭煤化工、建材、纺织服装、农副产品精深加工等四大传统产业转型升级。2021 年 1 ～ 10 月，霍尔果斯中欧班列通行数量突破 5000 列，跃居全国首位，跨境电商业务突破 10 亿元人民币，位居全疆第一。霍尔果斯口岸独特的区位优势和辐射作用越发明显。据霍尔果斯海关统计，2021 年 1 ～ 10 月，霍尔果斯口岸进出口货运量 3254.7 万吨，同比增长 15.1%，占全疆口岸的近六成；进出口贸易额 2319 亿元，同比增长 16.9%，进出口货运量、贸易额均居新疆口岸首位。

2021 年，喀什航空口岸获批成为新疆进境水果、肉类、冰鲜水产品、食用水生动物的综合性指定监管场地。喀什经济开发区大力实施全面招商，1 ～ 8 月，招商引资到位资金 36.35 亿元，同比增长 79.2%，完成固定资产投资 36.4 亿元，同比增长 67.4%，实现规模以上工业增加值 3.86 亿元。

4. 能源产业绿色发展

作为中国能源资源最为丰富的地区之一，新疆大力发展能源产业。1 ～ 11 月，规模以上工业能源生产总体稳定，节能降耗效果逐步显现，综合能源消费增速持续降低。57 种能源产品产量中，实现 41 种产品产量同比增长。工业综合能源消费量增速实现 5 个月持续回落。1 ～ 11 月，规模以上工业企业能源消费量为 15228.29 万吨标准煤，同比增长 10.0%，增速比 1 ～ 10 月回落 1.0 个百分点；石油、煤炭、化学原料等六大高耗能行业能源消耗量为 13337.96 万吨标准煤，同比增长 11.7%，增速比 1 ～ 10 月回落 1.2

个百分点。电力供应量持续稳定增长，1～11 月，全社会电力供应总量为
4228.49 亿千瓦时，同比增长 14.4%，其中疆电外送电量达 1057.05 亿千瓦
时，同比增长 21.9%，对电力供应总量增长的贡献率达到 35.6%，疆电送
达北京、河南、安徽、广东等全国 20 个省市，规模再创新高。

新疆大力发展先进煤电和现代煤化工产业，立足新疆煤炭能源资源禀
赋，优化产业布局，调整产业结构，注重提高煤炭供给保障能力，注重在绿
色发展转型上寻求突破，注重严控煤炭资源利用效率、转化效率、CO_2 排放
利用、废水治理、节能环保等指标，重点在煤制烯烃、芳烃深加工上创新突
破，同时在高端化工新材料、高端专用化学品、电子化学品、医药产品等高
端技术上寻求突破。同时，依托"5G + 工业互联网"模式，新疆能源企业
加大科技攻关力度，注重自主研发新平台，智慧矿山建设、智能化开采、智
能化综合调度指挥、智能化产品品控、市场开拓等平台建设成效明显，绿色
低碳循环经济产业集群逐步形成。2021 年 12 月 31 日，新疆首家特斯拉中
心在乌鲁木齐开业，目前已建设开放 7 座超级充电站、36 个超级充电桩，
配合 6 座目的地充电站、12 个目的地充电桩，新能源汽车产品走进新疆，
新能源汽车产业加速新疆区域布局。

二　新疆经济高质量发展的基础优势

进入"十四五"时期，新疆与全国一道，完成了实现全面建成小康社
会、坚决打赢脱贫攻坚战的历史重任，经济社会发展取得了崭新的成绩，民
生改善成效获得了各族群众的认可，各族群众的获得感、幸福感、安全感不
断增强，新疆社会稳定繁荣，人民安居乐业，为经济高质量发展奠定了坚实
基础。

（一）社会治理成效显著

新疆社会治理成效显著，在狠抓稳定和发展"两个关键点"上形成了
一系列治疆、稳疆、兴疆的思路和举措，形成了独特而有效的地方治理体系

和治理机制，治理能力提升，显著遏制了暴恐活动多发频发态势，有效整治了宗教极端主义，意识形态领域反分裂斗争取得了阶段性成果，治理成效得到各族群众的认可。最广泛地动员了群众力量，最大成效地凝聚了人心，最广泛地夯实了基层基础，牢固紧密了党和群众、国家和社会的联系，为新疆经济社会建设全面发展、和谐发展奠定了坚实的基础。

（二）经济发展积淀明显

"十三五"时期，新疆经济发展实力明显增强，经济发展规模日益增长、人民生活水平不断提升、基础设施建设显著改善，一系列惠民工程深入人心，就业、医疗、教育、社会保障等民生领域工作取得明显成效，经济发展成效显著促进了全社会各项事业发展，文化事业日益繁荣，各族群众精神文化生活不断丰富，民族团结巩固发展，强大物质基础为高质量发展奠定了坚实的发展基础。

（三）政策优势凝聚人心

党和国家历来高度重视新疆工作和新疆发展。新中国成立伊始，支持新疆发展、支援新疆建设是全党全国的大事，支持力度持续增强。特别是2009年起的国家及各援疆省市新一轮的对口援疆工作更是规模空前，至今已形成了完善的援疆政策体系和援疆机制，在经济、教育、科技、文化、医疗、生态等众多领域启动了多样化的援疆模式，援疆成效显著，援疆成果深入人心。同时，国家及相关部门持续出台促进新疆各行业各领域发展的支持政策，为助力新疆经济社会发展提供了政策优势，各族群众一心一意谋发展的愿望十分强烈。

三　新疆经济高质量发展的制约因素

在新疆经济社会快速发展的同时，也要清楚地认识到，面对"百年未有之大变局"，新疆经济社会高质量发展也面临着挑战和困难。

（一）人力资源有效供给亟须提升

新疆经济高质量发展亟须解决的首要问题是提升人力资源有效供给。在人口结构"合理性、均衡性、安全性"发展原则下，保持新疆人口规模总量持续、稳定、适度增长趋势对经济社会发展具有十分重要的意义和作用。其中，快速提升人力资源有效供给是促进经济高质量发展的重要因素。国内持续进行、日趋激烈的人才争夺战，对于西部地区经济社会发展的不利影响会日益加剧，因为高质量发展时代是人才竞争的时代、是科技竞争的时代。当前亟须应对新疆人力资源有效供给不足的严重问题。

（二）实体经济发展成长困难较多

外有经济发展滞缓、各方矛盾对立激增的世界负面影响的大环境，内有新疆相对于内地省区经济发展滞后、市场活力欠佳、企业自身实力不足等现实因素的影响，新疆实体经济发展成长困难重重。新疆企业发展最主要的问题是创新动力不足、市场参与度不佳，特别是近几年企业观望态度明显、投资欲望不足，严重影响了企业活力和市场活力，进一步桎梏了市场繁荣发展。企业经营规模小，科研自主创新投入严重不足，拥有自主知识产权的产品和技术少，人力资源有效供给矛盾突出，人才匮乏，应对国际市场和国际制裁能力不足，"走出去"的企业生存困难较多，"引进来"的企业较重依赖政策支持。企业经营成本过高，财政补贴力度有限。企业经营发展转型升级滞缓、物流成本过高、政策落实周期较长等问题长期困扰着新疆企业的发展成长。

（三）创新能力不足政策依赖较多

创新能力不足，首先表现在政府创新能力不足。政府创新能力不足第一表现在政策创新力度不足，习惯性政策发布和执行，弱化政策效果追踪和评价，注重政策前端，忽视政策后端，政策效果不及预期；更进一步的是政策创新难度大，习惯于遵循政策，难点于创新政策。政府创新能力不足第二表现在政府服务意识和服务能力还有待进一步提升，特别是服务供给与企业意

愿需求不匹配或匹配不及时，服务供给与企业、与市场需求信息不对等现象较为突出。

创新能力不足，其次表现在企业创新能力不足，企业发展政策性依赖强。由于新疆科创型企业少、引领型企业少，企业研发能力欠缺，创新驱动表现欠佳，企业发展长期依靠的是政策支撑，而不是企业自主创新的动力支持。

四　新疆经济高质量发展的对策建议

在中国开启迈向共同富裕时代，在经济社会进入高质量发展时期，新疆亟须破解一系列发展难题，秉持"创新、协调、绿色、开放、共享"新发展理念，积极构建双循环新发展格局，推动新疆经济在高质量发展道路上行稳致远。

（一）在新发展格局中找准定位和方向

面对新发展阶段的新机遇新挑战，加快形成以国内大循环为主体、国内国际双循环相互促进的新发展格局，是事关全局的系统性深层次变革。新疆要在结合区域发展阶段、资源要素禀赋、国家区域发展战略及双循环新发展格局中找准自身发展定位，将新疆产能优势、技术优势、资金优势、发展经验及发展成效转化为区域合作和市场开拓优势。

建设丝绸之路经济带核心区，是新疆经济发展重要的建设目标。这一发展目标，要在新发展格局中得到全新体现——新疆要拓展实现内外融合发展新局面。新疆要积极探索与西北地区、内陆省区及丝路沿途国家分享优质产能、共商项目投资、共建基础设施、共享合作成果的新路径，共同参与国内国际双循环，在更宽领域、更深层次、更高水平上实现合作共赢。

新疆要以参与国内大循环为主体的市场开拓为导向，以满足日益提升的人民群众消费需求为目标，实施积极的扩大进口战略，加强技术、产品和服务进口，增加有效供给，提升开放合作水平。

扩大进口、促进供给、开拓国内市场。畅通国内国际市场渠道，聚焦市场消费升级需求，扩大进口规模，优化进口结构，提升进口品质，增强实体企业加工制造能力和水平，加快发展跨境进口电商，建设好核心区标志性项目和优势口岸，打造跨境产业供应链，推动加工制造业产业化、平台化转变，丰富市场供给，推动消费升级，扩大市场占有率，畅通商贸流通辐射、引领、带动作用。深化西向、强化外贸、做好国际大循环。继续向西开放，深耕与周边国家外贸发展，扩大中欧班列集结能力，提高对哈萨克斯坦等中亚国家贸易规模，优化贸易结构。支持企业"走出去"，鼓励商贸企业与"一带一路"沿线国家的企业、专业协会及政府部门加强合作，建立海外站、境外分销中心、展示中心、物流中心、公共海外仓等营销网络和物流服务网络。创新培育商贸新业态。大力培育跨境电子商务新渠道新主体。探索"平台＋卖家＋服务商"组合模式，对专项或综合性服务的跨境电子商务服务商加大招商引资力度；强化产业集群联动，打造龙头企业引领、中小网商共同发展的跨境电子商务主体群。继续推动霍尔果斯中哈国际合作中心、新疆四大综合保税区等开放平台在政策争取、制度创新等方面有新发展新突破。强化数字创新赋能，建设商贸大数据平台，构建"互联网＋服务贸易"新体系。

新疆丝绸之路经济带核心区建设的重点，不仅要在高质量开放型经济体系建设上做好工作，更要在牢牢把握扩大内需这个战略基点上下功夫，放眼国内市场，深挖内需潜力，科学定位市场发展方向。参与国内竞争，新疆劣势较多，发展实力不足、根基不稳，参与产业分工、区域分工、市场分工优势不明显、方向不明确。因此，必须转变传统发展思路，补足发展劣势。大力发展民生经济，在改善民生中扩大内需，在满足内需中发展经济。坚持促进充分就业，提升收入水平，坚持发展以满足就业为导向的劳动密集型产业，并以此定位和扩展国内市场；坚持满足消费需求和消费能力的市场方向，借助消费转型升级新趋势，在消费模式和消费增长点上下功夫，提振和扩大消费市场。

（二）在共同富裕中增进各族群众福祉

共同富裕引领经济发展方向。高质量发展必须坚持以人民为中心的发

展，必须将解决"人民日益增长的美好生活需要和不平衡不充分的发展之间的矛盾"作为高质量发展的出发点和落脚点。

紧紧围绕扩大内需这个战略基点，坚持在改善民生中扩大内需，通过促进充分就业，提升收入水平，奠定挖掘消费需求的坚实基础。充分就业和提升收入水平，是共同富裕最基础的要求。大力发展劳动密集型产业和特色优势产业，是新疆促进就业的重要措施，继续适宜、适度发展纺织服装产业、电子产品组装、农副产品加工、特色种植养殖、乡村旅游、商贸物流服务业等劳动密集型产业，以产业发展促进就业能力提升，并以此形成产业和就业之间的良性循环。

继续加大支持促进劳动密集型产业的企业生存能力的提升和发展空间的壮大，继续给予产业内企业相关税收优惠、财政补贴、减免政策等扶持举措，加大政府对公共商品的投入、政府直接投资和政府直接订购的力度，增强企业降低成本、减少资金占用、加速资金周转等经营生产能力。重点关注项目资金支持企业发展的成效及就业专项资金促进就业绩效的提升等问题，加大资金投入使用效率的提升。

加大政策引导和支持力度，培育创业主体，壮大企业数量，提升企业质量。着重解决重点人群就业问题，花大力气解决农村就业问题，促进发展多样化就业方式。重视农村集体经济发展对就业促进的有效作用，大力推动农村集体经济发展。

加大补短板，促进城乡间、区域间、行业间、群体间等多领域协调发展，推动共同富裕。继续加大在教育、医疗、住房、社保、养老等领域的建设力度和提升保障水平，打牢人民生活高质量发展基础，不断满足人民对美好生活的向往。

向高质量的收入分配目标迈进，增进各族群众发展福祉。进一步优化营商环境、促进经济繁荣发展，营造好充分就业、公平就业的发展环境，维护好劳动收入的主体地位，提高公共资源配置效率，缩小城乡间、区域间、社会群体间收入分配差距，提升社会保障能力和效率，促进提高社会流动性，以就业群体高质量、就业环境高质量、就业保障高质量奠定共同富裕发展的建设基础。

（三）在数字时代中做优做强实体经济

振兴实体经济是深化供给侧结构性改革的重要任务。在信息化、数字化、智能化、智慧化不断涌现的时代，发展好制造业、引领好创新驱动、运用好关键技术，是破解实体经济发展困境的钥匙。

激发实体经济活力，促进实体经济转型升级，大力推动加工制造业企业高质量发展。借助"互联网＋"行动和大数据战略，大力推动实体经济业态多元化发展，积极构建"数字化、网络化、智能化"的平台生态，促进实体企业产业平台化，激发实体企业新活力，实现互联网平台生态对传统实体企业的新赋能和效益倍增。建立"实体企业—平台生态—金融机构—政府"联动机制，促进实体企业转型升级。依托新疆优势资源和优势企业，大力推进加工制造业企业发展活力。扩大纺织服装、机电、化工、建材、特色农产品等加工制造能力，支持制造业龙头企业加强增资扩产、改造升级、延伸链条、补齐短板等方面的建设，支持企业在技术创新、技改投入、上云上平台、建设运营供应链平台、企业间协作发展等方面的创新行动，力求加工制造业企业在制造水平、市场占有率及产业生态链完整性等方面取得突破性进展，进一步向服务型制造迈进，为打造边境贸易和向西向东双向开放的产业基地奠定坚实的发展基础。大力推进各领域电子商务建设，大力培育电子商务市场主体，加大力度推动农村电子商务全覆盖，完善电子商务物流体系，在内地发达省区市建立分仓中心，在周边及"一带一路"沿线国家建设海外仓，降低物流成本，提高流通效率。推动新一代信息技术发展，支持云计算与物联网、移动互联网等技术和服务的融合与创新应用，在制造业、物流、公共安全、医疗健康等领域开展应用示范。积极发展技术设计、技术转移、检验检测、创业孵化、知识产权、科技咨询、科技评估、科技金融等科技服务机构。开展科技服务业区域和行业试点示范，推动科技服务业繁荣发展。

以全产业链构建为目标，以提升投资效益为核心，以工业园区和对口支援为依托，以项目投资为抓手，扩大全方位高水平开放，深入推进产业承接与转型升级，推动部门间、区域间协助能力提升和模式创新，促进投资提质增效，激发园区投资发展活力。聚焦重点发展方向、着眼民生需求，积极扩大产业领域投资，引进和实施战略性新兴产业、现代服务业投资项目，加大技术改造、设备更新等领域投资，扩大基础设施建设投资，推进人工智能、大数据应用等新型基础设施项目。建立健全投入产出效益评价机制，实施差别化资源要素配置，促进要素资源向优质项目倾斜。推进水资源、土地资源、能耗指标优化配置。

激发全社会投资活力。进一步确立企业投资主体地位，实施市场准入负面清单，给予各类市场主体公平参与的机会，为企业和社会资本拓宽投资渠道、放开投资限制。发挥政府投资引导和撬动作用，做好做实项目投资效益分析，优化政府投资的方向和结构，突出政府投资在补短板、惠民生、促引导方面的作用。

参考文献

安淑新：《促进经济高质量发展的路径研究：一个文献综述》，《当代经济管理》2018 年第 9 期。

钞小静、薛志欣：《新时代中国经济高质量发展的理论逻辑与实践机制》，《西北大学学报》（哲学社会科学版）2018 年第 6 期。

陈昌兵：《新时代我国经济高质量发展动力转换研究》，《上海经济研究》2018 年第 5 期。

高培勇：《理解、把握和推动经济高质量发展》，《经济学动态》2019 年第 8 期。

刘淑春：《中国数字经济高质量发展的靶向路径与政策供给》，《经济学家》2019 年第 6 期。

任保平等：《新时代中国经济高质量发展研究》，人民出版社，2020。

任保平、何苗：《我国新经济高质量发展的困境及其路径选择》，《西北大学学报》（哲学社会科学版）2020 年第 1 期。

师博、张冰瑶：《新时代、新动能、新经济——当前中国经济高质量发展解析》，《上海经济研究》2018 年第 5 期。

王永昌、尹江燕：《论经济高质量发展的基本内涵及趋向》，《浙江学刊》2019 年第 1 期。

余泳泽、胡山：《中国经济高质量发展的现实困境与基本路径：文献综述》，《宏观质量研究》2018 年第 4 期。

丝绸之路经济带篇

Reports on Silk Road Economic Belt

B.11
陕西全面落实"一带一路"倡议
推进经济高质量发展研究

刘肖楠*

摘　要：　"一带一路"倡议提出已有八年，共建"一带一路"是中国开放
发展走出的重要一步，更为国际社会开展经济、文化等全方位合
作提供了新的契机。作为"一带一路"的重要节点，陕西紧抓
历史机遇，结合自身优势，立足"五大中心"建设，积极贯彻
落实国家"五通"要求，物流交通网络进一步完善，科技创新
合作不断做深做实，文化产业交流全面展开，各方面工作取得了
显著成效，"十四五"时期，陕西出台专项规划，将为未来共建
"一带一路"进一步指明方向。但同时也应看到，陕西推动"一
带一路"过程中还存在开放不足、产业转型升级不充分、国际
贸易通道建设不足等问题。在未来一段时期，陕西应明确总体思
路、建设国际贸易通道、加强科技合作、增强金融支持，进一步

＊　刘肖楠，陕西省社会科学院金融研究所研究实习员，主要研究方向为区域经济、地方财政。

推动高质量发展，深度融入共建"一带一路"大格局。

关键词： "一带一路" 高质量发展 陕西省

一 引言

"一带一路"倡议提出已有八年。八年来，中国与国际社会签署关于共建"一带一路"的合作文件200多份，合作范围扩大至30多个国际组织和140个国家。2021年11月19日，第三次"一带一路"建设座谈会在北京召开，习近平总书记为新时代继续推动共建"一带一路"高质量发展做出重要部署。在座谈会上，习近平总书记深刻阐明共建"一带一路"面临的新形势，强调完整、准确、全面贯彻新发展理念，以高标准、可持续、惠民生为目标，巩固互联互通合作基础，拓展国际合作新空间，扎牢风险防控网络，努力实现更高合作水平、更高投入效益、更高供给质量、更高发展韧性，推动共建"一带一路"高质量发展不断取得新成效。习近平总书记关于共建"一带一路"的相关部署不仅体现了我国经济高质量发展的总体趋势，也为未来一段时期内陕西全面落实"一带一路"倡议、推进经济高质量发展的思路和方向做出了重要指引。

自"一带一路"倡议提出以来，陕西凭借其独特的区位优势，成为"一带一路"建设的重要节点，被国家赋予建设内陆改革开放高地和丝绸之路经济带重要通道、开发开放枢纽等重大任务。陕西省紧抓历史机遇，认真落实国家部署，立足交通区位、产业、科教、历史文化等优势，深度融入"一带一路"大格局。近年来，陕西把打造"一带一路"五大中心作为落实国家"五通"总体要求的具体实践，全力打造内陆改革开放高地，中欧班列（西安）、西安国际航空枢纽、丝绸之路大学联盟等重点工作亮点频现。

为有效推动"一带一路"相关工作的开展，陕西省成立推进"一带一路"建设工作领导小组办公室，积极发挥工作专班的协调和统筹作用，认真贯彻中央和省委、省政府各项工作安排，建机制、搭平台、抓落实，连续七年制定出台年度行动计划和工作要点，充分体现了陕西省对"一带一路"相关工作的重视。"十四五"时期是陕西省进一步扩大全方位开放的重要战略机遇期，也是深入推进"一带一路"迈向高质量发展的关键时期，为深度融入共建"一带一路"，推进经济高质量发展，陕西予以充分重视，明确发展目标，结合专班配合和专项规划，长期积累的发展势能将加速释放，陕西将在全面落实"一带一路"倡议、推进经济高质量发展方面不断做深做实，展现新作为、实现新突破。

二　陕西全面落实"一带一路"倡议工作建设成效

近年来，陕西省与共建"一带一路"国家贸易往来日益密切，2020年以来，面对新冠肺炎疫情冲击，贸易规模逆势增长，不降反增。截至2020年底，陕西累计实现对外投资 57.1 亿美元，在境外共设立企业 428 家，其中在共建"一带一路"国家和地区的投资额占到投资总额的 29.1%，共16.6 亿美元。① 截至2021年上半年，陕西省对共建"一带一路"国家进出口 362.4 亿元，同比增长 22.9%，占全省外贸进出口总值的 16.3%。其中，出口 242.4 亿元，同比增长 11.7%；进口 119.9 亿元，同比增长 54%。② 2021年前三季度，陕西对外投资额同比增长 17.6%。陕西省在全面落实"一带一路"倡议，推进经济高质量发展方面成绩斐然、成效显著。

1. "五大中心"建设取得明显成效

自"一带一路"倡议提出以来，陕西省高度重视，认真组织，按照国家"一带一路"战略规划的总体部署，每年制订专项工作计划，明确各阶段重点任务，积极推动"一带一路"相关工作的有序开展。围绕新的战略定位，陕西提出了"打造五个中心"的战略目标，即交通商贸物流中心、

---

① 崔春华：《走向更加开放的前沿》，《陕西日报》2021年11月5日，第2版。
② 《上半年陕西对"一带一路"沿线国家进出口 362.4 亿元 同比增长 22.9%》，搜狐网，https：//www.sohu.com/a/480073646_ 123753？g = 0。

国际产能合作中心、科技教育中心、国际文化旅游中心、丝绸之路金融中心。多年来，陕西坚持高水平"走出去"和高质量"引进来"，积极推进与"一带一路"沿线国家贸易往来，截至2021年，"一带一路"五大中心建设取得明显成效。

交通商贸物流中心高效便捷。以西安为中心的"米"字形和空中放射状交通网络基本形成，中欧班列长安号实现跨越式发展，西安临空经济示范区加快建设，陕西自贸试验区29项制度创新成果在全国复制推广。国际产能合作中心建设稳步推进。中俄、中韩、中欧等国际合作园区建设扎实推进，延长、陕鼓、法士特等省内龙头企业加快布局海外市场，三星、美光、施耐德等一批世界500强企业在陕投资设立144家外资企业，实际利用外资和引进内资年均分别增长12.8%和13.9%。科技教育中心全面拓展。借助丰厚的科教资源，陕西已经与40多个国家（地区）、400多家科研机构在各个层次、各个领域建立了合作关系。目前，在国际国内已合作组建了19个国家级、71个省级国际科技交流合作基地。① 国际文化旅游中心地位彰显。实施文化"走出去"战略，一批文化交流项目在海外引起强烈反响。丝绸之路国际电影节、艺术节及中国西安丝绸之路国际旅游博览会规模和影响力逐年增强，陕西文化旅游国际知名度全面提升。丝绸之路金融中心建设有序推进。持续推进西安丝绸之路金融中心建设，全国股份制商业银行在陕完成布局，跨境人民币业务辐射126个国家和地区，"通丝路"平台被商务部评选为第三批全国自贸试验区最佳实践案例，为开放型经济建设提供有效动力。

2. 专项规划出台指引未来方向

对于"一带一路"相关工作的开展和推进，陕西省一直予以高度重视，2015年起，每年印发陕西省"一带一路"建设行动计划（工作要点），为专项工作制订计划、明确要点。2021年，陕西省出台《陕西省"十四五"

---

① 《同筑共赢之路》，新浪网，https：//cj. sina. com. cn/articles/view/3204836204/bf05eb6c020 0102o9？sudaref。

深度融入共建"一带一路"大格局、建设内陆开放高地规划》（以下简称《规划》），提出了到 2025 年建成内陆地区效率高、成本低、服务优的国际贸易通道这一总体目标。《规划》是陕西省政府确定的"十四五"重点专项规划之一，也是陕西省推进"一带一路"建设工作以来制定的第一个五年规划。

《规划》着眼于立足新起点和进入新阶段，明确了指导全省在"十四五"时期深度融入共建"一带一路"的任务书、时间表和路线图。陕西省将以大通道、大产业、大物流为主要抓手，以大项目、大平台为核心载体，以数字化和科技创新为主要驱动力，在空间和功能上形成"一核两翼四通道五中心多平台"的全方位联动开放布局，围绕打造"一带一路"五大中心主要任务，建成连通内外、便捷高效的海陆空网综合大通道，打造具有国际竞争力的产业基地，形成具有陕西特点和优势的创新发展体系，建成中华文明——丝绸之路旅游核心区，成为特色鲜明、辐射西部和欧亚国家的区域性金融聚集区。《规划》还明确了全面提升"一带一路"五大中心能级，建设数字、绿色、健康三条丝绸之路，实施九大工程等重点任务，是未来陕西深度融入共建"一带一路"的指导性文件，为未来发展指明了方向，明确了重点，提出了举措。

3. 交通物流网络进一步完善

作为"一带一路"上的重要节点，近年来，陕西凭借独特的区位优势，借助长安号、咸阳国际机场等基础设施，不断完善交通物流网络，加速畅通与"一带一路"国家的经济贸易通道。

作为陕西打造内陆开放高地的重要抓手，中欧班列（西安）集结中心建设正在加速推进。2020 年全年，长安号开行 3720 列，约占全国总量的 20%，开行量、重箱率、货运量等核心指标位居全国第一。[①] 2021 年 9 月底，西安国际港站站改工程竣工，作为中欧班列始发站和回程目的地的重要站点，其综合功能得到进一步提升。截至 2021 年 11 月，长安号已开行国际

---

① 资料来源：西安市发改委。

班列线路 15 条，辐射欧亚 19 个国家。西安成为全国开行中欧班列线路最多的城市，吸引了来自全国 29 个省份的货源在此集散分拨，发送省外货物占比超过 70%，进口货物中的 70% 以上由西安分拨至全国。[①]

咸阳国际机场建设"中国最佳中转机场"的目标正在加速实现。截至 2021 年 9 月，西安咸阳国际机场已开通国内航点 228 个、航线 383 条，覆盖全国 70% 以上的大中城市和重点旅游城市，国内航线通达性、支线航点覆盖率均位居全国第一。目前，咸阳国际机场已有国际（地区）航线 92 条，内含国际全货运航线 18 条，通达全球 37 个国家，包括"一带一路"沿线的 21 个国家 45 个城市。在货运方面，2020 年咸阳国际机场货邮吞吐量达 37.63 万吨，排名跃升至全国第十；2021 年前 7 个月，货邮吞吐量同比增长 35.1%，增速位列全国十大枢纽机场第一；累计带动近 200 家国内外物流企业、10 余家航空公司区域总部在空港新城落户，吸引华东、华南等地区近 20 个城市的快件货物经西安转运。[②]

目前，陕西拥有西北地区唯一的自贸试验区，同时，还有 7 个综保区，数量列全国第 6 位，西安成为目前全国综合保税区数量最多的省会城市。陕西省先后出台了《中国（陕西）自由贸易试验区条例》《中国（陕西）自由贸易试验区进一步深化改革开放方案》等重要政策文件，指导开展平台、产业、项目、人才等方面交流合作，区域协同发展初见成效，"走出去"一站式服务平台作用发挥显著。

4. 科技创新合作不断做深做实

依托知名高校林立、科研机构众多的优势，陕西在与共建"一带一路"国家的合作中始终将科技创新合作作为重要内容和重点方向。近年来，陕西致力于建成具有陕西特点和优势的创新发展体系，不断开拓国际国内科技创新合作。

在陕西省"十四五"规划中，陕西提出了建设国家（西部）科技创新

---

① 资料来源：西安国际港务区融媒体中心。

② 《行走于"一带一路"的陕西》，http：//webplus. chd. edu. cn/_ s133/2021/0909/c4470a201790/page. psp。

中心的目标,并制定了"通过深度参与'一带一路'科技创新行动计划带动我国西部科技创新"的重点任务。多年来,陕西与共建"一带一路"国家的科技合作不断深入,国家间创新合作的途径和平台也不断扩展。紧抓"一带一路"机遇,陕西省各高校通过建立智库联盟、成立研究院、合作完成科研论文专著等方式,与共建"一带一路"国家开展科技创新合作、人才交流培养。2020年,陕西省与共建"一带一路"国家合作论文3040篇[1],省内高校已建立17个"一带一路"科技人才交流平台。陕西省与共建"一带一路"国家累计认定通过了87家国际科技合作基地,在境内外合作建设了15个科技园区。[2]

2021年3月30日,陕西省正式启动建设秦创原创新驱动平台。作为陕西创新驱动发展的总平台,秦创原创新驱动平台建设旨在集聚科技创新资源,促进科技、金融、产业、人才有机结合,加快科技创新成果产业化步伐,把陕西省科教资源优势转化为高质量发展优势。在秦创原创新驱动平台建设的带动下,2021年上半年,全省技术合同交易额同比增长40%。全省24个高新区新增注册企业1.71万家,同比增长61.97%;净利润685.14亿元,同比增长22.75%。[3]秦创原创新驱动平台将成为辐射带动西部地区乃至全国和推进共建"一带一路"高质量发展的国家(西部)科技创新高地。

近年来,杨凌示范区以国际交流合作机制创新为中心,紧抓上海合作组织农业技术交流培训示范基地(以下简称上合组织农业基地)建设机遇,全力推进"'一带一路'现代农业国际合作中心"及中国(陕西)自由贸易试验区杨凌片区建设。2021年8月12日,第六届上合组织成员国农业部长视频会议审议批准《上合组织农业技术交流培训示范基地建设构想》,标志着上合组织农业基地完成法定审批程序,上合组织农业基地建设已从我国单边倡议成为上合组织成员国的集体行动。面对疫情防控常态化,上合组织

---

① 资料来源:web of science数据库。

② 资料来源:陕西省科学技术厅。

③ 张梅:《秦创原:加速释放创新潜能》,《陕西日报》2021年11月29日,第1版。

农业基地开启了线上实践教学新方式，已推送 20 多项专题课程，开展 7 次农业技术线上参观学习，有 3000 多名共建"一带一路"国家和地区学员观看，为"一带一路"农业技术交流合作提供了有力支持。

5. 文化产业交流全面展开

作为文化大省，陕西一直都站在向西开放的前沿，依托丰富的文化资源与深厚的历史底蕴，陕西与共建"一带一路"国家的文化产业交流丰富多彩。

2021 年，丝绸之路国际旅游博览会在西安举办，来自 15 个国家和地区的驻华使节、展商，与国内 31 个省区市的 800 余家文旅企业、机构参会，为探讨文旅产业发展搭建了优质平台。西安丝绸之路国际旅游博览会举办 7 届，累计 40 余个国家和地区的展商参会参展，累计签约旅游项目 249 个，合同金额约 1863 亿元，为陕西与共建"一带一路"国家的文化产业交流与发展做出了重要贡献。随着陕西与共建"一带一路"国家文化交流日益紧密，陕西文化大步走出国门，以"文化陕西"和"了解中国从陕西开始"为形象统领，精心打造陕西"国风秦韵"品牌，组织演出团队赴数十个国家开展了文化旅游交流活动。

文化产业交流的另一体现是体育赛事的接连举办。"一带一路"陕西体育精品赛事经过多年发展，已经呈现国际化、常态化、专业化趋势，举办各项体育赛事也成为陕西各地主动融入"一带一路"大格局、打造"文化名片"的有效途径。2020 年，新冠肺炎疫情对文化产业冲击较大，但陕西省依然在保证有力疫情防控的前提下成功举办了 13 项精品赛事，累计吸引运动员及观赛游客 114 万人次，带动经济收入 5.16 亿元。2021 年，作为 15 项精品赛事之一的"西马"，被世界田联评为精英标牌赛事。根据赛事组委会公布的数据，全球通过各种途径关注 2021 年"西马"的人群累计约 2.22 亿人次。打卡"西马"成为无数游客来古城"深度旅游"的重要原因。精品赛事给陕西省带来的社会、民生、经济效益同步凸显。

三 陕西在全面落实"一带一路"倡议工作中存在的问题

1. 开放不足仍是制约发展短板

2020 年习近平总书记来陕考察时指出:"对陕西而言,开放不足是制约发展的突出短板。"近年来,陕西以开放促改革、促发展,积极融入共建"一带一路",发挥向西开放优势,从内陆腹地走向越来越开放的前沿高地。但同时也要清醒地认识到,经济外向度低、区位优势尚未充分发挥等问题仍是制约陕西发展的短板。2020 年,陕西进出口总额为 3772.1 亿元,仅占全国的 1.2%,居全国第 19 位,陕西省的进出口总量仍然偏少,结构也不尽合理。对外开放不足不仅体现在省级层面,市县层面的对外开放问题也应予以充分重视,区域发展协同性仍需增强。从外贸进出口总额来看,2020 年,西安市外贸进出口额在全省占比超九成,已经形成明显的"二八"效应。从财政收入看,陕南三市仅占全省的 4.3%;从经济外向度看,关中地区招商引资和进出口总额占全省的 90% 以上。[①] 市县开放不足的这块短板的"最短之处",应予以更多的重视和协调。

2. 产业结构转型升级仍是挑战

作为传统的能源大省、工业大省,陕西的产业结构一直偏向"重型化",虽然能源化工产业对于陕西经济的发展做出了突出贡献,但也因过度依赖能源化工,对经济的高质量发展形成了制约。截至 2020 年,陕西省产业结构偏重、新兴产业规模偏小的局面还没有得到根本扭转,占比超过全国产量 5% 的主要工业产品,集中在能源行业;战略性新兴产业增加值仅占生产总值的 11% 左右,高技术制造业增加值占规模以上工业增加值的比重低于全国 3.6 个百分点,服务业占生产总值比重低于全国水平 7 个多百分点。

---

① 资料来源:陕西省十三届人大常委会第十九次会议关于《陕西省国民经济和社会发展第十三个五年规划纲要》执行情况的报告。

陕西拥有众多高校和科研院所，在基础研究方面优势突出，但根据2020年数据统计，科技成果在陕转化率仅为30%左右，科技成果落地转化效果仍不够理想，显示出陕西在创新驱动能力方面还存在不足，这也对产业的转型升级形成了制约。在环境约束和要求不断提高、资源要素制约趋紧的环境下，产业结构的转型升级不仅是经济高质量发展的需要，更是进行更加深入的"一带一路"商贸合作的必要条件。进一步推动产业转型升级，陕西还有很长的路要走。

3.国际贸易通道建设仍需完善

2020年习总书记来陕西考察时，提出陕西要"构筑内陆地区效率高、成本低、服务优的国际贸易通道"。近年来，中欧班列的飞速发展、货运量的连年提升形成了陕西打造优质国际贸易通道的有效助力，但当前的国际贸易通道建设工作也存在很多不足。首先，在货运量不断提高的背景下，铁路运输的经济效益提升却较为缓慢，能为陕西带来的实际经济价值有限，部分货运仍需要通过财政补贴等方式运行。在"一带一路"倡议下，包括西安在内的重要节点城市存在一定程度的线路重复，形成了内部竞争的局面，进一步提高了货运成本。其次，当前"长安号"中欧班列主要起到货源集散、转运的重要作用，对于本地产品的推广、本地货源的运载起到的作用仍然较少，货运渠道缺乏本地产品的支撑。同时，陕西对于航空贸易通道的建设和货运利用程度还存在不足。2020年，咸阳国际机场的货邮吞吐量位居全国第十，但机场的国内航线通达性、支线航点覆盖率已达到全国领先水平，这说明目前发达的航线网络对货运贸易能力的提升还有一定的空间。

四　陕西深度融入共建"一带一路"的相关建议

1.深度融入，明确共建"一带一路"思路

2020年习总书记来陕西考察时，提出了陕西要融入"一带一路"大格局，特别强调要"深度融入"和"共建"。2021年，陕西出台《陕西省"十四五"深度融入共建"一带一路"大格局、建设内陆开放高地规划》，

紧扣习总书记来陕讲话重要精神,为未来一段时期工作明确了战略布局,指明了工作重点。"十四五"时期,陕西需要在总体定位上客观审视国际格局和国家战略,以更加务实的态度落实国家对陕西"一带一路"的战略定位和习总书记对陕西推进"一带一路"的明确指示,进一步推动"深度融入"相关工作的开展,落实国家"五通"总体要求。在政策沟通领域,更好地发挥"欧亚经济论坛"和"丝绸之路博览会"国际沟通交流平台的作用。在设施联通领域,要进一步加强与西部省份之间的合作,分享"西部陆海新通道"建设带来的南向开放机遇。在贸易畅通领域,要重视国际贸易格局变化,精准施策,开发东盟等国际市场,助力企业成长。在资金融通领域,要以金融业全方位开放的机遇推进融入。在民心相通领域,要发挥陕西古丝绸之路起点的历史影响力和陕西特有的文化资源,实现陕西文化开放和经济开放的齐头并进。

2. 提质增效,提升打造国际贸易通道能力

"建成内陆地区效率高、成本低、服务优的国际贸易通道",是国家赋予陕西的重要定位和重点任务,也是未来一段时期内陕西深度融入共建"一带一路"工作的重点,进一步提高国际贸易通道的建设能力,要多措并举、多方施力。

首先,不断提升铁路航空服务国际贸易的能力。在铁路运输方面,依托中欧班列集结中心建设的背景,吸引聚集出口型企业生产装配、仓储物流等业务条线落户国际港务区,加强基础设施建设,优化配套服务,以发展本地产业,降低对外省货源的依赖,提高经济效益。在航空运输方面,依托自贸试验区、空港新城,加强国际国内航线货运能力,形成全产业链配套设施与服务。进一步提升航空货运服务的自动化、信息化水平。

其次,在加强基础设施和配套服务完善的同时,注重提升陕西吸引外资的能力,以国家最新实施的《外商投资准入特别管理措施(负面清单)(2020年版)》《外商投资法》等政策法规为指导,不断优化外商投资环境,积极鼓励外资落户,完善相关支持和优惠政策。

3. 加强创新，加快推动产业结构转型升级

作为"一带一路"向西开放的重要枢纽，陕西应以加强科技创新合作为契机，推动产业转型升级，在与共建"一带一路"国家的合作中寻求发展和突破的机会。

在增强创新驱动力方面，进一步提升科技成果转化率，促进科技与经济相互促进。通过政策引导、平台建设、权益保护、金融支持，完善产学研深度融合的科创体系，依托陕西强大的科教资源，积极构建科技交流平台，为"一带一路"特别是丝绸之路经济带国家培养经贸、科技、文化方面的人才，不断提升与共建"一带一路"国家的科技交流合作水平，将其发展成为重要的科技教育中心，为西部大开发和亚欧合作交流提供科技教育服务。加强企业、高校、科研机构之间的对接，推动科技成果在陕转化，提高陕西科技创新水平与效益。注重营商环境优化建设，做好科技创新合作的顶层设计，以优惠政策、完善体系吸引国内外高新技术产业落户陕西，同时鼓励本地高新企业积极开展与共建"一带一路"国家的科技合作，主动"走出去"。

创新链与产业链是双向互动的，在加强科技创新与合作的同时，陕西也应紧抓机遇，推动产业结构转型升级。依托陕西硬科技实力雄厚的历史条件，强化国防、军工、能源等特色产业及关键领域创新，不断延长产业链条，推动产业结构升级。利用资源优势积极对接国际国内产业转移，积极融入国际产业分工体系，强化自身能力。推动战略性新兴产业和服务业提质增效，进一步完善构建现代产业体系，加强陕西深度融入共建"一带一路"的能力。

4. 建好平台，不断扩大对外开放程度

作为古丝绸之路的起点，陕西在深度融入共建"一带一路"的工作布局上，应更加重视扩大开放的重要性，不断提升经济外向度，构建开放新格局。

扩大开放，首先要构建多层次开放平台，着力优化提升平台能力，充分发挥现有平台优势，开拓更加广阔的发展空间。陕西应立足自身优势，积极建设中国（陕西）自由贸易试验区、西安"一带一路"综合试验区、上海合作组织农业技术交流培训示范基地、"一带一路"文化贸易展示中心、欧亚经济论坛等综合开放平台，形成多平台支撑的开放发展格局。加强国际门户枢纽城市建设，办好丝博会、农高会等展会，增强联通世界的门户效应。加快国际贸易"单一窗口"建设；积极开拓国际市场，培育外贸竞争新优势；加强与共建"一带一路"国家和地区务实合作，拓展国内国际双循环格局。

在全面扩大开放的基调下，充分调动市县层级力量，注重区域协同发展。对于市县一级项目予以资金和政策上的相关支持，省级项目和资源适当下沉，鼓励市县级别政府和企业积极开展对外合作，扩展发展空间，共同助力开放。同时，除了对外加强与共建"一带一路"国家和地区的合作外，也要对内加强与西北其他省区、与"西部陆海新通道"项目相关省份、与"海上丝绸之路"省份的合作共建，促进更多合作措施落地，进一步扩大对外开放程度。

5. 做好支撑，发挥金融作用助力共建

资金融通是"五通"建设的重要内容，建立丝绸之路金融中心也是建设"五大中心"的重要工作内容。要深度融入共建"一带一路"，金融的支撑作用必不可少。

首先，结合陕西建设中欧班列（西安）集结中心、中国最佳中转机场等战略目标，重点发展供应链金融。提升供应链融资能力，推动物流行业企业资产证券化业务发展，推动物流行业保险产品创新发展，支持供应链金融衍生品发展。创新中欧班列融资模式，完善风险管理，推动跨境金融结算的便利化、信息化。

其次，重点支持科技金融，探索知识产权质押、股权质押等新型信贷产品，支持金融机构加大对高新企业的融资支持力度。建立以高新技术、产业转型升级为主要投向的基金，利用银证保联动等新型模式创新支持科技企业融资，推动产业转型升级。

最后，对陕西文化产业的发展予以充分支持，推动文化金融创新发展。

对优质文化企业上市工作予以政策和资金上的倾斜,推动文化企业规范管理、建立健全企业制度体系,提高融资能力。设立完善中小文化企业风险补偿基金,有效分担文化企业融资风险和融资成本。以金融对文化产业的支持,促进陕西与共建"一带一路"国家的人文文化交流。

蓝图已经绘就,奋斗正当其时。肩负建设内陆改革开放高地和丝绸之路经济带重要通道、开发开放枢纽等重大任务的陕西,通过 8 年的夯基垒台、立柱架梁,为深度融入共建"一带一路"大格局打牢了坚实基础。陕西将以推动高质量发展为主题,聚焦重点、彰显特色,加快打造内陆改革开放高地,助力构建陆海内外联动、东西双向互济的开放新格局,推动陕西深度融入共建"一带一路"大格局,奋力谱写陕西高质量发展新篇章。

参考文献

崔春华:《加快打造内陆改革开放高地》,《陕西日报》2021 年 11 月 8 日。

陈光、冉淑青、方心:《提升陕西国际贸易通道能力的路径研究——基于八省份的比较分析》,《对外经贸实务》2021 年第 10 期。

邓凯:《"一带一路"倡议背景下陕西高校科技创新环境优化研究》,《西安财经学院学报》2018 年第 6 期。

李学武等:《新一轮对外开放扩大背景下金融支持中国(陕西)自贸区建设研究》,《西部金融》2019 年第 2 期。

李艳:《在"一带一路"播撒合作共赢"良种"》,《陕西日报》2021 年 10 月 22 日。

李杰:《"一带一路"背景下陕西打造"内陆开放新高地"的 SWOT 分析》,《中国物价》2021 年第 3 期。

强力:《内陆型自贸试验区与"一带一路"倡议的深度融合——以陕西自贸试验区为例》,《国际商务研究》2018 年第 5 期。

任燕、马红鸽、张武康:《"一带一路"背景下陕西文化旅游产业外向型发展影响因素研究》,《统计与信息论坛》2018 年第 4 期。

王晓华:《"一带一路"倡议对陕西经济的带动作用》,《中国市场》2021 年第 22 期。

许铭芳、张弘:《"一带一路"引领陕西发展新格局研究》,《合作经济与科技》

2021 年第 13 期。

闫思彤:《陕西省与"一带一路"沿线国家科技合作模式研究》,西安理工大学硕士学位论文,2021。

张宝通:《打造六个门户 建设国际化大都市》,《西部大开发》2019 年第 6 期。

B.12
甘肃深入推动与全面融入"一带一路"经贸合作发展研究

王　荟*

摘　要： 随着国家"一带一路"倡议的提出和相关政策的颁布实施，甘肃积极响应中央决策，科学研判，紧抓"一带一路"建设巨大历史机遇，克服国际经济贸易形势多变及新冠肺炎疫情反复而引起的诸多不利因素，深入推动"一带一路"经贸合作取得了明显成效。未来，甘肃还需要进一步融入"一带一路"建设，全面提升经贸合作的广度、深度。为实现这一目标，研究者认为需要从农村产业升级、扶持主要经贸合作企业、扩大地方特色品牌影响力、推动高新产业升级弯道超车等方面寻找突破口。

关键词： "一带一路"　经贸合作　进出口贸易　产业升级　甘肃省

2013 年 12 月 10 日，习近平总书记在中央经济工作会议上指出：建设丝绸之路经济带、21 世纪海上丝绸之路，是党中央统揽政治、外交、经济、社会发展全局做出的重大战略决策，是实施新一轮扩大开放的重要举措，也是营造有利周边环境的重要举措。甘肃积极响应中央决策，科学研判，持续深入并积极融入"一带一路"经贸合作，各项工作在探索、实践、深化过程中不断向前推进。

---

* 王荟，甘肃省社会科学院社会学研究所副研究员，主要研究方向为区域经济、信息经济。

一 甘肃推动"一带一路"建设发展路径回顾

（一）"一带一路"重大倡议提出，甘肃迎来了重大发展机遇期（2013~2014年）

2013 年，习近平总书记首次提出了共建"一带一路"重大倡议，这一倡议的提出，不但让古丝绸之路焕发新的生机活力，以新的形式使亚欧非各国联系更加紧密，互利合作迈向新的历史高度，更赋予了甘肃开放发展的重大历史机遇。

甘肃地处我国西北内陆，农业现代化水平低、工业转型升级难、服务业比重低等诸多问题制约着甘肃的发展。加之改革开放和西部大开发两次发展机遇未能全面把握，导致甘肃经济发展与全国其他省份的差距逐步加大，而"一带一路"倡议的深入实施，不啻为甘肃发展千载难逢的重大历史机遇。

甘肃地处欧亚大陆咽喉位置，是联系中亚、西亚的交通枢纽，也是承东启西、连南通北的重要战略通道和物资集散地，在资源禀赋、产业基础等方面与丝绸之路沿线国家有着明显的互补性，在能源、交通等多个领域有着巨大的合作空间，特别是有色、冶金、电力、机械等产业实力雄厚，与沿线国家合作发展前景广阔。这一系列优势使得甘肃抢抓"一带一路"发展机遇有了坚实的现实基础。

2014 年 5 月，甘肃省委、省政府正式印发了《"丝绸之路经济带"甘肃段建设总体方案》，建设方案拉开了甘肃丝绸之路经济带建设的大幕，提出了着力构建兰州新区、敦煌国际文化旅游名城和"中国丝绸之路博览会"三大战略平台，并重点推进道路互联互通、经贸技术交流、产业对接合作、经济新增长极、人文交流合作、战略平台建设等六大工程。以期推进甘肃与丝绸之路沿线国家的交流合作，把甘肃打造成"丝绸之路经济带黄金段"。

（二）打造丝绸之路经济带甘肃黄金段的重要发展期（2015～2020年）

2015～2020年，是甘肃打造丝绸之路经济带甘肃黄金段的重要发展期，亦是实现"十三五"规划目标、打赢脱贫攻坚战的重要任务叠加期。2015年，根据《推动共建丝绸之路经济带和21世纪海上丝绸之路的愿景与行动》，甘肃编制了《甘肃省参与丝绸之路经济带和21世纪海上丝绸之路建设的实施方案》，细化了甘肃在"一带一路"建设中的战略定位、发展目标、主要任务和项目清单等。甘肃紧扣中央在"一带一路"建设中的对甘定位——形成面向中亚、南亚、西亚国家的通道、商贸物流枢纽、重要产业和人文交流基地，积极响应，谋划发展，逐步融入"一带一路"建设合作。2019年8月，习近平总书记视察甘肃时强调，甘肃最大的机遇在于"一带一路"，其为甘肃省准确认识发展历史方位、时空背景和时代坐标指明了着力方向、提供了根本遵循。甘肃省委、省政府强化最大机遇意识，出台新时代融入"一带一路"建设、打造"五个制高点"规划。据此，甘肃在文化、枢纽、科技、信息、生态五个领域全面寻求合作开放及突破，制定配套实施方案，谋划具体实施路径，全力推进工作落实，努力在积极参与、主动服务"一带一路"建设上发挥甘肃功能、体现甘肃作为、彰显甘肃担当。

这一阶段，丝绸之路经济带甘肃黄金段打造建设成效斐然。节会窗口作用凸显，文化形成了向外传播合力。口岸、园区、交通等基础设施建设全面升级，兰州陆港型国家物流枢纽被列入第一批国家物流枢纽建设名单，甘肃枢纽地位显著提升。科技、人才、信息产业、生态产业向外合作力度增大，各领域实现了进一步升级。

（三）全面融入"一带一路"的聚力突破期（2021年以后）

进入新时代，随着"一带一路"建设深入推进，经过八年的建设，甘肃成为中国向西开放的前沿阵地，成为连接"一带"和"一路"、联通各个区域板块的重要枢纽。当前，甘肃充分发挥通道优势、枢纽优势、文化优势,按照"内外兼顾、陆海联动、向西为主、多向并进"的总体要求,紧紧围绕进入新发展阶段、贯彻新发展理念、构建新发展格局,推动高质量发展,持续深化同丝路沿线各地的交流与合作,深入推进政策沟通、设施联通、贸易畅通、资金融通、民心相通,多元化的国际贸易格局已经形成,全方位的人文交流合作向纵深推进,开放型经济发展呈现出吸引力强、活跃度高的良好局面。2021 年 8 月 13 日,甘肃省委书记、省推进"一带一路"建设工作领导小组组长尹弘在甘肃省推进"一带一路"建设工作领导小组会议上强调:要深入学习贯彻习近平总书记关于"一带一路"建设的重要论述,全面贯彻落实习近平总书记对甘肃重要讲话和指示精神,增强紧迫感、找准发力点、提升开放度、提振精气神,着力推动甘肃省"一带一路"高质量发展,齐心协力加快甘肃省对外开放步伐。以 2021 年为新的起点,甘肃迎来全面融入"一带一路"的聚力突破期。

二 "一带一路"建设进程中的甘肃经贸合作

经贸合作是"一带一路"建设的核心,自 2013 年以来,甘肃深入推进"一带一路"建设,虽然面临着中美贸易摩擦、新冠肺炎疫情突袭而至带来的诸多不确定因素,但依然在多领域、多维度探索、寻找经贸合作的突破口和发展路径,取得了明显成效。

(一)从内陆腹地走到西北开放前沿,甘肃进出口贸易稳步推进

进出口贸易与经贸合作互相影响、互相促进,常常是结合在一起的、难以割裂的经济活动。通过梳理甘肃进出口贸易发展情况,可以从一个侧面了解甘肃经贸合作的成效。客观地讲,甘肃进出口贸易处于相对低位,但作为内陆腹地的甘肃始终不懈探索,寻找进出口贸易及经贸合作的突破口和发展路径。从 2014 年到 2021 年,甘肃进出口贸易始终稳步向前推进。

1.2014～2021年甘肃进出口贸易稳步发展

2014 年,甘肃省外贸转变了以往的逆差态势,开始实现贸易顺差。对

外贸易进出口总额 525.86 亿元。其中出口总额 325.58 亿元，进口总额 200.28 亿元。2015 年，贸易顺差实现大幅增长，进出口总额为 493.88 亿元，实现贸易顺差 228.24 亿元，比上年增长了 82.15%。对比当年我国的贸易顺差比上年增长了 56.7%①，这一成绩令人欣喜。2016 年，世界经济不景气，国际市场需求疲弱，甘肃外贸实现逆势维稳。中国香港、美国、哈萨克斯坦为甘肃省前三大贸易伙伴，双边贸易值分别为 48.4 亿元、42 亿元和 39 亿元，同比分别增长 94.8%、13.7% 和 1.4 倍，分别占全省对外贸易总值的 10.7%、9.3% 和 8.6%。对"丝绸之路经济带"国家进出口 158.9 亿元，同比下降 2.3%，基本维持稳定。2017 年，与共建"一带一路"国家贸易额实现 135 亿元，同比增长 32%。服务贸易和服务外包产业占全省进出口的比重稳步提升，全省贸易结构不断优化，成为拉动经济增长新的亮点。2018 年甘肃省实现进出口总额 394.52 亿元，同比增长 21.2%，其中与共建"一带一路"国家和地区实现进出口 172.9 亿元，占全省进出口总额的 43.8%。2019 年，甘肃省实现外贸进出口总额 380.26 亿元，与共建"一带一路"国家进出口 200.9 亿元；与东盟进出口 44 亿元，同比增长 47.2%。2020 年，甘肃省外贸进出口总额 380.29 亿元，总体持稳。甘肃对哈萨克斯坦进出口 71.9 亿元，对蒙古国进出口 34 亿元，对欧盟（不含英国）进出口 31.7 亿元，对东盟进出口 28.7 亿元，上述四地区成为甘肃省前四大贸易伙伴。同年，甘肃对共建"一带一路"国家进出口 165.2 亿元，占全省外贸总值的 43.4%。2021 年前 11 个月，甘肃外贸进出口总额 458.80 亿元，同比增长 34%。甘肃与哈萨克斯坦、俄罗斯、蒙古国和澳大利亚进出口值分别为 88 亿元、40.2 亿元、38.5 亿元和 25.8 亿元，分别同比增长 27.6%、362.5%、14.3% 和 27.7%。甘肃对共建"一带一路"国家进出口总额 214.8 亿元，同比增长 38.5%，占全省进出口总值的 46.8%，比上年同期提升 1.5 个百分点（见表 1）。

---

① 中国海关数据。

表1　2013～2021年甘肃历年进出口总额

单位：亿元

项目	2013年	2014年	2015年	2016年	2017年	2018年	2019年	2020年	2021年1～11月
进出口总额	642.75	525.86	493.88	448.39	325.42	394.52	380.26	380.29	458.80
出口总额	289.00	325.58	361.06	264.77	114.76	144.97	131.33	85.64	85.40
进口总额	353.76	200.28	132.82	183.61	210.66	249.55	248.92	294.65	373.40

资料来源：《甘肃统计年鉴2021》及兰州海关。

2. 甘肃积极融入"一带一路"建设，进出口贸易稳步向前

总体看来，有三个特点。一是借助"一带一路"建设发展机遇，收获了一定红利。2014年以来至今，甘肃与共建"一带一路"国家累计贸易额1074.04亿元，占贸易总额比重达36.2%，持续高于全国平均水平。其中2014年、2015年、2016年连续三年均实现了贸易顺差。二是受到中美贸易摩擦和新冠肺炎疫情的负面影响，2017～2021年，甘肃出口受到明显的影响，同期进口则稳步提升，进出口总额维持平稳（见图1）。甘肃整体进出口贸易在困境中维持相对稳定的发展态势，实属不易。三是积

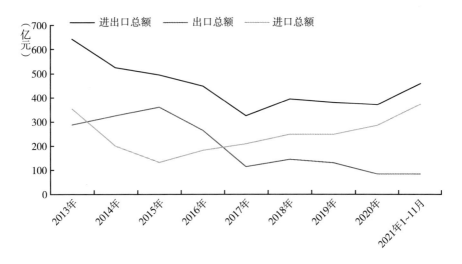

图1　甘肃历年进出口总额趋势

极实施"走出去、引进来"发展战略，经贸合作成效明显。2019 年，甘肃共实施省外及境外招商引资项目 1937 个，到位资金 2593.22 亿元，同比增长 22.85%。2020 年共实施省外企业投资项目 2064 个，到位资金 3052 亿元，同比增长 17.7%。① 据课题组统计，2015～2020 年，甘肃外商直接投资合同项目累计 123 个；外商直接投资额累计 49101 万美元，累计对外承包工程营业额 18.2 亿美元（见表 2、表 3）。"走出去、引进来"发展战略收效明显。

表 2 2015～2020 年签订利用外资协议（合同）额

单位：个，万美元

年份	项目数	签订利用外资协议(合同)额	外商直接投资额
2015	26	78603	11036
2016	30	1375038	11588
2017	11	39569	4356
2018	16	29003	5041
2019	17	130675	8205
2020	23	6593	8875
合计	123	1659481	49101

资料来源：《甘肃统计年鉴 2021》。

表 3 2015～2020 年甘肃对外经济合作主要指标

单位：亿美元

项目	2015 年	2016 年	2017 年	2018 年	2019 年	2020 年	合计
对外承包工程金额	8.5	4.7	1.9	2.3	5.2	4.9	27.5
对外承包工程完成营业额	2.9	2.7	2.3	3.5	3.9	2.9	18.2

资料来源：《甘肃发展年鉴》（2015～2021）及《中国统计年鉴》（2015～2021）。

① 资料来源：甘肃省经济合作局事业单位法人年度报告书（2019 年、2020 年）。

（二）由敝帚自珍转向开放自信，甘肃经贸合作半径显著扩大

甘肃自身具备诸多对外开展经贸合作的优势领域，但囿于身处内陆、宣传欠缺、对外窗口较少等短板，"酒香也怕巷子深"的问题依然客观存在。近年来，随着"一带一路"建设的深入，甘肃的特色优势产业进一步走向全世界，经贸合作半径显著扩大。

1. 经贸合作的地区半径显著扩大

截至 2021 年，甘肃与四川、重庆、广西、海南、浙江、内蒙古、青海、陕西等省份均签署了经济社会合作协议。与 40 个国家建立了 63 对友城，其中与共建"一带一路"18 个国家建立了 27 对友城。在共建"一带一路"国家设立 13 个境外商务代表处，与 74 个境外商协会建立了合作机制，与 180 多个国家和地区建立了经贸往来关系，全省 39 家企业在共建"一带一路"国家设立 79 个国际营销网点，主要分布在尼泊尔、俄罗斯、泰国、哈萨克斯坦等 22 个国家和地区。省属企业在境外累计投资总额 290 亿元，资产总额 509 亿元，所有者权益 274 亿元，实现营业收入 547 亿元，实现利润总额 3.5 亿元。

2. 对外经贸商品类目半径显著扩大

甘肃对外经贸商品类目不断增多。根据甘肃历年的统计年鉴，就海关出口主要商品的统计口径来看，2014 年、2015 年，甘肃的外贸出口商品主要为盐渍绵羊肠衣、蕨菜干、干扁豆、干蚕豆、荞麦、当归、黄芪、苦杏仁、黑瓜子、番茄、罐头、硫化钠、氧化铈、已梳无毛山羊绒、交流发电机、滚珠轴承。主要为农产品、医药材及药品、羊绒、初级工业原料、机电产品等。到 2019 年、2020 年，甘肃的外贸出口主要商品则扩大到农产品、医药材及药品、塑料制品、服装及衣着附件、陶瓷产品、铁合金、未锻轧铝及铝材、家具及其零件、玩具、体育用品及设备、机电产品、高新技术产品、生物技术、生命科学技术、光电技术等近二十类产品，实现了从低附加值的原材料经贸到包含高附加值的医药、高新产业和技术产品的提升。

3. 经贸合作的影响力辐射半径显著扩大

近年来，甘肃积极深化实施"走出去"战略，对外投资业务呈现快速发展的势头，尤其是金川公司、白银公司等国有大型企业大踏步地走向世界市场，积极开展境外资源开发，有效实施国际化运营，极大地提升了甘肃对外投资业务的能力和水平。其中，金川公司印尼红土镍矿项目、白银公司南非第一黄金项目等一批"走出去"项目的顺利实施推进，有效带动了国际产能合作，促进了产业优化升级。以兰白自主创新示范区建设为龙头，积极开展国际技术研究、转移、培训合作，认定省级国际科技合作基地88个，累计实施国家、省级国际科技合作项目150多项。在匈牙利、白俄罗斯等国家设立16家海外中医中心或岐黄中医学院，特别是新冠肺炎疫情发生后，"甘肃方剂"进一步扩大了中医药国际影响力。经贸合作不但实现了经济效益，而且进一步扩大了甘肃对外在文化、经济、技术等方面的影响力，实现了较好的社会效益。

（三）由开发筹建迈入扩容提质，甘肃经贸合作平台建设实现升级

随着"一带一路"建设的深入，甘肃经贸合作平台建设收效明显，口岸、枢纽等建设实现升级。

1. 兰州新区作为对外开放的重要平台功能显现

兰州新区作为丝绸之路经济带第一个国家级新区，被定位为国家向西开放的战略平台、国家重要的产业基地、西部重要的增长极和承接产业转移的示范区。地区生产总值从2010年的不足5亿元增长到2020年的236亿元，增速连续四年领跑国家级新区，成为西北经济最活跃的地区。2014~2020年以来，贸易合作内外互动，引进产业项目487个、投资2115亿元，兰石装备、广通新能源汽车等"新区制造"走出国门，建成国际互联网数据专用通道，中科曙光、华为、国网云等29家大数据企业入驻兰州新区。跨境电商监管中心常态化运营，贸易额倍数增长。西北首个有色金属铝期货交割库挂牌运营。西北纯碱分拨中心、西北国际木材交易中心等挂牌运营。中国国际进口博览会签约项目17个、签约额2.23亿美元，广交会、京交会、高交会成果丰硕，"新区造"钻机、铜材、线缆、化工等产品远销30多个国

家和地区，平台功能进一步凸显。

2. 口岸、枢纽建设扩容提质

甘肃"三大陆港""三大空港"进一步实现扩容提质，兰州、天水获批跨境电商综合试验区，西北首家铝期货指定交割仓库挂牌运营。兰州铁路口岸、航空口岸和敦煌航空口岸建成运营，具备了国际铁路和航空物流的综合运输能力。冰鲜水产品、水果、肉类、木材、汽车整车、种苗、粮食等8类10个指定口岸获批建成运营，在哈萨克斯坦、泰国、孟加拉国、阿联酋等地建设、租赁海外仓31个，具备了境外货物直达甘肃再分销等能力，集散效应不断扩大。自2014年以来，共开行中欧、中亚、南亚公铁联运、陆海新通道及"中吉乌"中亚新通道4向5条国际货运班列，累计货运145.6万吨，货值26.4亿美元，甘肃独有的南亚公铁联运特色班列发运325列，为稳定国际贸易供应链发挥了积极作用。

3. 经贸合作会展窗口百花齐放、形式多样

一是多行业的经贸合作会展工作稳步推进。截至2021年，丝绸之路（敦煌）国际文化博览会已成功举办五届；"敦煌行·丝绸之路国际旅游节"已成功举办10届；"中国兰州投资贸易洽谈会"已成功举办了27届；中国（甘肃）中医药产业博览会已成功举办3届。二是会展形式多样，线上及同步在线视频会议系统广泛使用。从2020年开始，兰洽会创新方式，推动线上线下融合，首次实现了"云展览""云促销"，创造性地打造了永不落幕的兰洽会。配合卫健委搭建了"药博会在线"平台PC端和移动端，共设置23个虚拟展馆。2021年6月，中国（甘肃）国际贸易数字展览会则以"云上甘肃，贸通天下"为主题，依托"网展贸"平台，以"一带一路"沿线国家5000多买家需求信息为核心，利用大数据提供4万条买家数据供参展企业对接，向世界全方位展示了甘肃特色产品。丝绸之路合作发展高端论坛、甘肃省绿色生态产业线上招商推介会、榆中生态创新城线上招商推介会，都采用新型的会议系统。总体而言，这一系列经贸合作会展积极发挥窗口平台作用，影响力不断扩大，进一步助推"一带一路"甘肃经贸合作，取得了丰硕的政治、文化和经济成果。

三 甘肃全面融入"一带一路"经贸合作
面临的主要问题

（一）甘肃外向型经济发展基础薄弱，进出口贸易依然处于低位运行水平

一是进出口贸易整体水平不高。2020年，甘肃进出口总额382.4亿元，在全国31个地区中排名倒数第四，仅高于宁夏、青海和西藏；出口总额85.6亿元，排名倒数第三；进口总额296.8亿元，排名倒数第五（见表4）。通过纵向对比，可以很明显地发现在全国范围内，甘肃整体的经贸进出口基本属于最低水平层次。二是贸易逆差有扩大趋势。从2017年到2021年，甘肃进出口贸易均为逆差，且有逐年扩大的趋势（见表5）。三是甘肃历年进出口总额占生产总值比重逐年下降，从2015年到2020年，下降了3个多百分点（见表6）。长期以来，甘肃内陆经济特点明显，出口产品附加值低，外向型经济发展基础依旧薄弱。

表4 2020年全国及各省份货物进出口总额

单位：亿元

地区	按收发货人所在地分		
	进出口总额	出口总额	进口总额
全国	322215.2	179278.8	142936.4
北京	23313.0	4664.1	18648.9
天津	7367.9	3074.3	4293.6
河北	4456.8	2520.8	1936.0
山西	1504.3	873.9	630.4
内蒙古	1054.2	349.0	705.1
辽宁	6569.2	2651.9	3917.2
吉林	1282.3	290.9	991.4
黑龙江	1539.2	359.9	1179.3
上海	34872.7	13720.9	21151.8
江苏	44503.6	27433.3	17070.3

地区	按收发货人所在地分		
	进出口	出口	进口
浙江	33848.5	25169.3	8679.1
安徽	5451.5	3160.9	2290.6
福建	14098.1	8472.9	5625.2
江西	4024.6	2918.2	1106.4
山东	22130.3	13047.1	9083.3
河南	6678.8	4074.7	2604.1
湖北	4305.2	2702.1	1603.2
湖南	4884.9	3304.0	1580.9
广东	70871.1	43490.2	27380.9
广西	4869.8	2707.4	2162.4
海南	936.3	277.0	659.2
重庆	6513.6	4187.3	2326.3
四川	8088.6	4653.6	3435.0
贵州	546.7	431.2	115.5
云南	2692.8	1518.6	1174.2
西藏	21.3	12.9	8.4
陕西	3777.6	1929.6	1848.0
甘肃	382.4	85.6	296.8
青海	23.0	12.3	10.7
宁夏	123.4	86.7	36.7
新疆	1483.4	1098.1	385.3

资料来源:《中国统计年鉴2021》。

表5 2013~2021年甘肃贸易顺差额

单位:亿元

项目	2013年	2014年	2015年	2016年	2017年	2018年	2019年	2020年	2021年1~11月
贸易顺差	-64.76	125.30	228.24	81.16	-95.90	-104.58	-117.59	-209.01	-288.00

资料来源:《甘肃统计年鉴2021》及甘肃商务厅公开数据。

表6 2015~2020年甘肃进出口总额占生产总值比重

单位:%

指标	2015年	2018年	2019年	2020年
进出口总额相当于生产总值比例	7.52	4.87	4.36	4.22

资料来源:《中国统计年鉴》(2015~2021)。

（二）地区间经贸合作发展不平衡

1. 地区间的进出口贸易水平差距存在鸿沟

2020 年，甘肃进出口商品总值 380.29 亿元。14 个地州市中进出口商品总值最高的三个市州分别为：金昌市（137.78 亿元）、兰州市（102.92 亿元）、白银市（65.57 亿元），三市合计占全省进出口商品总值的 80.54%，且三市均实现贸易顺差。最低的三个市州分别为：甘南州（0.18 亿元）、临夏州（1.21 亿元）、庆阳市（1.59 亿元），三市州合计仅占全省进出口商品总值的 0.8%，且三市州均为贸易逆差。

2. 地区间进出口及外商投资企业进出口商品总值水平差距明显

观察 2020 年甘肃 14 个地州市已有的外商投资企业进出口商品总值的主要数据，可以看出，兰州市当年外商投资企业进出口商品总值 42647.83 万元，贡献最大且占全省的 89.12%（见表 7）。此外，根据历年《甘肃发展年鉴》，追溯 2017 年、2018 年、2019 年各地区吸引外资签订合同的主要指标，也可以发现，兰州市是甘肃省项目引进的主要地区，同时亦有多个地区连续数年都没有实现项目合作零的突破。

表 7　2020 年甘肃各市（州）进出口及外商投资企业进出口商品总值

地区	进出口商品总值(万元)			外商投资企业进出口商品总值(万元)			签订合同项目(个)	签订合同投资额(万美元)	实际吸收外资金额（万美元）
	进出口	出口	进口	进出口	出口	进口			
甘肃省	3802887.38	856364.37	2946523.01	47853.88	10159.50	37694.38	23	6593	8875
兰州市	1029168.88	326293.93	702874.95	42647.83	5444.14	37203.70	8	2265	6293
嘉峪关市	119675.23	5252.12	114423.11						149
金昌市	1377798.10	37330.24	1340467.86	11.82	11.82		3	688	
白银市	655712.83	59449.53	596263.30	3038.15	3038.15				
天水市	392965.49	240499.90	152465.58	616.42	199.22	417.20	2	89	12

地区	进出口商品总值(万元)			外商投资企业进出口商品总值(万元)			签订合同项目(个)	签订合同投资额(万美元)	实际吸收外资金额(万美元)
	进出口	出口	进口	进出口	出口	进口			
武威市	42174.99	25925.87	16249.11				3	345	683
张掖市	26167.28	24498.19	1669.09	645.83	572.68	73.15	2	223	516
平凉市	27648.14	21501.18	6146.95						568
酒泉市	62091.56	58113.20	3978.37				3	2102	525
庆阳市	15859.22	15663.00	196.22				1	391	
定西市	19939.06	8254.30	11684.77						114
陇南市	19733.07	19642.11	90.96				1	490	
临夏州	12113.34	12100.98	12.37	852.46	852.46				15
甘南州	1840.20	1839.83	0.37	41.37	41.04	0.34			

资料来源:《甘肃统计年鉴2021》。

(三)经贸合作的软件、硬件建设依然有待加强

1.营商环境依然有较大提升空间

近年来,甘肃持续加强改善营商环境,取得了一定成效。新形势下,想要为全省高质量发展提供坚实有力的保障,就打造一流营商环境的目标而言,差距依然明显,如何将2021年出台的《关于深化投资建设领域"放管服"改革持续优化营商环境的若干措施》落到实处,还需要持续加强相关工作。

2.现代化的品牌营销策略依然欠缺

一是甘肃特色产品、优势产品的国际知名度、美誉度不高,相关宣传还需要积极"走出去"。高质量的经贸合作,在提升自身产品、技术内功的同时,也要重视设计和运用现代化的、面向国际的品牌营销策略。二是企业创新水平不高。对2020年甘肃企业创新基本数据进行分析可以看出,开展创新合作的企业仅有857家,占全省可统计企业数的比例仅为15.92%,无法

保持和提高企业竞争力，使得经贸合作过程中议价、博弈能力受限。三是经贸合作过程中外贸技术壁垒、贸易摩擦等不利因素影响增大，对甘肃经贸合作提出了更高要求。近年来，全球技术性贸易措施通报数量上升势头明显，中美贸易摩擦造成涵盖了信息通信设备、家用电器、仪表仪器等机电产品的出口均受到负面影响，这一宏观不利因素对甘肃影响不容忽视。

四　甘肃全面融入"一带一路"经贸合作的几点建议

甘肃省委、省政府抢抓"一带一路"建设重大机遇，全力促进对外经贸合作。面临诸多矛盾和困难，甘肃要以积极自信的姿态持续推进发展步伐。抓住发展机遇，立足比较优势，寻找突破点，着力在实现贸易顺差、弥合区域经贸合作发展不平衡及攻克经贸合作瓶颈等方面有所突破。

（一）进一步寻找乡村振兴与"一带一路"经贸合作的切入点

乡村振兴的主要任务之一就是产业兴旺，为实现这一目标，要通过坚持质量兴农、绿色兴农，构建产业体系、生产体系、经营体系，提高农业创新力、竞争力和三要素生产力，来推动农业由增产导向转向体制导向。近年来，甘肃农产品的进口、出口总额均在逐年增加，其中初级加工农产品的出口势头渐涨。以苹果为例，2020年鲜苹果出口数量比上年下降了约30%，而同期苹果汁出口则翻了一番还多。因此，就甘肃而言，要深入谋划实施强县域行动，建议进一步寻找乡村振兴与"一带一路"经贸合作的切入点，实现统筹发展。建议遴选具有一定产业发展基础，有经贸合作前景的县、乡，探索设立甘肃"乡村振兴与'一带一路'经贸合作"产业发展示范县、乡，着力提升出口农产品的数量和附加值，由原材料转向初加工，由初加工转向精细加工，一举两得，实现农业产业向现代化、高质量水平迈进的同时，亦可扭转对外贸易逆差并寻求经贸合作发展可能性。

（二）进一步扩大对外经贸主要企业与"一带一路"经贸合作的交集

持续助力主要省属企业"走出去"。甘肃的主要国有企业在对外经贸合作中占有重要的比重。以金川公司、白银公司、酒钢集团为代表的省属企业是甘肃"一带一路"经贸合作的排头兵。近年来，上述三家企业的外贸总值约占全省的一半，是开展"一带一路"经贸合作的重要主体。未来，需要进一步发挥好领头羊的作用，加大创新研发投入、提高核心技术水平，积极实施"引进来、走出去"的发展战略，在财税、金融等方面制定科学有效的配套政策，扩大经贸合作的影响力和范围。

（三）进一步提升特色优势产业在"一带一路"经贸合作中的品牌竞争力

一是以文化制高点打造推动经贸合作。现代社会是信息社会，可是甘肃本地商品的品牌化营销水平和观念一直相对滞后。要扩大经贸合作，就必须让世界多认识甘肃，多认同甘肃。对于诸如"交响丝路，如意甘肃"的旅游品牌；"一条河、一本书、一碗面、一匹马"的甘肃名片；"敦煌莫高窟"的世界文化遗产宝库等的宣传要更专业化、更新媒体化、更新颖有趣，这对促进世界认识甘肃、甘肃全面融入"一带一路"经贸合作，有着潜移默化、不可估量的重要作用。二是建议打造以"甘肃XX"或"丝路XX"为统一标识的甘肃特色产品，积聚力量开展品牌塑造，提升产品美誉度。比如："静宁果农"荣获全国"地方特色类劳务品牌"称号，可以在此基础上进一步开展向外推广。三是在办好"一会一节"的同时，持续推出多形式的窗口及平台。建议加大对"臻品甘肃杯"电商直播大赛的扶持力度，扩大大赛影响范围。重点打造、推广一批有实力、有品质的小微电商企业，扶持根植于民的个人跨境电商从业者。

（四）进一步抓住战略发展机遇以促成"一带一路"经贸合作弯道超车

一是聚焦国家"双碳"目标，结合甘肃"建设河西风电走廊，再造西部陆上三峡"的战略构想，抓住打造全国重要的新能源及新能源装备制造基地的机遇，向外拓展经贸合作触角，寻求合作商机。二是抓住芯片产业发展机遇。中国是全球最大的半导体市场，但是供应和需求之间存在巨大的鸿沟。这个行业最难的不是技术，而是前期投入。芯片制造是资金密集、人才密集、技术密集型产业，需要吸收社会资金加大投入来追赶。近年来，集成电路产品仍然是我国单一最主要的进口商品，但高科技通信公司产业的供应链却屡遭美国掣肘。在全球"缺芯潮"局面下，甘肃省芯片企业迎来芯片加工爆发期，集成电路虽然是甘肃机电高新产品出口的第二大类产品，但其核心技术和关键部件却要依赖进口。基于此，建议甘肃尽可能利用国家近万亿元的集成电路产业基金，依据甘肃特殊的省情，压缩部分科研项目资金，将甘肃宝贵的科研事业费向个别能大规模量产、有前途的重点芯片生产、研发企业和机构倾斜，助推甘肃经济转型升级，以期在对外经贸合作中更有话语权。

B.13
宁夏不断强化互联互通
助力"一带一路"发展新路径研究

王愿如*

摘　要：　"一带一路"倡议提出，为"一带一路"沿线国家和地区构建了广泛的朋友圈，政策沟通、设施联通、贸易畅通、资金融通、民心相通方面不断取得新进展。宁夏积极融入和参与"一带一路"建设，拓展开放通道，搭建开放平台，建立开放合作机制，创新开放模式，优化开放环境，提升开放服务水平，不断探索共建"一带一路"的高质量发展新路子。面对国内外发展新形势，宁夏与"一带一路"沿线国家和地区的互联互通面临新的机遇与挑战。要利用好"一带一路"这个广受全球欢迎的公共产品，积极融入新发展格局，重塑内陆开放新优势，应对好宁夏开放型经济总体实力不强、外向型产业和企业规模较小、对外开放的优势要素集聚不够等挑战。应在优化和升级对外开放通道建设、提升开放型经济竞争力、增强外向型产业实力、争取设立自由贸易试验区、汇聚更多外贸优势要素、推动数字贸易发展等方面发力，助力宁夏与共建"一带一路"国家和地区互联互通迈上新台阶。

关键词：　"一带一路"　互联互通　宁夏

---

* 王愿如，宁夏社会科学院综合经济研究所助理研究员，主要研究方向为产业经济、区域经济、贫困问题、财政金融等。

"一带一路"倡议提出 8 年来取得了令人瞩目的成果，共建"一带一路"国家和地区开放水平得到提升，形成了广泛的朋友圈，探索了对外开放高质量发展的新路子。宁夏积极融入和参与"一带一路"建设，充分发挥丝绸之路经济带重要节点作用，以共建"一带一路"为引领，聚焦政策沟通、设施联通、贸易畅通、资金融通、民心相通，开放发展不断取得新成效。面对国内外发展新形势，宁夏与共建"一带一路"国家和地区的互联互通面临新的机遇与挑战，宁夏要继续发挥好"一带一路"重要节点作用，推动宁夏与共建"一带一路"国家和地区经贸发展新升级。

一 宁夏积极发挥"一带一路"重要节点作用

（一）贸易质量持续提升

宁夏在"十三五"期间对共建"一带一路"国家和地区贸易占比持续提升，在"十三五"末达到 30% 以上。宁夏与共建"一带一路"国家和地区中的 50 个国家和地区有经贸往来，对其中 36 个国家出口呈增长趋势，其中，印度、越南、泰国是宁夏对共建"一带一路"国家和地区的三大贸易伙伴，巴基斯坦、菲律宾、捷克出口值连续 3 年增长。2021 年 1～7 月，宁夏对共建"一带一路"国家和地区进出口值为 27.7 亿元，占同期宁夏进出口总值的 31.7%。宁夏对共建"一带一路"国家和地区出口商品结构持续优化，出口产品包括基本有机化学品、医药品及药材、铁合金、机电产品、农产品、服装衣着及附件等，其中，基本有机化学品、医药品、农产品等出口连续 3 年增长，锂镍钴锰氧化物出口值也相对较高，内酯、钽丝、焦炭出口呈增长趋势。宁夏对共建"一带一路"国家和地区贸易方式进一步丰富，一般贸易占主导地位，海关特殊监管区域和保税仓库等政策和运行机制不断完善，新增了特殊监管区域物流货物、保税仓库进出境货物贸易、跨境电商模式等，贸易方式不断丰富和发展。银大门跨境电商O2O体验店、新华丝路购O2O体验店等，打造了"前店（体验店）后仓（保税仓）""线上线下"保税商品直销新业态,销售来自越南、泰国、马来西亚、俄罗斯、土耳其、哈萨克斯坦等共建"一带一路"10多个国家300多种商品,为宁夏和周边地区消费者打造了家门口的"世界超市",推动了宁夏拓展共建"一带一路"国家和地区跨境电商渠道,为宁夏打造外贸商品集散地奠定了基础。

(二)通道建设持续拓展

宁夏对外开放通道建设持续取得新进展,与共建"一带一路"国家和地区的陆路联通扎实推进。开通了宁夏至中亚、宁夏至蒙古国至俄罗斯、宁夏至欧亚大陆等国际货运班列,让宁夏成为产品流通的重要节点,通过不断提高国际货运班列效率,推动产品流通高质量发展。宁夏高度重视融入西部陆海新通道建设,主动加入陆海新通道"13+1"合作机制,与陆海新通道沿线城市、宁夏区内市县及毗邻地区市县进行深度合作。在全国率先开通面向欧亚大陆的国际卡车班列,将货物由"站到站"运输,优化为"门到门"运输,为货物流通搭建了更高效便捷的物流通道。2021年开通了惠农—胡志明市中亚班列、西部陆海新通道宁夏班列等,为宁夏乃至整个西部地区至东南亚、东盟等国家的物流开辟了新通道,打造了中卫—重庆—广西—东南亚等地30多个货物运输品类、双向对开"一票制""门到门""门到港"的模式,大幅度缩短运输时间,降低物流成本30%左右,为宁夏及周边地区企业融入西部陆海新通道、享受沿途省市优惠政策、降低物流成本、节约运输时间创造了更好条件。"一带一路"国际卡车班列稳定运行,截至2021年7月底,"一带一路"国际卡车班列累计发车211辆次,出口贸易额突破2.4亿元人民币。航空枢纽不断夯实,国内外航线达到100条以上,航线网络覆盖东亚、西亚、东南亚地区等,"空中丝路"建设持续推进。

(三)经贸平台持续发挥作用

中国—阿拉伯国家博览会已成功在宁夏举办5届,是宁夏与包括阿拉伯

国家在内的共建"一带一路"国家和地区经贸合作的重要平台。近年来，中阿博览会影响力不断提升，办会模式不断创新，辐射和服务的范围越来越广，经贸成果不断增加，成为推动中阿经贸合作高质量发展的重要平台。通过中阿博览会平台，宁夏与阿拉伯国家和地区在贸易投资、产能合作、技术合作、电子信息、清洁能源、新型材料、绿色食品、文化旅游、现代农业、卫生健康等领域的合作不断深入和发展。5 届中阿博览会共有 100 多个国家和地区 5000 多家国内外企业共 4 万多名国内外嘉宾参会参展，累计签订经贸合作项目 1000 余个。通过举办中阿博览会，宁夏在中国与阿拉伯国家技术转移方面也发挥重要作用，中阿技术转移中心、中阿农业技术转移中心、中阿商事调解中心秘书处等一批中阿多（双）边合作机构落户宁夏，建立了阿盟、沙特、约旦等 8 个双边技术转移中心。宁夏通过中阿博览会，以重点项目为抓手，以境外产业园区为支撑，建设中国—沙特（吉赞）产业园、中毛海洋综合产业园等，促进对外投资与贸易联动发展，不断推动优势产业、优秀企业、优质产品"走出去、引进来"。

（四）开放环境持续优化

宁夏对外开放的环境持续优化，对外经济发展优势要素不断聚集。宁夏通过政策引导和资金扶持，不断为对外开放营造良好环境。宁夏印发《自治区人民政府关于促进全区开放型经济发展的意见》《自治区人民政府办公厅关于进一步做好外贸外资工作的实施意见》《宁夏回族自治区推进"一带一路"和内陆开放型经济试验区建设"十四五"规划》等，围绕构建以国内大循环为主体、国内国际双循环相互促进的新发展格局，不断完善外贸发展的政策体系。全面落实外商投资法及配套法规，实施外商投资准入前国民待遇加负面清单管理制度，复制自贸区改革试点经验 186 项。不断推进"单一窗口"发展，建设"宁贸通"外贸综合服务平台等，不断完善外贸服务体系，提升外贸服务质量。银川综合保税区、石嘴山保税物流中心、银川公铁物流园等汇聚了贸易优势政策，推动了产品、保税服务、贸易合作的加速发展。宁夏获批中国（银川）跨境电子商务综合试验区,从而吸引了跨境电商产业的集聚。宁夏拥有包括宁东能源化工基地、银川经济开发区等在内的 6 个园区获批国家外贸转型升级基地,持续加大对国家外贸转型升级基地发展规划、品牌、公共服务平台建设的支持力度,充分发挥其要素集聚功能优势,强化贸易投资产业互动,助力外贸发展方式转型升级、贸易结构优化提升和打造开放型经济产业集群。

二 宁夏深化"一带一路"互联互通面临的挑战

(一)开放通道建设有待健全

宁夏地处西部内陆地区,物流成本相对较高。近两年,受新冠肺炎疫情影响,物流成本居高不下,进出口业务严重受阻。宁夏与共建"一带一路"国家和地区的道路联通包括国际卡车班列、航空和铁路运输,受疫情影响,出境口岸压力增加,口岸拥堵现象频发。此外,国内外进出口航班大批减少,有限的货运空间导致运费成本持续增高不下,企业开展进出口业务的积极性严重降低。宁夏对共建"一带一路"国家和地区的航线相对较少,第三、四、五航权还未完全开放,空中通道建设仍需全面提速。宁夏货运方式相对比较独立,铁路、公路、航空等多式联运通道建设还存在短板,货物通关的"一单制"监管等模式还未建立完善,通关便利化程度较低。宁夏物流发展水平相对较低,物流企业以本土企业为主,缺乏全国知名物流企业和平台的支撑。数字通道建设处于起步阶段,网络开放通道建设在硬件和软件上还存在很大空间。宁夏与共建"一带一路"国家和地区的线上交易量还比较低,交易方式也相对单一,与金融机构等的线上、线下业务往来较少,跨境企业的线上投融资和贸易活动仍有待开发。

(二)开放型经济实力不强

宁夏开放型经济总量相对偏小,外向型经济主体发展动力不足。近

年来，受新冠肺炎疫情影响，宁夏进出口值整体呈下降趋势，对外经济发展压力较大。宁夏外向型产业发展不强，外向型产业发展的动力不足、转型升级困难。宁夏出口产品中产业链前端产品占比较高，传统产业的占比相对较大，转型升级仍面临许多困难。宁夏优势特色产业的开放程度不高，枸杞、葡萄酒、奶产业、肉牛和滩羊、电子信息、绿色食品、清洁能源、文化旅游等优势特色产业产品的出口体量不大，出口产品也以产业链前端的原材料、初级加工品等为主，没有形成优势特色产品出口的绝对优势。宁夏外向型企业规模较小，发展能力不强，外向型企业"两头在外"的也较多，产品附加值相对较低，主要集中在产业链前端，发展实力相对较弱。开放园区承载能力较小，对外开放的带动作用不明显。宁夏的海关特殊监管区进出口货物的种类较少、流量较低，银川综合保税区、银川公铁物流园、惠农口岸和石嘴山保税物流中心等在利用优惠政策、外贸服务功能扩展以及业态创新发展方面仍没有达到最大化释放，园区内的外向型产业、企业和孵化园等要素作用发挥不够，外向型发展的整体能力不强。

（三）对外开放优势要素集聚及发挥作用有待增强

宁夏对外经济发展中使用的优惠政策是全国普遍性的，没有极具吸引力的招商引资等政策，外向型经济发展的投资环境和吸引力不够。海关特殊监管区等准入的条件和门槛相对较高，企业退出园区的条件和机制还不完善。跨境电商发展基础还比较薄弱，与发达省区的差距较大。宁夏跨境电商处于起步阶段，出口类产品种类单一、数量较少，而且缺乏出口类企业，大多数企业的产品没有实现出口。与区域内的出口类企业合作不强，相互构建开放平台还有短板和弱项，大型电商平台和龙头企业在宁夏布局跨境电商及电商产业链还未形成。宁夏在跨境电商、国际贸易等方面的专业性人才比较少，没有形成外贸人才聚集的优势。外向型经济发展的数字化水平还比较低，产业数字化、数字产业化程度不高，数字经贸还未形成快速发展之势。通关监管方式相对单一，通关便利性、高效性仍需提升。

对外向型经济发展的综合性服务能力仍需提升，目前宁夏针对外向型产业和企业的金融服务还比较传统，汇兑结算、信贷融资、融资租赁和担保业务等还存在很大空间，对外向型企业发展的跟踪服务、全方位便利化服务水平仍需大幅度提升。

三 宁夏强化互联互通助力"一带一路"发展的对策建议

（一）优化和升级对外开放通道建设

优化陆海空通道建设布局，大力发展多式联运。围绕融入、服务和共建"一带一路"，全方位打造对外开放大通道，建设辐射和惠及更多共建"一带一路"国家和地区的立体式综合开放通道，实现通道建设新升级。继续推进国内东西畅通、南北贯通，连接主要城市的高速公路、高速铁路等交通建设，开辟联系国内主要城市的航空中转通道。常态化稳定运行宁夏至中亚、西亚国际货运班列，开辟更多"门到门"的国际货运班列。充分利用航权开放政策，扩大对共建"一带一路"国家和地区开放第三、四、五航权。推进与国内通关口岸的合作，创新口岸合作方式，深化口岸合作，提升通关便利性和高效性。推出多式联运，促进航空网、高铁网和公路网的紧密衔接与联动发展，实现公路、铁路、航空运输的"无缝衔接"。加快多式联运"一单制"管理模式运行，建立高效、快捷、便利的现代交通体系和监管机制。引进、培育和发展大型物流企业和货运平台，降低物流成本，构建现代物流新生态。加快建设数字贸易通道，完善跨境电商保税进出口业务模式，建设立足周边、辐射共建"一带一路"国家和地区的海外仓网络体系。探索开通国际航空、国际班列跨境电商物流专线，形成线上线下一体的网络开放通道。建立共建"一带一路"开放通道合作体制机制，加强与共建"一带一路"国家和地区的基础设施联通。

（二）提升开放型经济竞争力

深化与共建"一带一路"国家和地区经贸合作，稳步提升进出口贸易规模，实现出口质量和规模双提升。做强一般贸易，做大加工贸易，发展新型贸易。提升优势特色产业开放发展水平，延长产业链、提高供应链的稳定性，培育枸杞、葡萄酒、绿色食品、新型材料、先进装备制造等具有国际竞争力的知名出口品牌，建设中国枸杞种苗出口基地、葡萄酒出口集聚地和新型材料出口优势地等，打造开放型产业集群，锻造优势特色产业外向发展新优势。引导外向型企业"优进优出"，提高出口产品附加值，扩大枸杞、葡萄酒、新能源、新型材料、精细化工、生物医药和绿色食品等的出口规模，增加先进装备、技术、关键零部件等的进口。大力培育和发展外向型企业，支持外向型企业扩规提质，培育中小型外贸企业，鼓励发展跨境电商、服务外包和"保税＋"等新业态。加快开放型园区发展，复制全国开放发展创新试点经验，发挥好国家外贸转型升级基地示范作用，扩大产品出口渠道和规模。营造良好的对外开放环境，提升外向投资吸引力，创新招商引资方式，引进发展潜力好的外资项目。深化与共建"一带一路"国家和地区的技术转移合作与创新合作，引导有实力的企业面向共建"一带一路"国家和地区在现代农业、新型能源、医疗健康和新型材料等领域开展对外投资活动，允许依法依规参与宁夏基础设施建设。

（三）争取设立中国（宁夏）自由贸易试验区

我国已有 21 个自由贸易试验区，形成覆盖东西南北中的试点格局，累计在国家层面推出 278 项制度创新成果，带动了全国的营商环境优化。宁夏应争取设立"一区一港两中心多基地"的中国（宁夏）自由贸易试验区，来进行差别化探索和先行先试，破除对外经济发展的制度障碍，提高经济发展的活力。"一区一港两中心多基地"自由贸易试验区构思：一区为银川综合保税区，一港为银川国际公铁物流港，两中心为石嘴山保税物流中心、中卫迎水桥保税物流中心，多基地包括银川经济技术开发区、宁东能源化工基地、苏银产业园等。以银川综合保税区为核心，向石嘴山市、中卫市辐射，打造由"点"到"线"、要素汇聚、辐射范围广的宁夏自贸试验区。提升综合保税区开放引领功能，推动"保税 +"、跨境电商、临空加工和航空物流等快速发展；推进银川国际公铁物流港建成集公路运输、铁路运输和公铁联运为一体的区域性国际物流枢纽；石嘴山保税物流中心、中卫迎水桥保税物流中心分别打造陆港现代物流集聚地和区域性大宗商品集散交易基地；多基地则发挥其产品、资源优势，共同形成宁夏对外经济发展的优势要素。注重融入和服务"一带一路"倡议，体现宁夏差异化特色，结合黄河流域生态保护和高质量发展先行区建设，高水平复制运用国际贸易"单一窗口""两步申报"通关模式、外商投资准入负面清单管理模式等，提高宁夏与共建"一带一路"国家和地区经贸往来的自由度和便利化，为强化互联互通注入更多动力。

（四）推动贸易数字化发展

要沿着产业数字化、数字产业化方向，助推开放园区内实体经济通过贸易数字化转型，踏上高质量发展的高速公路。拓展网上开放通道，推动国际物联网建设，推广应用5G新技术，提升贸易的互联互通水平。支持实体经济发展跨境电商出口业务，助推外贸产业加速突破目前物流费用高、产品滞销、发展动力不强的困境，打造直连海外消费者的新通道。增强与共建"一带一路"国家和地区金融机构之间的线上业务往来，推动跨境电商结算便利化。推动互联网与外贸企业创新融合，构建"线上 + 线下"相结合的发展新生态，努力打造数字化贸易中心。利用区块链、物联网、云计算等技术，发展数字监管和数字消费，让货物进出更便利安全，让消费体验更智能无感；探索出口货物信息流、物流、资金流等的互通互认和贸易全链条闭环数字化运行，将产品发货出库、打包集拼、报关出口、国际运输、入境清关等十多个环节全部上达区块链，使跨境货物品质有保证、通关便利化、成本节约化、管理智能化，推动出口产品的数字化信息成为产品和企业的信用保证，通过信用保证实现投融资等的便利化发展。

参考文献

王瑞：《1—7月宁夏对"一带一路"国家出口量质"双提升"》，《宁夏日报》2021年9月1日。

杨娟：《我区融入新发展格局迈出新步伐》，《宁夏日报》2021年12月18日。

B.14
高质量发展背景下青海"一带一路"合作发展新机遇研究

孙发平 杨军 刘畅*

摘　要： 改革开放以来，随着我国的开放程度不断加深，经济快速发展。青海作为内陆省份，对外开放一直存在发展动力不强、发展速度迟缓等问题。在高质量发展背景下，青海"一带一路"建设迎来更大的机遇与挑战，通过积极探索转型发展路径，从特色产业、基础设施等方面寻求突破，力争通过经济、社会、生态等多个领域的努力，实现高质量发展和"一带一路"建设的互相促进、共同发展。

关键词： 高质量发展　"一带一路"建设　青海省

党的十九届五中全会在深刻洞察当下中国经济社会发展特点、把握发展大势的基础上，做出"十四五"期间以高质量发展为主题的科学决策，为全面推进社会主义现代化建设定准了基调。党的十九届六中全会通过《中共中央关于党的百年奋斗重大成就和历史经验的决议》，高质量发展在未来中国经济社会发展中的重要性得到进一步明确。"十四五"期间，"双循环"新发展格局的推进和对外开放发展的不断深入，为青海依托区位优势、加快

---

* 孙发平，青海省社会科学院副院长，研究员，研究方向为区域经济学；杨军，青海省社会科学院办公室副主任，副研究员，研究方向为区域经济史；刘畅，青海省社会科学院经济研究所助理研究员，研究方向为区域经济协调发展。

融入国际贸易陆路通道、促进"一带一路"合作发展迈上新台阶提供了巨大的历史机遇，青海有望在高质量发展和"一带一路"建设的互相促进中，实现经济社会发展的长足进步。

一　推动高质量发展是新时代中国经济的主题主线

改革开放以来，中国经济实现跨越式增长，通过多次调整发展理念，逐步形成了全面、协调、可持续的科学发展方式，但是在探索科学发展方式的过程当中，难以避免地产生了生态为发展让路、收入差距不断扩大等问题，因此，转变发展方式是保障经济社会健康有序发展的重要举措。高质量发展是一项系统工程，涉及经济社会发展的各个方面，坚定不移地贯彻新发展理念有利于在提升经济发展质量的同时，实现长期、平稳、可持续的高质量发展。

（一）贯彻新发展理念是高质量发展的核心要求

坚持高质量发展与贯彻新发展理念在内涵上是内在统一的。经济高质量发展是对新发展理念更深层次的阐述，充分理解经济高质量发展深刻内涵的必要条件就是深入理解新发展理念。经济增长是高质量发展的基础，促进产业集聚、扩大经济规模、建成现代化产业体系，有助于激发创新驱动主动性、优化要素配置，实现经济发展的良性循环。

1. 创新是高质量发展的强大动能

习近平总书记指出："创新是引领发展的第一动力。"① 改革开放以来，中国经济长期以投资、人力资源为驱动要素，然而随着时间的推移，要素成本持续上升、人口红利逐步消退，传统要素收益呈现递减趋势。在这个背景下，创新发展以制度创新与技术创新协同发展为基础，成为带动中国经济发展质量提升的必由之路。一方面，技术创新有助于提升效率，推动产业发

---

① 习近平：《在省部级主要领导干部学习贯彻党的十八届五中全会精神专题研讨班上的讲话》，《人民日报》2016年5月10日，第2版。

展；另一方面，制度创新为技术创新提供良好的土壤，化解经济与市场在发展过程中的矛盾，是经济平稳有序发展的长效保障。

2. 协调是经济高质量发展的必然要求

习近平总书记指出："协调既是发展手段又是发展目标，同时还是评价发展的标准和尺度，是发展两点论和重点论的统一，是发展平衡和不平衡的统一，是发展短板和潜力的统一。"[①] 协调发展的领域涵盖城乡、区域、民族、部门，包含经济、社会、生态、法治等多个方面，协调程度的不断进步反映出国家发展层次的不断突破。协调发展理念是从长远发展大局入手做出的科学判断，实现协调发展需要一个长期的过程，且过程中投入的经济社会成本较高，因此，判断协调发展水平必须拉长时间跨度、从发展的实效入手，协调程度越高，则社会差距越小，社会矛盾越趋于缓和，高质量发展成效越凸显。

3. 绿色是经济高质量发展的重要内容

习近平总书记指出："纵观世界发展史，保护生态环境就是保护生产力，改善生态环境就是发展生产力。"[②] 因此经济高质量发展应坚决贯彻落实绿色发展理念，以生态保护、尊重自然、顺应自然为基础，坚定走生产发展、生活富裕、生态良好的文明发展道路。建设资源节约型、环境友好型社会，推进美丽中国建设实质上就是在绿色发展理念的基础上，推进高质量发展的具体举措。

4. 开放是国家繁荣发展的必经之路

改革开放以来，我国一直坚持开放发展战略，开放型经济建设成效显著。从开放发展的过程来看，早期开放凭借劳动力优势，加工贸易等要素驱动型产业发展迅速，但是市场主体的创新驱动积极性没有得到重视和调动，导致长期以来，我国的外向型经济发展总量较大，但附加值较低，发展质量

---

① 习近平：《在省部级主要领导干部学习贯彻党的十八届五中全会精神专题研讨班上的讲话》，《人民日报》2016 年 5 月 10 日，第 2 版。

② 习近平：《决胜全面建成小康社会夺取新时代中国特色社会主义伟大胜利》，《人民日报》2017 年 10 月 28 日，第 1 版。

不高，且区域之间开放发展程度存在较大差别，对外开放在经济发展中的优势未能得到充分发挥。党的十九大以来，开放发展迈上新台阶，"一带一路"建设逐步进入"工笔画"阶段，但是由于突发性公共安全事件频发等原因，国际贸易市场复苏迟缓，中国出口增速持续降低。在此背景下，对外贸易高质量发展仍是经济工作深化改革的重要方面。2021年11月，习近平总书记在第四届中国国际进口博览会开幕式上的主旨演讲中讲道："中国扩大高水平开放的决心不会变，同世界分享发展机遇的决心不会变，推动经济全球化朝着更加开放、包容、普惠、平衡、共赢方向发展的决心不会变。"①这意味着对外开放新格局将在高质量发展中不断完善。

5. 共享是中国特色社会主义的本质要求

"让广大人民群众共享改革发展成果，是社会主义的本质要求，是社会主义制度优越性的集中体现，是我们党坚持全心全意为人民服务根本宗旨的重要体现。"②市场经济发展起步阶段，我国采取效率优先、兼顾公平的分配原则，在经济发展初期有效地激励了企业和个体等市场主体，然而这一分配原则在长期实行的过程中逐步出现了收入差距不断增大、社会矛盾日益凸显等问题。在此基础上提出的共享发展理念，是及时调整财富分配、缩小差距的关键一招，经济高质量发展的目标正是实现发展成果共享，只有实现全体人民共享成果，才能不断缓和社会矛盾，满足人民日益增长的美好生活需要。

（二）立足省情实际，兼顾高质量发展的普遍性与特殊性是青海发展的必然选择

青藏高原是我国重要的生态保护地区，对我国生态安全和生态文明建设有重大意义。作为长江、黄河、澜沧江的发源地，青海被喻为"中华水塔""三江之源"，是我国重要的生态屏障，在全球生态系统中起到调节器的作

---

① 《习近平在第四届中国国际进口博览会开幕式上发表主旨演讲》，《人民日报》2021年11月5日，第1版。
② 温家宝：《政府工作报告》，《新华每日电讯》2010年3月16日，第2版。

用，生态环境保护重要性毋庸置疑。2016 年 8 月，习近平总书记来青海视察时指出"青海的生态地位重要而特殊"①。2017 年 5 月，青海省第十三次党代会提出"扎扎实实推进生态环境保护，确保一江清水向东流"②。2018 年 7 月，青海省委十三届四次全会审议通过了《中共青海省委青海省人民政府关于坚持生态保护优先推动高质量发展创造高品质生活的若干意见》，会议做出了坚持生态保护优先、推动高质量发展、创造高品质生活的战略部署。2021 年 3 月，习近平总书记在参加十三届全国人大四次会议青海代表团审议时强调："高质量发展不只是一个经济要求，而是对经济社会发展方方面面的总要求。"③ 习近平总书记对具有重要"生态屏障""战略要地"的青海省密切关怀，提出了"三个最大"省情定位，青海深刻认识到自身在全国大局中的特殊地位以及做好生态保护工作的重要性，只有坚定不移地落实生态保护优先精神，奋力走好具有青海特色的绿色发展之路，才能加快建设美丽青海，为青海人民创造良好生产生活环境，为全国人民的生态安全提供重要保障。

在生态保护优先的前提下，高质量发展与高品质生活协同推进是青海兼顾经济发展与人民生活的重要发展原则。在高质量发展过程中，开放发展是青海长期以来的短板弱项，受深居内陆、气候高寒、基础设施建设水平不均衡等条件的制约，资源开发利用的成本较高且效率较低，起步晚、发展慢，吸引外来资本投资的市场竞争力较弱，外向型经济不具备良好的发展基础。如何依托"一带一路"建设，发挥青海在丝绸之路经济带的重要通道节点作用，加快融入以国内大循环为主体、国内国际双循环相互促进的新发展格局，推动全省开放型经济向更全面、更充分、更高水平迈进，是青海深入参与绿色丝绸之路经济带建设、践行人类命运共同体要考虑的重要问题。

---

① 胡维忠：《以新发展理念引领新的发展实践》，《青海日报》2016 年 9 月 19 日，第 11 版。
② 《全面落实"四个扎扎实实"重大要求 为建设富裕文明和谐美丽新青海而奋斗》，《青海日报》2017 年 5 月 23 日，第 2 版。
③ 《习近平在参加青海代表团审议时强调 坚定不移走高质量发展之路 坚定不移增进民生福祉》，《中国人力资源社会保障》2021 年第 3 期。

2021 年 3 月，习近平总书记在参加十三届全国人大四次会议青海代表团审议时强调，"要坚定不移走高质量发展之路，结合青海优势和资源，贯彻创新驱动发展战略，加快建设世界级盐湖产业基地，打造国家清洁能源产业高地、国际生态旅游目的地、绿色有机农畜产品输出地，构建绿色低碳循环发展经济体系，建设体现本地特色的现代化经济体系"①。"四地"建设为新时代青海推进"一带一路"高质量发展提出了更高的要求，在夯实发展根基的基础上，为拓展合作新领域提供了根本遵循。

2021 年上半年，在青海省"十四五"规划纲要的基础上，青海进一步深入对接国家"一带一路"规划，编制《青海省"十四五""一带一路"建设规划》，为"十四五"期间青海参与"一带一路"建设的政策沟通、设施联通、贸易畅通、资金融通、民心相通制定了重点任务与发展目标。《规划》立足习近平总书记重要讲话精神和青海省"十四五"规划纲要，将"四地"建设的目标要求与青海"一带一路"建设深度融合，在战略导向层面形成了经济社会发展与"一带一路"建设互融互促的目标定位，为青海利用好双循环新发展格局重要战略机遇期，实现全方位高水平开放发展指明了方向。

二 青海高质量推动"一带一路"发展面临的重大机遇

随着"一带一路"建设的深入推进和"双循环"新发展格局的构建，青海立足不断提升的区位优势和良好的资源禀赋，加快面向南亚、中亚开放发展的时机更加成熟，外向型经济发展迎来良好发展期。

（一）通道战略地位日益凸显，为青海提升"一带一路"建设水平带来重大战略机遇

"一带一路"建设为我国内陆地区推动外向型发展带来了巨大的政策

---

① 《习近平在参加青海代表团审议时强调 坚定不移走高质量发展之路 坚定不移增进民生福祉》，《中国人力资源社会保障》2021 年第 3 期。

机遇，高质量发展对地区开放发展的要求不断提升，使原本既不沿边也不沿海的内陆地区在设施互联互通方面持续取得新突破。自 2020 年以来，打造集约高效、经济适用、智能绿色、安全可靠的现代化基础设施体系成为全省的一项主要工作，而现代化基础设施体系中，建设现代化的物流体系是一项重要的任务。青海是我国内陆地区通往南亚、中亚的重要枢纽和通道，推动基础设施建设高质量发展，必将极大地促进青海外向型经济的发展。如推进西成铁路等重要铁路交通干线建设，将使青海在西北地区连接长江经济带中扮演更加重要的角色；加快推动柴达木光伏走廊建设和中哈原油管道延伸至格尔木工程，建设格尔木千万吨级油气生产基地和原油储备基地，为将青海打造成我国重要的清洁能源和战略能源基地打下坚实的设施基础。

随着"一带一路"建设的深入推进，格尔木市被规划为陆港型国家物流枢纽承载城市，从区位条件来看，格尔木地处青藏高原腹地，是经新疆和西藏进而通往南亚、中亚的重要节点和通道。陆港型国家物流枢纽承载城市建设进一步凸显了青海在"一带一路"建设中的区位优势，也为青海推进"一带一路"建设提供了重大政策机遇。

（二）"双循环"新发展格局构建为青海融入国际国内市场提供广阔空间

以国内大循环为主体、国内国际双循环相互促进的新发展格局的构建，有利于青海在充分发挥好区位优势的基础上，加快实现以盐湖化工为核心，绿色有机农畜产品、清洁能源、高原生物制药、生态旅游等特色产业协同发展的良好局面，构建绿色低碳循环经济体系。从改善营商环境、补足基础设施建设短板、充分促进融资、带动就业、惠及民生等需求入手，发挥资源优势，在全面深度融入国内市场、积极参与国内大循环的同时，积极利用通道优势和综合交通优势，依托盐湖化工产业、清洁能源产业积极融入国际循环。积极融入"双循环"新发展格局，有利于青海充分利用好国际国内两个市场、两种资源，做精做细做强特色产业，推动全省外向型经济高质量发展。

（三）世界级盐湖产业基地建设为青海外向型经济发展指明方向

2021年3月和6月，习近平总书记在参加十三届全国人大四次会议青海代表团审议时和来青考察时都明确指出，青海要依托资源优势，在保护好生态环境的前提下，大力挖掘盐湖资源优势，建设世界级盐湖化工产业基地。这一重要指示和重大要求为青海加快推动盐湖产业与轻金属合金材料、高分子材料、功能材料、新能源以及碳中和战略等紧密协同联动，全面构建产业规模居前、创新能力领先、绿色低碳循环、国际影响凸显的世界级盐湖化工产业基地指明了发展方向和具体路径。世界级盐湖产业基地的建设必将深层次推动青海"一带一路"建设实现全方位的提质增效。

（四）外向型经济发展取得的成效为青海"一带一路"建设迈上新台阶奠定了基础

长期以来，青海充分融入"一带一路"建设，加快建设内外通道和区域性枢纽，完善基础设施网络，提高对外开放和外向型经济发展水平。依托物流枢纽地位，全面发挥在工业链中的组织作用，通过工业发展来带动产业链优化，让产业走向中高端价值链层面，使物流枢纽在提升产业高质量发展中起到重要的连接作用。积极构建形成贯穿东西、连接南北、面向国际的核心枢纽体系，积极加强区域合作，融入西部国际陆海新通道，加快推进青藏国际陆港建设，以物流促贸易、以贸易带产业的发展新格局不断成熟。这些主要成就为青海进一步推动"一带一路"高质量发展提供了物质基础，创造了有利条件。

（五）特色优势产业蓬勃发展为青海"一带一路"高质量发展提供了有利条件

青海自然资源储量丰富，种类繁多，以盐湖资源、化石能源、有色金属资源、可再生能源等为代表的各类资源具有储量大、类型全、集中度高等特点。近年来，青海依托资源优势，初步建立了以盐湖化工、石油天然气化工和黑色、有色金属采选冶炼为主体的产业体系,形成了以昆仑经济开发区为平台,以盐湖工业、石油天然气工业、冶金工业为支撑的产业定位明确、功能区划分明的发展格局。同时,新能源、新材料、新型煤化工、装备制造、高原特色生物等五大新型产业逐渐发展壮大,"十四五"期间,在已建成的海南、海西两个千万千瓦级可再生能源基地的基础上,青海还将着力建设两个千万千瓦级可再生能源基地,力争在青海构建完成多能互补、集成优化的清洁能源体系,形成"全产业链式"产业集群,进一步提升在能源方面的对外合作发展潜力。

三 青海高质量推动"一带一路"建设面临的短板与挑战

当前,在全球经济复苏乏力,国际贸易摩擦频发,国内经济下行压力持续增大的发展环境下,青海迎难而上,攻坚克难,不断调整经济结构,全力推进高质量发展,全省经济保持了稳中有进的发展趋势。但由于全球经济恢复速度放缓,国际贸易争端未得到有效解决,经济发展的外部风险逐渐增多,全省经济发展仍面临着项目投资增长动力不足、一产三产投资乏力、开放发展和创新发展动能不足等困难。

(一)外部环境不确定因素增加,国际合作困难加剧

新冠肺炎疫情的影响已经从"十三五"末延续至"十四五"时期,受到疫情持续蔓延、防疫形势不断变化的影响,世界经济、政治格局深刻调整,全球治理体系不断变化,对外开放发展受到更为严峻的外部挑战。受到疫情的影响,国际贸易市场供需情况受到冲击,产业链出现趋于分散的特征,在个别国家单边主义影响下,逆全球化使得产业链与供应链出现本地化趋势,国际合作更加困难。在疫情持续影响全球贸易的背景下,青海"一带一路"建设面临更加严峻的挑战。青海开放发展的基础有限,现代化基础设施体系还不完善,工业化滞后于城镇化进程,城市群和中小城镇仍处于

培育发展阶段，总体处在产业链价值链中低端，创新发展基础和能力薄弱，以改革促发展的要求更为紧迫。

（二）特色产业发展起步晚，产业转型升级难度大

产业转型升级缓慢，产业支撑体系发展水平滞后制约了青海在"一带一路"发展中承接产业转移的能力。目前青海的支柱型企业仍以能源高消耗型和资源依赖型企业为主，产业链条偏短、技术水平不高、发展方式粗放，新经济新动能体量有限，第三产业增长质量不高，创新引领难以有效发力。投资增长乏力仍难有效破解，资金保障压力加大、制造业投资疲弱、重大项目储备不足、投融资体制不完善等问题日益突出。进出口形势仍难有效逆转，地处高原是青海的区位短板，市场化水平和开放程度较低，产业发展对市场变化的反应滞后，外贸主体和自主品牌培育、企业营销服务体系建设、贸易便利化水平提升等方面与外贸强省仍存在较大差距。同时，由于深居内陆，内部发展存在城市集聚程度低、规模小等问题，外向发展水平低，工业基础薄弱、交易成本高、产品竞争力缺乏、与周边省份发展同质化等问题使得青海依托"一带一路"建设实现产业发展突破的进展缓慢。

（三）与沿线地区之间竞争压力大，差别化发展优势尚未充分显现

从"一带一路"沿线地区产业发展的情况来看，青海与沿线地区，特别是邻近省份之间既存在互联互通的合作关系，又存在巨大的竞争压力。首先，青海与西藏、宁夏三省区都具有特色民族产业的发展优势，青海虽然属于民族地区，但在国家政策倾斜和民族品牌建设方面竞争力弱于西藏、宁夏两个民族自治地区。其次，青海与新疆都在积极发展能源产业，且随着清洁能源在能源产业中的重要性不断提升，青海的可再生能源发展取得明显突破，但是综合考虑区位、能源基础设施、能源综合利用规模等因素，青海与新疆在战略性能源产业方面竞争关系较强，且青海的发展条件与新疆存在一定差距，与沿线省区的竞争关系促使青海在"一带一路"建设发展过程中存在较大的阻力。最后，2021年，习近平总书记在视察青海时提出"四地"

建设,为青海特色产业发展谋划了方向,但是如何在对外开放发展中以"四地"建设为引领,最大限度地发挥青海特色产业优势,实现青海与沿线省区的差别化发展,形成与沿线省区合作大于竞争的良好局面,仍是青海"一带一路"建设中的重要课题。

(四)人才缺口较大,外向发展缺乏支撑

疫情防控常态化背景下,人才建设在深化民心相通方面的引力作用日益凸显。首先,受人才培养规模等因素的影响,非通用语种人才培养难以有效开展,省内高校缺乏师资,内部培养先天条件欠缺,就业出路不宽、需求较小,规模引进相关人才难度较大。涉及管理、技术、经贸的复合型人才缺口明显,尤其缺乏懂技术、懂经贸、懂管理以及具备外贸发展所需的语言和文化素养的专业型人才,与推进"一带一路"建设高质量发展对相关人才需求之间的矛盾突出。其次,高水平人才队伍建设成效不显著,没有发挥科研投入在企业创新活动中的带动作用。校企合作的科研成果转化程度不高,掌握核心技术、具有领军能力、国际化的高层次人才和重点、优势产业的创新型人才尤其缺少,科技人才队伍的能力有待于进一步提升。从全省人才分布来看,省会城市西宁吸引了多数人才,不利于其他市州人才政策发挥效用,人才供求结构性矛盾突出。

四 对策建议

当前,青海省正处于深度融入"一带一路"建设的重要时期,在疫情防控常态化背景下,如何稳定经济增长的内在需求,实现高质量发展与"一带一路"建设的互融互促是青海发展亟待解决的问题。因此,要充分利用好国际、国内两个市场,进一步加强与共建"一带一路"国家和地区在外贸、产业、人文交流等多领域的合作,提升青海参与国际分工合作的竞争力,促进青海对外贸易韧性提升,打开新时代高质量对外开放新格局。

（一）着力提升外向发展竞争力，推进外贸高质量发展

加快建立出口与消费同步发展、外贸企业兼顾内需等政策机制，促进一般贸易、加工贸易、货物贸易、服务贸易多领域齐头并进、共同发展，在生产端加速引导产业集聚，在销售端不断扩大市场渠道，进一步拓宽贸易领域和招商引资渠道，实现投资和贸易的有机结合，利用好国内国际两个市场，推动内贸外贸联动发展。

一是积极承接东中部地区产业转移。坚持以向东开放为前提，立足青海的资源特点和产业基础，结合东中部地区的资金、技术、人才优势，加快发展战略性新兴产业，培育发展新业态，积极承接东中部地区产业转移，扩大加工贸易规模，引进一批精深加工、高端制造产业和补链企业落户省内工业园，建设国家级产业转移示范区，力争在新能源、新材料等领域具备"国家级"水平，提升向西开放的实力，增强与"一带一路"沿线国家开展合作的能力。

二是拓展经贸合作空间。坚持用外贸标准办内贸，为扩大外贸提供基础和支撑。加快培育出口自主品牌，以绿色、有机、安全为本土企业特征标志，集中打造本土企业品牌，提升自主品牌的国际知名度与商品的出口比重。推动进出口市场结构从传统市场为主向多元化市场发展转变，明确经贸合作的重点和方向，对俄罗斯及欧洲国家扩大新材料、新能源、羊绒制品、地毯等产品出口。加强与中亚、南亚、东南亚等地区的国家在绿色有机农畜产品、特色纺织、新能源、特色民族文化产品等领域的合作。

三是扩大招商引资渠道。坚持"引进来"与"走出去"并举，提高利用外资规模和水平、推动企业集群式"走出去"，努力发挥外资在经济发展中的带动作用。拓展国际金融组织及境外金融机构的资金支持，引导金融机构开发境外金融项目和产品，为"一带一路"重点项目、"出口产业基地"建设提供有效金融供给和服务。以培育和鼓励综合实力突出、科技投入成效显著的企业为引领，增强特色优势资源开发利用水平，提升产品的竞争力。立足生态、战略性新兴产业等重点发展的项目，在引入优质企业参与开发和经营的同时，注重提升招商引资对本地企业的带动作用，形成招商引资与本土企业协同发展的良性循环。

（二）持续优化进出口贸易营商环境，提高贸易便利化水平

进一步简化、规范行政审批程序，消除不合理的行政障碍，减少交易过程的复杂性，降低交易成本，改善贸易环境，推动内外贸稳定发展。

一是不断改善对外贸易的发展环境。适应国家推进双边投资协定谈判的新形势，坚持融入双循环新发展格局，从制度上简化对外贸易发展的审核程序，减轻对外贸易企业在外贸发展过程中的制度负担、弱化行政壁垒。清理和规范进出口环境经营性收费，实行准入前国民待遇加负面清单管理制度，加快外商投资管理体制改革，以推动服务业和一般制造业开放为重点，逐步扩大外商投资领域和准入条件，着力打造与外贸发展需求相适应的营商环境和监管服务体系。

二是加快口岸建设。推进"智慧口岸"建设，进一步优化口岸通关环境。加快电子口岸建设，建立信息共享共用机制，充分考虑企业发展利益，持续促进口岸提效降费，使用新技术、新手段参与海关工作，推行"查检合一"，推进跨境电子商务通关、检验检疫、结汇、缴进口税等关键环节"单一窗口"综合服务体系建设。推广"先出区、后报关""多报合一"等国内自贸区改革试点经验，支持跨境电商、外贸综合服务体等新业态的快速发展。强化统计服务支持，提高进出口相关数据的统计分析水平，促进数据的开发利用，定期形成参考价值强的进出口数据分析报告，更好地服务全省外向型经济发展。积极推进入境水果、肉类指定口岸建设申报工作，提升全域范围的通关能力。

（三）加快盐湖资源开发利用，打造外向型经济新主体

立足新发展阶段、贯彻新发展理念，依托盐湖优势资源，主动融入国际国内"双循环"新发展格局。坚持盐湖资源保护与绿色开发同步推进，进一步加强盐湖资源的顶层设计和开发，以更大的力度推动盐湖资源循环综合

利用，积极构建盐湖资源绿色制造体系，以打造世界级盐湖产业基地为目标，通过统一开发、统一建设、统一管理、统一标准，培育形成若干个行业产业龙头企业，以建成世界级盐湖产业基地为引领、以碳达峰和碳中和目标形成的窗口期为切入点，推动盐湖产业的绿色低碳化转型，在此基础上逐步推动包括盐湖产业、新材料、新能源等具有较大发展前景和战略意义的特色优势产业实现协同联动发展。

（四）加快发展特色农牧业，建设绿色有机农畜产品输出地

始终坚持推进农业供给侧结构性改革，紧紧围绕特色优势主导产业，以特色农产品标准化生产、高效生态畜牧业、新型经营主体、深化农村牧区改革等为抓手，积极融入全省"千亿元"特色生物产业基地建设大局中，发展壮大特色生物产业，培育发展亿元产值企业，积极培育精品种植业，提高产品质量、增强市场竞争力，加快枸杞、藜麦等特色农产品的标准化种植和生态畜牧业高效化养殖，围绕中尼印经济走廊建设和西部陆海新通道，加大绿色有机农牧业产品出口力度。

（五）加强国内外合作，打造国际生态旅游目的地

积极融入国际、国内旅游市场，努力拓展以共建"一带一路"友好城市为重点的旅游交流合作。调查友好城市所在国家和地区的主流媒介形式，在国内传统媒体与新媒体宣传相结合的基础上，结合友好城市主流媒体进行宣传，提升青海在沿线国家和友好城市的知名度。围绕高原生态旅游开发精品旅游线路，从旅游路线、沿途基础设施、旅游配套服务基地、应急救援能力等多个方面提升青海旅游承载能力。畅通融入国际国内两个旅游市场的基础设施建设，特别是加强与西北大环线的深度对接融合，提升西宁、海东、格尔木作为西北地区旅游集散地、中转地的综合能力。

充分利用高原旅游资源开发中生态兼容性基础设施建设、旅游产品生产营销、旅游经营管理人才培养等方面已积累的经验，结合中尼印经济走廊建设、澜湄合作机制、黄河流域生态保护和高质量发展战略等国家重要发展战

略,加强生态旅游业合作,为全省打造国际生态旅游目的地贡献力量。进一步拓展西北大环线旅游,按照国际生态旅游目的地发展方向,加强与南亚、东南亚在生态旅游资源开发建设方面的合作,尤其要将青海、西藏和尼泊尔相关生态文化旅游资源整合,建设国际自驾游、玉珠峰国际登山训练基地等,借助青藏公路、青藏铁路,打造涵盖自驾游、铁路游、登山游、宗教朝圣游等全域生态旅游内容的环喜马拉雅国际旅游带。

(六)扩大对外人文交流,促进民心相通文明互鉴

在巩固深化已有国际友城关系的基础上,积极在"丝绸之路经济带"沿线国家和地区缔结友好城市。充分发挥生态优势与民族人文优势,广泛开展包括生态、旅游、新能源、文化、教育、医疗、体育等领域合作,努力提升外事、侨务工作水平。

一是加强国际交流活动。拓展青海"一带一路"朋友圈,在积极开展与尼泊尔、巴基斯坦等国友好交往的基础上,从文化渊源深、经贸交流多、产业合作潜力大、交流对话范围广等几个方面,深度与东南亚、南亚、中亚等地区开展对话,开拓缔结友好交流关系。依托中尼印经济走廊、中巴经济走廊、澜湄合作机制、西部陆海新通道等双边、多边外交平台,推动与共建"一带一路"城市的多领域合作。

二是推动生态环保领域交流。以全国乃至国际生态文明高地建设为引领,积极开展国际生态文明交流。大力推动与共建"一带一路"城市间生态环保领域的交流合作,依托清洁能源、绿色有机农畜产品等产业,加快引入先行国家与地区在环保、实现"双碳"目标等领域的先进技术,探索低效林改造模式,改善区域生态环境,推动东部城市群大气污染防治工作。

三是拓宽文化科技领域交流。积极挖掘青海古丝绸之路遗迹、人文典故,发挥多元民族文化优势,以文化先行和文化品牌形象塑造与传播为重点,建设地方文化品牌,与丝绸之路沿线国家和地区互办文化、教育、体育、旅游等活动,努力构建人文交流的桥梁和纽带。继续巩固与日本、韩

国、越南、泰国等东亚、东南亚国家及港澳台地区的文化交流，深化与蒙古国、俄罗斯、白俄罗斯、土库曼斯坦四个国家开展的主题文化推介交流。

参考文献

曹刚、赵坚：《"一带一路"背景下我国西部地区物流发展面临的机遇与挑战》，《云南行政学院学报》2019 年第 2 期。

韩素娟：《"一带一路"背景下青海省产业结构转型升级研究》，《青海民族研究》2021 年第 1 期。

孙发平、杨军：《青海深度融入"一带一路"国家战略研究》，《青海社会科学》2017 年第 2 期。

孙发平：《双循环视角下青海高质量推进"一带一路"建设的思考》，《攀登》（哲学社会科学版）2021 年第 1 期。

汪晓文、张辉：《"一带一路"倡议下青海省出口贸易结构实证研究》，《青海社会科学》2020 年第 3 期。

杨世荣、张克生：《青海企业"走出去"参与"一带一路"建设研究》，《青海社会科学》2018 年第 6 期。

B.15
新时期新疆不断强化丝绸之路经济带
核心区建设发展研究*

吾斯曼·吾木尔**

摘　要： 新疆坚决贯彻开放发展理念，勇于探索、主动作为，抓住共建"一带一路"机遇，充分发挥独特的区位优势，以"一港、两区、五大中心、口岸经济带"为主线，推动丝绸之路经济带核心区建设取得重要进展。新形势下，如何紧抓机遇，克服困境，主动融入国家"双循环"发展新格局，抢占制高点，打造内陆开放和沿边开放的高地是一个需要突破的重点。本文在梳理和总结新疆丝绸之路经济带核心区建设成效基础上，深入分析新形势下推进丝绸之路经济带核心区建设的困境，科学把握新时期不断强化丝绸之路经济带核心区建设的重点任务，提出不断强化丝绸之路经济带核心区建设的总要举措，以其丰富新疆高质量发展研究的理论成果和参考借鉴，提供高质量经济发展的"良策"和"实招"。

关键词： 丝绸之路经济带核心区　高质量推进　新疆

---

* 本文系 2020 年新疆社会科学基金项目（项目编号：20QJ02）的阶段性成果。
** 吾斯曼·吾木尔，博士，新疆社会科学院农村发展研究所副研究员，研究方向为物流管理、产业经济。

一 新疆丝绸之路经济带核心区建设的成效

（一）综合交通网络不断健全，通道建设力度逐步增强

1. 综合交通网络不断健全

丝绸之路经济带核心区建设起步以来，新疆全力推进铁路、公路、航空、管网、通信"五位一体"互联互通，"疆内环起来，进出疆快起来"目标逐步实现。

（1）铁路网络逐步完善。"十三五"期间新疆铁路货运增幅位列全国第一，铁路货物发送量增幅显著，2016 年货物发送量为 6233 万吨，2020 年实现 1.75 亿吨，铁路系统累计与疆内 133 家大型企业签订协议运量 5.47 亿吨。[1] 2021 年，紧盯煤炭、金属矿石、石灰石、工业盐等品类货源，与疆内企业签订货运协议量 1.43 亿吨，目前已兑现 90%，努力做到"应铁尽铁"，有效提高了货运市场占有率。[2] 乌鲁木齐至其他省区的高速铁路实现与全国联网，全疆 14 个地（州、市）实现铁路通达。[3]

（2）公路通道更加顺畅。"十三五"时期，全区新增公路总里程 3.1 万公里，2020 年全区公路通车里程达 20.9 万公里，干支相融、内畅外联的公路运输网络基本建成，全区所有地州市迈入高速公路时代，路网结构不断优化升级。[4] 中国新疆与周边国家开通双边国际道路运输线路 118 条，占全国总数的 1/3。[5]

（3）航空网络发展迅速。"十三五"期间新增莎车县、若羌县、于田县、图木舒克市等 4 个支线机场，民用机场总数达到 22 个，南北疆的 4 个

---

① 托亚：《新疆铁路为高质量发展"添柴加火"》，《新疆日报》2021 年 9 月 28 日。
② 托亚：《新疆铁路为高质量发展"添柴加火"》，《新疆日报》2021 年 9 月 28 日。
③ 石鑫：《为共建"一带一路"提供新疆实践——新疆推动丝绸之路经济带核心区建设纪实》，《新疆日报》2021 年 6 月 9 日。
④ 雪克来提·扎克尔：《2021 年新疆维吾尔自治区政府工作报告》，《新疆日报》2021 年 2 月 7 日。
⑤ 石鑫：《为共建"一带一路"提供新疆实践——新疆推动丝绸之路经济带核心区建设纪实》，《新疆日报》2021 年 6 月 9 日。

机场完成改扩建工程，乌鲁木齐机场新航站楼建设也稳步推进，以乌鲁木齐国际机场为核心、支线机场为支撑的"空中丝绸之路"初具规模。[①]

（4）能源通道作用凸显。中国新疆与周边国家对接开通跨境光缆22条，建成投运"西气东输"工程线路3条、"疆电外送"工程线路2条。[②]

2.通道建设力度逐步增强

加快推进丝绸之路经济带南、北通道建设，提升中通道功能，初步形成了多路并举的综合交通运输网络。完善"1 + 4 + 10 + N"物流节点城市布局，即以乌鲁木齐市为核心节点，以喀什市、库尔勒市、伊宁—霍尔果斯（城市组团）、哈密市为一级节点，以奎屯—独山子—乌苏（城市组团）、克拉玛依市、博乐—阿拉山口—精河（城市组团）、石河子市、阿勒泰—北屯（城市组团）、塔城市、阿克苏市、和田市、准东经济技术开发区、若羌县为二级节点和以具备一定区位交通条件及特色产业优势的重点城镇为三级节点的物流节点城市布局，发展成为联通国际、布局合理、安全有序的现代物流服务体系，打造丝绸之路经济带承东启西、双向开放的国际商贸物流中心。与此同时，新疆创新物流发展新模式、新机制，加强物流业与物联网、互联网深度融合，打造物流新生态，提升物流运营和服务水平，为推进丝绸之路经济带核心区商贸物流中心建设提供有力支撑。[③]

（二）对外开放平台不断完善，经贸合作全面深化

1.对外开放平台不断完善，优化商品流通环境

以加快推进"一港""两区""口岸经济带"等重点对外开放平台建设

① 雪克来提·扎克尔：《2021年新疆维吾尔自治区政府工作报告》，《新疆日报》2021年2月7日。
② 国家发改委公众号：《新疆加快推进丝绸之路经济带核心区建设高质量发展》，https：//mp. weixin. qq. com/s? _ _ biz = MzA3MDE5NjE2Mg = = &chksm = 86ca8c02b1bd051461eb89675bc719d0bf3df4c49813187c5b39bec7c1f23a7d96249b3fe2b0&idx = 2&mid = 2650710703&sn = 46d47e7fa3097f6d6fed64515b0f3260，2021年7月1日。
③ 石鑫：《我区多举措推进物流节点城市布局建设 便捷物流通道初步形成》，《新疆日报》2019年4月17日。

为突破，进一步提升对外经贸合作水平。"十三五"时期，乌鲁木齐综合保税区封关运行，霍尔果斯综合保税区、中国（乌鲁木齐）跨境电子商务综合试验区、塔城重点开发开放试验区获国务院批复设立。霍尔果斯铁路口岸正式对外开放，卡拉苏口岸实现常年开放，都拉塔口岸向第三国开放，伊宁航空口岸获批开放，立足于"承东启西"，在"纽带"上谋划项目，促进传统产业转型升级、新兴产业落地生根，推动"以贸促工、以工兴贸、贸工互动"。加快推进中国（新疆）自贸试验区申报建设工作，塔城市被列入边民互市贸易进口商品落地加工第一批试点县市，优化商品流通环境和进出口贸易服务质量。

2. 经贸合作关系日益增强，行业百强企业落户新疆

"十三五"时期，中国新疆建成23家国家级经济技术开发区、边境经济合作区、综合保税区、高新技术产业开发区、跨境经济合作区等国家级产业园区，已与170多个国家（地区）建立了经贸关系[1]。近200家世界500强、中国500强、行业百强企业落户新疆，[2]全区累计实际利用外资13.45亿美元，累计实际对外直接投资46.3亿美元，覆盖50多个国家和地区。进出口贸易额累计达7037.99亿元，年均增长5.7%。[3]"十三五"期间，新疆铁路累计始发中欧（中亚）班列4779列，开发精品线路23条，覆盖欧亚19个国家26座城市。2021年上半年，经阿拉山口、霍尔果斯出境的新疆始发中欧（中亚）班列达到531列，同比增长近三成。[4]新疆是"西出物流"的重要节点，跨境电商作为外贸新业态蓬勃发展，助推跨境电商成为"口岸经济"新动力。据乌鲁木齐海关统计，2020年1～8月，海关验放班列跨境电商货

① 顾煜、杜刚：《新疆：西北边陲之地筑梦"一带一路"》，https：//www.sohu.com/a/470592587_267106，2021年6月5日。
② 孙少雄：《跨境电商成新疆外贸增长新亮点》，http：//www.xinhuanet.com/2020－10/07/c_1126580246.htm，2020年10月7日。
③ 陈蔷薇：《开放筑基破浪前行》，《新疆日报》2021年6月17日。
④ 托亚：《新疆铁路为高质量发展"添柴加火"》，《新疆日报》2021年9月28日。

值约 1.06 亿美元、清单 2519.6 万单，同比增长 3.9 倍和 3.7 倍。[①] 2021 年 5 月 30 日，"综保区 + 跨境电商网购报税进口"模式首次落地新疆，首票网购保税进口商品实单测试成功，释放出新疆快速发展跨境电商的积极信号。

（三）不断推进数字经济带建设，引领经济高质量发展

为持续推进丝绸之路经济带亚欧信息高速公路建设，中国新疆与吉尔吉斯斯坦、塔吉克斯坦、巴基斯坦、哈萨克斯坦等周边国家开通了 17 条跨境光缆，实现了中国新疆与邻近国家通信和信息的互联互通，形成了丝绸之路经济带南向、西向、北向国际信息通道的跨境布局。围绕丝绸之路经济带核心区"五大中心"建设，以乌鲁木齐云计算产业基地、新疆信息产业园、新疆软件园、克拉玛依云计算产业园为支撑，加快推进丝绸之路经济带核心区数据、算法和算力中心建设，初步形成"两核多星"集聚发展布局，数据服务能力位居西部前列。[②] 乌鲁木齐经济技术开发区（头屯河区）的新疆软件园着力打造软件与信息产业创新、创业、聚集的专业化软件园区，架设起互联互通的"数字丝绸之路"，现集聚企业 560 余家，产值规模达到 50 亿元，已成为全疆软件与信息产业链最完整、产业集聚化程度最高的园区。[③] 克拉玛依云计算产业园，大数据建设更为迅捷，组成了强大的大数据方阵，中石油克拉玛依数据中心、中国移动（新疆）数据中心、华为云服务数据中心等已在园区建成并投入运行，重点发展物联网、电子商务、大数据、云计算、服务外包、软件研发、地理信息等产业集群，并具备向丝绸之路经济带沿线城市提供云服务的能力。

（四）资金融通迈上新台阶，打造创新发展新引擎

1. 创新发展跨境人民币业务

大力推进合作中心先行先试跨境人民币创新业务，中哈两国金融合作取

---

① 孙少雄：《跨境电商成新疆外贸增长新亮点》，http：//www.xinhuanet.com/2020 - 10/07/c_1126580246.htm，2020 年 10 月 7 日。

② 马伊宁：《"5G + 工业互联网"赋能新疆智造》，《新疆日报》2020 年 12 月 14 日。

③ 马伊宁：《"5G + 工业互联网"赋能新疆智造》，《新疆日报》2020 年 12 月 14 日。

得新突破。截至2021年5月末，新疆共有外汇指定银行25家、结售汇网点871个，较2012年末分别增加6家、366个。衍生产品网点257个，增加135个，增幅为1.1倍。外汇特许经营机构1家，基本形成了以外汇指定银行为主体，特许经营机构并存、功能互补的外汇服务体系。①

2. 积极推动中亚区域货币中国新疆交易市场建设，为资金融通合作的顺利进行提供资金支持

中国新疆不断深化与周边国家货币合作，实现人民币与哈萨克斯坦、塔吉克斯坦、巴基斯坦货币挂牌交易。2013年以来，新疆人民币跨境收付金额累计2410亿元人民币，年均增长5.4%，覆盖全球107个国家和地区。截至2021年5月末，新疆办理跨境人民币结算的企业总数达2115家，较2012年末增长8倍。②

3. 新疆跨境收支的增长也得益于外汇管理政策的便利化和外汇服务质量的提升

取消小额特殊退汇业务登记，办理时间由半天缩短至30分钟。优化付汇税务备案网上核验，办理时间由2~3天缩短到10分钟。放宽电子单证审核准入条件，促进辖区200余家诚信企业享受全流程电子化审核，贸易便利化水平大幅提高。中国人民银行乌鲁木齐中心支行建立外汇业务综合服务窗口，实行一站式服务，推动外汇"政务服务网上办理"系统上线运行，实现"一网、一门、一次"办理。自2019年6月系统上线以来，累计办理行政许可业务1853笔，95%以上当日办结。③

4. 国际投资力度加大，国际收支额度增强

新疆外贸名录企业总数达8576家，较2012年末增长89%。2013年以来，新疆对共建"一带一路"44个国家和地区累计投资21亿美元，涉外经

---

① 苟继鹏、陶拴科：《新疆8年累计实现跨境收支1693亿美元》，中国新闻网，http://xj. sina. com. cn/news/b/2021 - 06 - 23/detail - ikqcfnca2703748. shtml，2021年6月23日。
② 苟继鹏、陶拴科：《新疆8年累计实现跨境收支1693亿美元》，中国新闻网，http://xj. sina. com. cn/news/b/2021 - 06 - 23/detail - ikqcfnca2703748. shtml，2021年6月23日。
③ 苟继鹏、陶拴科：《新疆8年累计实现跨境收支1693亿美元》，中国新闻网，http://xj. sina. com. cn/news/b/2021 - 06 - 23/detail - ikqcfnca2703748. shtml，2021年6月23日。

济发展力度不断加大。2013 年以来，新疆累计实现跨境收支 1693 亿美元，办理即期结售汇交易 1257 亿美元，远期、期权等衍生品交易 228 亿美元。①

（五）人文交流不断深化

"十三五"时期，积极拓展国际医疗服务，全区 27 所医院与 3 个周边国家 24 所大型医院搭建了跨境远程医疗服务平台，全区累计接诊外籍患者 15434 人次（其中 2020 年接待 567 人次），在周边国家累计举办"丝绸之路健康论坛"系列活动 90 余场次。全区累计接待游客 7.1 亿人次，旅游消费 1 万亿元，其中：接待境外游客 883.3 万人次，旅游消费 37.8 亿美元。两个实验室被认定为国家级"一带一路"联合实验室，在北京、上海等地建设离岸孵化器（基地）5 家，国家级国际科技合作基地达 12 个。科技国际合作覆盖 45 个国家和地区（组织）共 400 多家科研机构。与 23 个国家和地区签订了 300 余份校际交流合作协议。公派 1000 余人赴 30 多个国家开展留学、研修活动。7 个国家建成孔子学院（课堂）10 所，累计注册学员 20 余万人。"留学中国新疆计划"累计招收培养来华留学生 1.1 万余人。②

二 新时期新疆不断强化丝绸之路经济带核心区建设面临的困境

（一）配套基础设施建设相对滞后，功能亟须更加完善

随着核心区建设迈向高质量发展之路，依靠西行"最后一站"优势，新疆的区位优势和交通优势日益凸显，逐渐从通道经济转身成为"通道＋物流＋枢纽"经济。霍尔果斯和阿拉山口口岸班列数量、货运量日益大幅增长，导致口

---

① 苟继鹏、陶拴科：《新疆 8 年累计实现跨境收支 1693 亿美元》，中国新闻网，http：//xj.sina.com.cn/news/b/2021-06-23/detail-ikqcfnca2703748.shtml，2021 年 6 月 23 日。
② 何宇：《新疆推进丝绸之路经济带核心区建设成效明显》，"一带一路"网，https：//www.yidaiyilu.gov.cn/xwzx/dfdt/166795.htm，2021 年 3 月 9 日。

岸基础设施容量增长速度赶不上,场站换轨换装空间不足、场站资源短缺等问题愈加突出;新疆商贸物流基础设施薄弱,分拨集散中心、产业园区建设滞后,回程班列集货能力欠缺。第三方物流发展缓慢,信息化、专业化水平较低,冷链存储、运输、配送配套技术欠缺,运输车厢严重不足,冷链运输成本高。

(二)产业基础较薄弱,缺乏顶层设计

新疆工业产业结构的资源型特征十分明显,产品附加值低,同质化程度严重,企业自主研发和技术创新能力较薄弱,产业链条短、集聚能力弱;企业创新能力有限,科技成果转化能力相对较弱,进出口农产品同质化现象较严重,多数生产主体生产组织化、规模化、标准化程度仍然较低,难以在市场上产生足够的影响力,缺乏深加工基地,运输货物附加值较低。新疆外向型产品结构单一,外贸企业和跨国公司数量少、产品比重小、附加值低等问题依然存在。

(三)服务平台绩效不佳,支撑核心区作用发挥不够充分

中欧班列物流信息服务平台需强化互联互通,共享共用,物流平台公司联合协调机制需更加完善。新疆在建设自由贸易试验区中积淀的发展基础还不足,应积极借鉴落实内地自由贸易试验区的先进做法、先进经验,新疆在自由贸易区建设先行先试的各项工作中还有差距,创新环境和创新理念还有待突破;[1] 面对东部地区在吸引人才方面的全面优势,新疆乃至整个中西部地区都面临人才流失的窘境。

三 新时期新疆不断强化丝绸之路经济带核心区建设的重点任务及主要举措

(一)新时期新疆不断强化丝绸之路经济带核心区建设的重点任务

1. 加快推进乌鲁木齐陆港区建设

实施综合保税区园区、多式联运集货区、铁路快件中心等功能性支撑项

---

[1] 王宏丽:《新疆丝绸之路经济带核心区建设成效与展望》,《经济研究参考》2020年第9期。

目建设。建立健全乌鲁木齐陆港区与临空经济区联动发展机制等。加快推进运营乌鲁木齐铁路西站进口肉类指定口岸。加快推进霍尔果斯、阿拉山口铁路口岸改造提升工程，加强中欧班列关键节点建设。[①] 充分利用乌鲁木齐国际陆港区智慧陆港平台为各类企业提供优质服务。密切与企业沟通联系，根据客户的运输需求，制定运输方案。创新推出新疆中欧班列进口商铺微信商城、企业进出口服务、"班列购"、班列进出口商品展示体验中心等服务措施。以新疆中欧班列国际冷链运营和技术为支撑，升级冷链综合服务信息平台，加快推进国际冷链干线物流。依托乌鲁木齐国际陆港区的引领辐射带动作用，形成功能延伸、叠加效应，有效推动新疆各地特色产业协同发展，构建开放型产业体系，为中国新疆建设陆港型自由贸易港奠定坚实基础。推进进口保税备货模式跨境电商业务。

2. 全面推进"五大中心"建设

打造综合交通枢纽中心，加快联通内地与南亚、中亚、西亚以及欧洲的铁路、航空、公路通道建设，全面推进丝绸之路经济带上的综合交通枢纽中心建设。依托核心区"空中走廊"，加快乌鲁木齐国际航空枢纽建设，加快乌鲁木齐国际机场改扩建，引导和鼓励航空公司开通经中国乌鲁木齐至中西南亚、欧洲等地区国际航线，构建便捷通畅的丝绸之路经济带核心区"空中走廊"。积极推进铁路大通道建设。重点提升中通道功能，加快南、北两条通道和南北疆大通道建设；加快口岸公路的升级改造。加强对外通道与境内路网互联互通；加快构建云计算数据中心，着力推进丝绸之路经济带亚欧国际数据保税区和云服务中心建设，加快云计算、大数据等基础设施建设，面向沿线国家提供业务承载、数据存储、数据加工处理等服务，培育金融、交通、物流、能源大数据等新兴服务业态；加强国际商品交易中心、商品批发市场、国际物流通道等项目的规划和建设工作；支持国内外企业参与新疆商贸物流体系建设，积极搭建国际商贸物流合作平台；完成国际陆港物流组

---

① 石鑫：《乌鲁木齐—奎屯—伊宁—霍尔果斯高铁项目前期工作启动》，《新疆日报》2021年1月3日。

织平台、国际商贸交易平台、外向型产业发展平台等一批重点工程建设任务；重点培育和发展现代物流业、国际商贸业、高端服务业、先进制造业等先导产业，发挥国际陆港区产业集聚和辐射作用；推动科技创新合作，深化上海合作组织科技伙伴计划。继续开展留学互访和合作办学，深化人才培养合作。依托中医药优势，深入开展国际医疗服务合作，服务于周边及沿线各国百姓。建立旅游信息合作共享机制，努力把中国新疆打造成丝绸之路经济带旅游集散中心。

3. 持续推动霍尔果斯、喀什经济开发区升级发展

加快推进"两霍两伊"一体化发展，谋划一批"补链、强链、延链"项目，培育战略性新兴产业，改造提升传统产业。探索"飞地园区"发展模式，建设伊尔克什坦口岸园区江西进出口产业园。[①] 充分发挥喀什、伊犁口岸和交通枢纽的作用，拓展对外连接通道，加强与中亚、南亚、西亚和东欧的紧密合作，实现优势互补、互利互惠、共同发展，努力打造"外引内联、东联西出、西来东去"的开放合作平台，把喀什、霍尔果斯经济开发区建设成为我国向西开放的重要窗口；深化喀什、霍尔果斯经济开发区人民币跨境业务创新。以市场需求为导向，吸引国内外人才、技术、资金，高起点承接产业转移，突出特色，构建适合经济开发区长远发展的现代产业体系。加大招商引资力度，强化服务，全力推进外向型实体经济发展，增添持续发展动力。

4. 统筹推进口岸经济带发展

协调推动口岸错位发展，推进"一岸一城（镇）一特色"工程，着重提升口岸产业发展承载能力；[②] 持续强化霍尔果斯和阿拉山口口岸"一单制""门到门"的运营优势，放大国际冷链、跨境电商、进口肉类、水果、植物种苗、粮食、冰鲜水产品、国际运邮等业态的新动能，高起点建设专用口岸设施和特色商品物流集散中心；以"指定口岸＋"经济为驱动，打造

① 石鑫：《自治区印发〈工作要点〉部署推进2021年丝绸之路经济带核心区建设》，《新疆日报》2021年7月4日。

② 石鑫：《自治区印发〈工作要点〉部署推进2021年丝绸之路经济带核心区建设》，《新疆日报》2021年7月4日。

"运贸一体化"中欧班列高质量运营的新模式，以便捷物流带动产业集聚，建设新兴国际业务集聚中心；规划建设新疆邮政口岸综合枢纽基地，通过实施"邮政口岸＋"战略，借助采集器将邮包原始数据录入集装箱安全智能锁内，实现海关数据共享，拓展节点网络，构建陆空并进、覆盖全球的国际邮路通道网络，使邮政运输成为支撑跨境电商的物流主要渠道；围绕中欧班列、跨境电子商务等业务创新发展需求，完善线下"综合园区"平台，探索跨境电商的监管模式，深化"一区多功能"监管创新，把口岸作业区、快件监管中心、一般贸易检验中心、邮件监管中心、内贸货物监管中心等进行集中，更加提升"一站式、一窗口"便利服务；全面推动"一次申报、分步处置"的通关流程，最大限度缩短通关时间，提高通关效率，提高执法统一性。

（二）新时期新疆不断强化丝绸之路经济带核心区建设的重要举措

1. 创新核心区建设体制机制，提升服务能力

坚持以新发展理念引领核心区建设发展，充分发挥积极性、主动性，扎实推进丝绸之路经济带核心区重大项目建设和重点产业发展，确保各项重点任务落到实处、取得实效。更加协调推进明确牵头单位、责任部门和责任分工，形成纵向指导与横向协调相结合的工作落实机制，从大局出发，积极作为，密切配合，形成合力。担当履职尽责，保质保量完成各项任务，努力开创核心区建设新局面，拓展首府经济发展新空间。[①] 持续深化"放管服"改革，减少审批程序，提高办事效率。推进商事制度改革，深化"多证合一""证照分离"改革，推动各类市场主体发展壮大。改善高效规范、公平竞争、充分开放的市场环境，构建充满活力的市场主体。

2. 加快高质量"聚产业"，延伸产业链

强化龙头企业带动，重点抓好"十大产业"，统筹推进补齐短板和锻造长板，资源开发精细化，推动产业链和创新链双向融合发展，着力推动产业

---

① 苏军亚、盖煜：《徐海荣主持召开丝绸之路经济带核心区建设首府重点工作专题会》，https：//www.sohu.com/a/468382198_120870176，2021 年 5 月 25 日。

迈向中高端。加快阿拉山口口岸型国家物流枢纽、乌鲁木齐陆港型国家物流枢纽建设，完善国际国内物流通道衔接，提升口岸通关承载能力，推进中欧班列（乌鲁木齐）集结中心示范工程建设。全面落实中央赋予喀什、霍尔果斯经济开发区的特殊优惠政策，聚焦发展定位、奋力攻坚突破，建设加工贸易基地和服务业发展示范基地，深耕产业链建设，提升产业集聚发展能力。强化资本驱动，加强产融结合，不断进取和开拓创新，提升金融服务实体经济能力。紧盯重点产业类项目，加大招商引资力度，充分发挥辐射联动作用，着力延伸产业链条，增强持续发展后劲。深化开放程度、提升开放水平，加强边（跨）境经济合作区、境外经贸合作园区建设。加强与中央企业、援疆省市企业经济技术交流合作，实施产业援疆提升工程，高水平规划建设承接产业转移集中区，着力培育壮大产业集群。①

3. 更加完善基础设施，提高综合运输能力

坚持市场化运作方式，形成市场主导的投资内生增长机制，强化项目带动、投资拉动和融资联动，撬动社会资本投向基础设施领域，强化项目在稳投资、促增长中的支撑作用。建立完善项目库，重点加大交通、通信、电力、水利、能源、城镇基础设施等重大项目推进力度。推动一批企业"上云用云"，新建一批工业互联网平台。加强对前沿信息技术的跟踪与探索，构建适应产业发展新业态、新模式、新标准的政策环境，推动新一代信息技术发展应用同各产业深度融合。统筹交通规划布局，构建安全、高效、绿色、便捷、经济的现代综合交通运输体系。

参考文献

姚彤、洪瑞：《推进新疆丝绸之路经济带核心区建设工作座谈会召开》，《新疆日

---

① 雪克来提·扎克尔：《政府工作报告——2021 年 2 月 1 日新疆维吾尔自治区第十三届人民代表大会第四次会议上》，《新疆日报》2021 年 2 月 7 日。

报》2021 年 12 月 21 日。

解文滨：《加快推进丝绸之路经济带核心区建设的对策建议》，《新疆社科论坛》2020 年第 5 期。

杨楠楠、张文中、杨习铭：《丝绸之路经济带核心区打造"内陆自由贸易港"研究》，《价格月刊》2020 年第 9 期。

张帅：《中哈霍尔果斯国际边境合作中心离岸人民币业务发展研究——基于"丝绸之路经济带核心区建设"视域》，《对外经贸实务》2020 年第 11 期。

吴晓燕：《建设丝绸之路经济带核心区区域性仲裁中心的思考》，《新疆社科论坛》2020 年第 4 期。

孙培蕾：《丝绸之路经济带核心区贸易潜力研究》，《技术经济与管理研究》2020 年第 7 期。

张文中、蔡青青、克魁、杨习铭：《"丝绸之路经济带"核心区丝路能源金融中心建设研究》，《新疆社会科学》2019 年第 6 期。

陈泰伊：《新疆丝绸之路经济带核心区数字经济发展现状及对策建议》，《新疆社科论坛》2020 年第 3 期。

区域特色篇

Reports on Regional Features

B.16
陕西文化旅游产业发展现状
及问题研究

张 燕*

摘 要： "十三五"期间，陕西省游客接待量与旅游收入比"十二五"期间实现了大比例增长，文化旅游市场规模不断扩大。2021 年我国进入疫情防控常态化时期，但全球疫情防控形势仍然较为严峻，陕西旅游市场逐渐复苏，但仍以省内游、周边游、自驾游为主，文博旅游市场热度上涨，"云"旅游成为新的发展热点，夜间旅游经济势头强劲。同时存在文旅融合深度不足、旅游人才不足、旅游产业发展与资源富集程度不匹配、博物馆优势未充分展示、旅游基础设施建设存在短板、旅游收入偏低等问题。研究建议深化体制改革；统筹开发利用文化和旅游资源；创新文化旅游高质量发展模式；优化文化旅游产业的资金配置；增加文化旅游

* 张燕，陕西省社会科学院文化旅游研究中心主任、三级研究员，研究方向为文化旅游、文化产业。

产品的创新发展；加强文化旅游人才队伍建设。

关键词： "十四五" 旅游产业化 文化旅游 陕西省

一 陕西文化旅游产业发展现状

（一）陕西文化旅游产业市场现状

1．文化旅游产业市场规模

（1）文化事业繁荣发展。2021 年前三季度，陕西全省规模以上文化企业营业收入持续增长，营业收入总额达到 761.52 亿元，同比增长 19.8%；陕西全省规模以上文化企业从业人员恢复到 120250 人，同比增长 6.6%[①]。2020 年创建 8 个国家级文化产业示范园区（基地），评定 32 个省级文化产业示范园区（基地）。

（2）市场规模日渐扩大。2021 年重点旅游建设项目 527 个，涉及农业、创新产业、文化旅游产业、生态改善等产业类目；2020 年全年接待境内外游客 3.57 亿人次，旅游总收入 2765.55 亿元；完成 65 家高 A 级旅游景区的数字化预约服务对接，76 家景区进行了智慧旅游监控管理系统提质增效，促进了游客满意度的提升。根据《文化和旅游部办公厅关于开展第一批国家级夜间文化和旅游消费集聚区建设工作的通知》（办产业发〔2021〕123号）要求，在各省（区、市）和新疆生产建设兵团积极申报的基础上，经综合研究，确定了第一批国家级夜间文化和旅游消费集聚区（以下简称"集聚区"）名单，西安市大唐不夜城步行街、西安城墙景区、宝鸡市石鼓·文化城、延安市圣地河谷·金延安街区成功入选[②]。

---

① 资料来源：陕西省统计局，http：//tjj.shaanxi.gov.cn/。
② 资料来源：陕西省文化和旅游厅，http：//whhlyt.shaanxi.gov.cn/。

（3）2021年旅游产业复苏发展。2021年"五一"假期期间，陕西省接待游客1800万人次，旅游收入超16亿元，人均消费达431元，总收入比2019年同期增长7%。清明小长假期间，以西安为例，西安旅游业共接待游客433.45万人次，总收入20.18亿元。疫情防控常态化背景下，随着疫情防控工作的保护红线构建，陕西旅游市场逐步恢复，陕西文化旅游产业总体呈现出供给与需求稳步增长、旅游人气日趋火爆、旅游市场文明有序、旅游经济复苏强劲等特点。

2．文化旅游产业品质提升

2021年，陕西省文化旅游相关部门扎实推进文化产品创新发展、文化旅游服务体系提质增效，截至2021年，陕西已有A级旅游景区502家，其中5A级旅游景区11个；国家级旅游度假区1个，省级旅游度假区2个；国家全域旅游示范区达到5个，碑林区等17个县（区）成功创建首批省级全域旅游示范区，均处于国内领先水平。全省国家公共文化服务体系示范区达到4个、示范项目8个，统筹全省文化旅游资源及文化旅游服务设施建设取得的丰硕成果，为陕西"十四五"时期做好了开局引领作用。

3．体制机制和政策体系更加健全

陕西省委、省政府把"建设国际一流文化旅游中心"摆在更加突出的战略位置，先后出台了一系列相关文旅融合的政策文件。各市（县）出台了30多项具体的优惠政策。同时，积极联盟合作促进文旅游融合发展（见表1）。

表1 陕西出台促进旅游产业发展的政策汇总

时间	颁发部门	政策	主要内容
2019年3月	陕西省文化和旅游厅	《关于认真贯彻落实〈陕西省"十三五"文化和旅游融合发展规划〉的实施意见》	立足陕西特色,统筹抓好文化事业、文化产业和旅游业发展,不断创造更多的优质文化和旅游产品。全面开创陕西文化建设和旅游发展新局面,创造文旅融合发展的陕西模式

时间	颁发部门	政策	主要内容
2020 年 3 月	陕西省人民政府办公厅	《关于印发"一带一路"建设 2020 年行动计划的通知》	建设国际旅游枢纽。用足用好 144 小时过境免签政策,大力开发推广入境旅游产品。积极落实《北京、上海、陕西中国入境旅游枢纽合作备忘录》,深入打造京沪陕中国入境旅游"金三角"
2021 年 3 月	陕西省文化和旅游厅、陕西省发展和改革委员会	《陕西省黄河文化保护传承弘扬规划》	为深入贯彻落实习近平总书记在黄河流域生态保护和高质量发展座谈会和来陕考察讲话精神,保护传承弘扬好黄河文化,结合陕西实际,制定《陕西省黄河文化保护传承弘扬规划》,促进黄河陕西段的旅游发展,带动黄河经济带建设
2021 年 12 月	陕西省文化和旅游厅	《陕西省文化和旅游厅关于恢复组织跨省团队旅游的通知》	自 2021 年 12 月 2 日起,全省旅行社及在线旅游企业恢复经营无中高风险地区的省(区、市)跨省团队旅游及"机票+酒店"业务,逐步恢复跨省文旅市场秩序,在疫情防控基础之上,复苏文旅市场活力

(1) 加强"文旅+"深度融合发展。陕西省文化和旅游厅积极落实《关于促进文化产业和旅游产业融合发展的实施意见》,开展了国家文化和旅游产业融合发展示范区的申报评选工作。统筹全省文化旅游资源,强化文化旅游与农业、工业、科技、新兴产业的融合发展,全面提升全省范围内的旅游产品数字化水平。

(2) 陕西文旅惠民平台坚持"惠民为民"。2021 年 7 月 16~18 日,在 2021 西安丝绸之路国际旅游博览会举办期间,陕西文旅惠民平台分时段发放文旅惠民卡 5000 张、旅游景区 5 折专用惠民券 5000 张,并推出多条特惠主题旅游线路。通过惠民政策的实施与优惠主题线路的公布刺激陕西旅游市场消费,加速了陕西文化旅游市场复苏。

(3) 2021 年"一带一路"文化产业和旅游产业国际合作重点项目。

2021年10月9日，文化和旅游部公布了入选名单，"兵马俑VR影片'一带一路'国际巡展及线上文旅VR云平台"项目、"中外合作音乐剧《丝路之声》"项目成功入选，成为文化和旅游部开展国际合作、促进各国文化产业和旅游产业交流合作的重点项目。

新时代的陕西，传承经典、创新文化。《装台》《大秦赋》《长安十二时辰》《我是唐朝人》等一系列耳熟能详的优秀影视作品代表着陕西影视的辉煌成果。

（二）"十三五"文化旅游发展规划完成现状

1. 旅游产业规模不断扩大

2016～2020年，陕西省旅游产业规模保持20%左右的高速增长，截至2020年，全省接待国内外游客74304.5万人次，比"十二五"期间增长了192%，旅游总收入达7477.14亿元，比"十二五"期间增长了249%。截至2020年新增4家5A级景区、5家国家全域旅游示范区。

2. 旅游交流合作不断深化

西安丝绸之路国际旅游博览会已成功举办六届，参展国家及地区达到175个，为"一带一路"文化旅游产业提供了交流合作的平台。疫情防控期间，陕西省积极组织线上文化旅游交流活动，成功举办多场陕西文化展示传播线上展会，进一步巩固了国外游客市场，搭建了境内外文化旅游展示交流平台。

3. 文旅产业融合不断推进

"十三五"期间打造了青木川镇等31个文化旅游名镇，营盘镇等9个运动休闲小镇，成功举办杨凌农科城马拉松等体育赛事，张裕瑞那葡萄酒庄作为工业旅游基地成为"旅游+"的产业融合典范。以"一网知陕西、一机游三秦"陕西旅游网、骏途网、丝路商旅等为代表的旅游服务平台拓展了文化旅游的产业发展空间，创新了旅游发展模式，数字化内容、网络信息统筹、现代娱乐等新兴的融合业态发展增速较快。

4.旅游发展环境持续优化

相继打造沿黄公路旅游带、汉唐帝陵旅游带等旅游集聚带，形成关中、陕南、陕北三大特色旅游板块格局；旅游集散系统、全域旅游标识体系日趋完善。依托道路交通系统，以高速路与国道为主，建成了一批功能完善面向游客的旅游服务区。同时，陕西省4A、5A景区游客服务中心及游客集散中心实现了WIFI覆盖。

5.旅游精准扶贫扎实推进

陕西省委、省政府陆续出台《关于发展乡村旅游促进乡村振兴的意见》《关于大力培育乡村旅游示范村助力乡村振兴的实施意见》等相关政策法规，充分发挥了旅游对于地方经济发展的带动作用，以旅游产业为抓手推动陕西乡村振兴发展。宝鸡市大水川"旅游＋生态＋扶贫"模式受到李克强总理的肯定①，岚皋"三彩阁"、袁家村合作社、大水川景区、留坝扶贫社等乡村旅游项目成功入选文化和旅游部旅游扶贫示范案例，为后续的乡村振兴发展提供了切实可行的发展经验（见表2）。

表2 "十三五"期间陕西规划指标完成情况统计

指标任务	项目	"十三五"目标	完成情况（2019年统计数据）		原因或备注
市场规模	旅游总人数（亿人次）	64930	70714.5	完成	
	入境旅游人数（万人次）	465	465.7	完成	
	国内旅游人数（万人次）	64465	70248.8	完成	
旅游经济	旅游总收入（亿元）	6405	7211.59	完成	
	国际旅游收入（亿美元）	27	33.7	完成	
	国内旅游收入（亿元）	6236	6978.9	完成	
	旅游业增加值占GDP比重（%）	10	8.83	基本完成	

---

① 李乃斌：《总理来到我们陈仓大湾河村党支部书记洪四宝向李克强总理汇报脱贫攻坚侧记》，《西部大开发》2017年第7期，第62~67页。

续表

指标任务	项目	"十三五"目标	完成或备注（2019年统计数据）		原因或备注
旅游经济	旅游业对国民经济增长综合贡献率（%）	16	16.67	完成	
旅游消费	旅游业总收入占三产比重（%）	50	61	完成	
	省内城乡居民年均出游次数	5次以上	7次	完成	
	过夜游客人均消费（元）	1700	2237	完成	
	旅游购物消费占总消费比重（%）	20	8.7	未完成	陕西省旅游商品开发不够，商品价值不高，导致旅游购物消费占比未达标
社会效益	旅游就业人数（万人）	600	495.6	基本完成	
	新增就业人数占城镇居民就业人数比重（%）	15	12.84	基本完成	
品质提升	国家4A级以上旅游景区（家）	97	116	完成	
	国家5A级旅游景区（家）	11	10	基本完成	2020年12月29日，大明宫旅游景区评选成功
	国家级旅游度假区（家）	4月6日	0	未完成	2020年11月30日，宝鸡市太白山温泉旅游度假区评选成功
	省旅游示范县（个）	16	33	完成	
旅游投资	实施旅游建设项目（个）	1000～2000	4685	完成	
	完成旅游项目投资（亿元）	5000以上	5435	完成	

说明：受疫情影响，2020年上半年A级旅游景区、星级酒店、旅行社、国内外旅游等均处于关闭或停业状态，对旅游业产生非常大的冲击，2020年旅游行业数据不具备同比价值，对个别"十三五"规划发展目标完成情况有较大影响。

资料来源：陕西省文化和旅游厅，http：//whhlyt. shaanxi. gov. cn/。

二 陕西文化旅游产业发展形势

（一）国内游仍是2021年主旋律

疫情防控逐渐进入平稳阶段，2021年中秋、国庆小长假期间旅游市场逐渐复苏，受防疫政策控制，游客多数集中在国内游和周边游。游客出行方式由以前的多点观光游逐渐向单一地点长时间体验游转变。携程网发布《中秋国庆假期旅游大数据报告》显示，国庆期间酒店连住5天旅客环比增长35%，连住7天暴增70%，高铁周边游停留时长由2020年的1.5天提升至近2天。

（二）城市型夜间旅游成2021年增长极

携程网发布了《2021上半年旅游夜经济报告》。数据显示，2021年以来夜游迎来了爆发式增长，在夜游目的地TOP10中，西安位列全国第五；在夜间旅游景区及夜间实景演艺的带动下，西安市城市夜间旅游经济实现了大幅度增长，2021年上半年西安市成为夜游经济增幅最快的目的地第三名。

2021年10月19日，文化和旅游部正式公布首批120个国家级夜间文化和旅游消费集聚区名单，西安市大唐不夜城步行街和西安城墙景区成功入选。西安大唐不夜城自建成开放至今，逐渐成为西安市热门核心商圈，现在更是成为西安市亮眼的新名片，旅游消费增速全国第一。曲江旅游数据统计显示，2021年国庆7天假期期间，大唐不夜城与西安城墙旅游人数占西安市"十一"假期期间总接待人数的48.86%，城市型夜间消费成为陕西省夜间旅游消费的新热点。

（三）红色旅游成2021年新焦点

2021年是建党100周年，红色旅游迎来新的发展高峰，全国范围内红色旅游相关企业数量高速增长，截至2021年陕西省红色旅游相关企业有232家，位列全国第三。

2021年6月24日，红色旅游高质量发展论坛在西安举办，14台常态化旅游演艺中9台为"红色演艺"，《延安保育院》自2013年开演，截至2021年已累计接待游客200万人次。2021年，陕西省文化和旅游厅推出25条红色旅游精品线路，其中3条入选建党100周年百条精品线路。综上数据，陕西红色旅游市场正在逐步释放活力。

（四）乡村康养游2021年诉求大

截至2021年，陕西乡村旅游已打造了33个省级旅游示范县、43个全国乡村旅游重点村镇、159个省级旅游特色名镇、295个省级乡村旅游示范村、15家4A级乡村民俗类景区，并在全国推出十条乡村旅游精品线路。受疫情影响，群众广泛认识到身体健康的重要性，在选择出行目的地时会更偏向于乡村、田野、山林等自然舒适的环境（见表3）。

表3　2021年"五一"期间乡村旅游数据

景点	接待游客（万人次）
白鹿仓景区	51.09
白鹿原影视城	17.41
袁家村	68.30
马嵬驿	56.00
上王村	3.62
唐村	3.78

资料来源：作者整理。

（五）体育旅游2021年发展势头强劲

在疫情防控常态化背景下，体育赛事和活动有序恢复，国家体育总局、文化和旅游部联合发布19条"2021年国庆假期体育旅游精品线路"，"陕西西安阎良极限运动体验之旅"成功入选。同时，"十四运"的举办，为陕西省"体育＋旅游"的融合发展提供了新的机遇。为实现"办一届精彩圆满的体育盛会、民生盛会、文化盛会"的目标，2020年西安首次推出"西安全运游"的旅游概念，西安市政府倾力打造盛世长安体验游、红色经典研学游、竞技大赛会展游、舌尖之旅美食游等 40 条线路和 176 个打卡点，多彩的文化产品为来陕游客提供了丰富的旅游体验。

2020 年 10 月至 2021 年 5 月，"我要上全运"百场马拉松在全省 13 个市（区）展开，参赛人数超过十万人，体育旅游产业规模年均增长率达 14%。

（六）"云"经济成为新的文旅热点

受疫情影响，截至 2021 年 8 月 6 日，陕西省 502 家 A 级旅游景区已暂时关闭 111 家，但大众的文化旅游消费需求并没有因此消弭。线上"云"共享模式成为诸多博物馆及文化景区的主要展示方式，多个景区在网络平台推出不同类型的"云游"图文、视频、直播等。秦始皇帝陵博物院在微信、微博、抖音官方号推出"闭馆的日常"系列直播，在陕西历史博物馆官网，可以看到《古芮新迹》澄城刘家洼东周遗址考古成果虚拟展，《韩休墓壁画》虚拟展等，让全国各地的游客可以在家中享受博物展览，同时宣传陕西历史文化故事，为陕西文化旅游品牌的打造提供条件。

疫情防控期间，陕西省 502 家 A 级旅游景区关停 111 家，部分景区利用关停时间学习创新、强化营销、维护设施、升级产品，全面提升自身实力，为疫情后的旅游市场复苏做好准备工作。多处景区积极开展网上调研，以调研数据、游客评价为依据，华清宫升级了王牌产品——大型实景演艺《长恨歌》；白鹿仓景区筹备推出《夜谭·白鹿原》沉浸式光影秀；大唐不夜城、陕西省历史博物馆、西安城墙、大明宫等通过线上直播、互联网创新产品与全国游客实现线上"云"互动。

三　陕西文化旅游产业发展中存在的问题

（一）文化和旅游融合深度不够

陕西近年来着力推进文旅融合高质量发展，推出了批量的文旅融合产

品，取得了长足的进步。但文化创意活化、高科技手段利用、时尚潮流融合较弱，缺乏产业链的纵向延伸，影响了文旅融合发展的深度与广度。推出的文旅融合产品形式比较单一，具有代表性的精品项目不足，同质化严重。现有的文旅融合产品多以观光展示、旅游演艺为主，能够展示文化认知的深度体验产品较少。

陕西拥有文化、历史、博物馆等众多文化旅游资源，但在文化背景的挖掘和转化成具有经济效益的旅游产品上仍有不足，缺乏具有市场影响力的精品产品。

（二）文化旅游发展水平与资源地位不匹配

陕西省现有国家级全域旅游示范区 5 个、旅游度假区 1 个、A 级旅游景区 503 个，其中 5A 级景区有 11 个；倾力打造了《长恨歌》《延安 延安》《驼铃传奇》《延安保育院》等具有科技感、沉浸式、场景化旅游演艺 70 余台①；大唐不夜城步行街被列入首批全国示范步行街。文化旅游资源丰富，文旅融合工作稳步推进。

拥有深厚的文化底蕴、丰富的旅游资源，但陕西的文化旅游产业发展水平与文化旅游资源富集程度不匹配。在国际市场能够代表陕西文化形象的精品景区和旅游线路不多，不能全方位地展示陕西深厚的文化背景。目前陕西沉浸式、场景化的旅游演艺已在全国具有一定的知名度，但精品作品的数量与质量均与全国行业领先者存在较大的差距，旅游产品总体未能更好地转化为陕西旅游品牌。

如图 1 所示，以四川、云南、新疆、陕西、北京五个旅游热度较高的省份及地区的旅游关键词，对 2020 年 12 月至 2021 年 12 月的百度搜索指数进行对比，陕西省的搜索热度远低于其他几个地区，未能发挥出陕西省深厚的文化底蕴及富集的旅游资源优势。

---

① 李卫：《陕西：推进文旅高质量发展　打造高品质产品服务》，《陕西日报》2021 年 9 月 24 日，第 2 版。

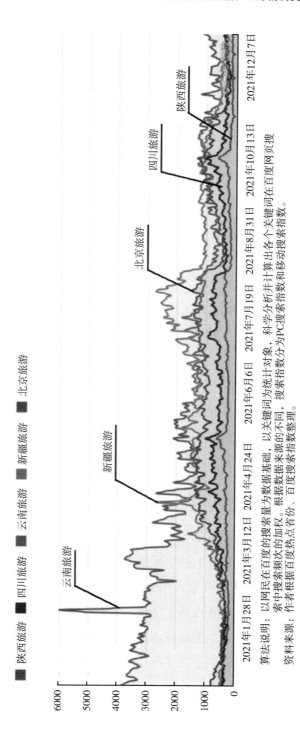

图 1　旅游热点省份及地区百度搜索指数对比

算法说明：以网民在百度搜索的搜索量为数据基础，以关键词同为统计对象，科学分析并计算出各个关键词在百度网页搜索中搜索频次的加权，根据数据来源的不同，搜索指数分为PC搜索指数和移动搜动搜索指数。

资料来源：作者根据百度热点省份，百度搜索指数整理。

2021年"五一"假期打造高品质产品服务，西安接待游客人次超过了上海，仅次于成都；旅游收入却低于上海、成都、重庆，排名第四。全国50强旅游城市陕西只有西安上榜，西安的亮眼成绩从侧面反映了陕西省范围内的其他地区旅游产业发展亟待加强，全省范围内的产业发展差异化过大。陕北与陕南地区的文化资源富集程度不弱于关中地区，但对于文化资源的挖掘、旅游产品的宣传、区域交通的打造、旅游服务设施的建设均落后关中地区。

（三）文化旅游人才不足

陕西省位于内陆西北地区，文化旅游产业发展速度较慢，与国内先进水平省份对比仍有较大差距，经济环境较差，人均收入低，导致大量人才外流。旅游高端复合型人才、创新型人才、高级管理型人才极度缺乏，致使文化旅游产业人才结构不合理，难以满足陕西省文化旅游产业高质量发展的需求。

同时，旅游行业一线服务人才存在较大缺口，现役服务人员、高级导游、酒店管理服务人员的专业技能培训体系缺乏专业化的统筹管理，旅游相关人才专业技术知识需要依据市场变化不断调整更新。基层文化旅游机构的专职人员队伍稳定性差、数量不足等问题较为突出。

（四）陕西文化产业发展较慢

1. 陕西具有国内外影响力的文化产品较少

综合各大网络平台2021年5～10月的搜索数据及百度搜索指数数据，以"陕西旅游"为关键词进行搜索，相关搜索词条进入前十的景区主要有四个：兵马俑、大雁塔、大唐不夜城、华山。基于陕西省富集的文化旅游资源，具有国内外知名度与影响力的景区占比过低，远达不到形成特色旅游目的地的陕西文化品牌效应，知名景区之间也未形成规模效应，没有较好地辐射周边地区。

大部分"文化旅游＋"项目知名度相当有限，如"法门寺新春祈福法会""汉阴油菜花节""汤峪温泉旅游节""扶风野河山槐花节"等外省知晓率低；在全国具有影响力的演艺产品数量较少，"文化旅游＋影视演艺"方面，有临潼的《长恨歌》、延安的《延安保育院》等，但不如河南省的创新度大、知名度高，真正影响力大的文化演艺节目并不多。

2. 并未形成完整的影视产业链、产业集群和集聚区

陕西现有影视制作机构361家，这些年鲜有出彩的作品，如何把影视产业和文化旅游融合，让影视创作与文学创作、文娱演出、旅游观光相辅相成，已经是陕西影视界面临的现实问题。

3. 文化与旅游融合发展的速度、规模、趋势在很大程度上受到限制

西安白鹿原民俗文化村依托陈忠实先生的文学作品《白鹿原》而建，模仿雷同的形式已经非常明显，在学习袁家村的道路上越走越远，最终关门。

（五）博物馆优势未充分展示，文创产品少且不精

陕西省范围内目前有省级备案博物馆与纪念馆共计303座，收藏文物数量多达774万余件，文物资源丰富，底蕴深厚。诸多的文物收藏与成规模的文博单位为陕西省文创产业的创新发展提供了丰富的素材。目前，陕西省博物馆、西安城墙、大明宫、兵马俑等纷纷展开了相关主题的文创产品开发，但产品仍然处于初级开发阶段，创新性不强，与国内目前领先的故宫博物院相比缺乏市场竞争力与影响力。大部分博物馆与纪念馆还未开展文创产品的研发工作，文创产业的发展与文物历史底蕴的深厚程度不成正比。

1. 资金投入力度不足

目前文物保护工作的经费主要来源于政府拨款，陕西省文物管理系统整体财政倾斜力度不足，同时文物保护工作中对于文物的抢救性修复资金消耗较大，没有足够的资金用于文化创意产品的研发工作当中。

2. 专业人才成为短板

目前陕西省文物保护单位、博物馆等相关文创产品的开发多由单位本身组织完成，未能和行业顶尖单位或独立设计师进行良好的合作与联动。博物

馆内部从事文创开发工作的人员大多不具备文创设计的行业经验，所设计产出的产品目前仍处在仿制阶段，没能形成有特色的设计标志与风格。

3. 经营管理模式更新慢

陕西部分博物馆的经营模式仍然为个体承包制，承包制的经营制度降低了博物馆的经营风险，收入较为稳定，但由于缺乏权威的上位管理单位，文化旅游产品开发同质化严重、质量较差。西安城墙、陕西历史博物馆、大唐不夜城等热点景区的周边文创产品近两年有创新性地发展，但与故宫文创产业的发展仍有较大差距，开发程度与陕西辉煌的历史文化相比尚难匹配。

2021年文博旅游市场的爆发式增长，显示出了陕西博物馆景区的诸多弊端，例如接待能力不足、展陈方式缺乏创意、基础服务设施不匹配等问题，成为制约陕西文博产业发展的重要因素。

（六）文化旅游宣传力度不足

陕西文化旅游景区多数依赖官网以及传统媒体宣传，对于新兴媒体的宣传投放重视程度不足。西安市大唐不夜城成为"网红"的契机在于游客在抖音平台发布"不倒翁小姐姐"的视频爆火之后，在互联网上引发了极高的热度与关注度。大唐不夜城景区后续跟上了市场热度，加强了景区官方媒体在新兴平台的宣传力度，联合西安各大景区，打造系列活动，将西安打造成为现代社交媒体上的"网红"城市。陕西省范围内的各个地区与景区则缺少同类的宣传营销手段，未能打出知名度，游客在进行旅游目的地的选择时则缺少可筛选的相关信息，在互联网时代会导致大量的隐性客源的流失。

（七）旅游基础设施硬件条件不足

陕西城市群对外运输大通道建设进展良好，但中心放射状的交通网格局尚未转变为多节点网络化格局，宝鸡市、天水市、平凉市、华山等机场、旅游公路、景区公路等项目前期工作进展较慢。交通道路的不便利很大程度上降低了景区以及城市旅游的辐射覆盖面积，城市周边的旅游景区通达性低，景区与景区之间缺少直达线路，降低了游客出行意愿，不同地区的客源转化率低。

（八）旅游收入偏低，门票收入占比过大

陕西省作为文化旅游资源大省，旅游产业的发展未能充分发挥丰富的文化旅游资源优势，旅游产业收入与邻省存在明显的差距。陕西省旅游收入整体偏低，其中主要依赖门票收入，亟待延长产业链。

1. 区域内旅游资源发展不平衡

以红色旅游为核心的陕北地区，以生态旅游为特色的陕南地区，以帝王陵墓为标志的关中地区，均已初步建立了特色旅游品牌，但闻名全国乃至海外的均是各地的个别龙头景区，比如陕北的南泥湾、枣园革命旧址、清凉山；陕南的金丝峡、天华山国家森林公园等；关中地区的大部分4A级以下等级景区缺乏参与感。优质的景点、景区大多集中在西安及其周边地区，西安地区文化和旅业业发展迅速，陕南、陕北优质资源开发利用不足，比如商洛山阳的漫川古镇、洋县的蔡伦墓、宝鸡的大散关等景点就是如此；缺乏文旅融合产品，仍然依赖门票经济，过度依赖假日旅游。

2. 省域范围内资源格局较为零散

西旅、陕文投、曲文旅、陕旅集团以及各地市的文旅企业占据了陕西优质的旅游资源，5A级景区多数归旅游集团管理，4A级及以下景区则多数为平台托管或自营，资源格局较为零散。旅游集团间各自为政，未能统筹协同发展，优质旅游资源之间未形成良好的合力，文化和旅游产品结构失衡，小微企业对文化旅游资源的开发建设占比不高，文化旅游市场发展不平衡。

3. 旅游产业链有待延伸

西安在世界文化遗产和每10万人拥有博物馆与文化艺术场馆数量排名中遥居前列，但在规模以上文化企业、从业人员数量和文化产业增加值占GDP比重却排名靠后，甚至大幅度低于深圳这样文化底蕴较少的新兴移民城市。资源优势无法转化为经济优势。

4.陕西旅游收入基数较低

《陕西省旅游经济发展报告》中接待游客花费构成显示,来陕旅游的游客花费最高项目为长途交通,其次是美食和住宿,在休闲娱乐与购物两大方面游客消费较低,暴露出陕西省旅游产业创收能力的短板。同时,陕西省的客源以西部周边省份为主,游客购买力低于东南沿海地区。

四 陕西文化旅游产业发展对策及建议

(一)深化体制改革,构建科学的管理体系

1.厘清文旅机构职责

陕西省应从加强部门协作沟通、建立统一管理体系、各分管部门厘清职能三方面进行文化旅游管理体制的改革,由省级层面进行要素与功能的整合,提高功能部署的顶层设计水平。以协调的管理体制打通区域分割的状况,简化办事程序,提升部门间的合作效率。各部门有序组织文旅产品的开发运营,提升待建设项目的功能性,引导文旅市场资源的有效整合,为陕西省文旅发展奠定深厚的制度基础。

2.政策扶持,加速文旅高质量发展

积极推动政府产业政策的制定,出台文化旅游与多产业融合的相关政策法规,吸引中小文化与旅游相关企业投入旅游产品的开发、建设中,延长文旅产业链。通过政府引导,构建优质的文化旅游发展环境,搭建高水平文旅融合的平台。

一方面,政府是产业融合的引导者和推动者,建议由陕西省文化和旅游厅主导各地市相关部门对现行文化与旅游产业相关政策法规进行梳理,制定文化和旅游政策法规深度融合的关联机制,实现共建共享。例如,在土地利用方面,制定文化用地与旅游用地的交叉混合使用政策,划分多用途使用土地,提高土地利用率,同时能够推进文化与旅游的融合发展。

另一方面,建议积极出台新的政策,结合后疫情时期的市场发展趋势,

出台具有前瞻性的金融倾斜政策、企业扶持政策、示范区建设政策等，吸引社会资本、高端复合人才以及先进的行业技术向旅游产业集中。基于陕西省深厚的文化底蕴与富集的历史文物资源，加强国家级、省级、市县级的文物保护单位的管理机制构建，提高地方政府对于文物保护、历史文化传承的重视程度，加大财政资金的倾斜力度，为陕西省文化旅游资源的开发利用提供良好的发展环境。

3. 发挥行业组织在文旅高质量发展中的作用

旅游交通机构或企业组织、饭店与餐饮业组织、旅行社协会组织，以及旅游学会等旅游行业组织是推动区域文化旅游事业高质量发展的重要力量。其专业化能力突出，聚集了大量的专家与专业人才，应当引导各产业领域内的行业组织更多地发挥带头作用，为陕西省文化旅游高质量发展做出贡献。

（二）统筹开发利用文化和旅游资源

1. 加强文化旅游资源统筹开发

加强地域特色文化挖掘，积极组织开展文化旅游资源普查，搭建省内文化旅游资源库，引入智慧化系统实施动态管理。各市县积极编制文化旅游相关上位规划，指引地方文化旅游产业发展，推动区域协同发展。政府主导扶持优质文化旅游企业，对文化和旅游资源进行优化整合与利用，利用政策倾斜与资金补偿，鼓励企业开发建设精品文旅产品，实现共建共享。

2. 深化文旅融合打造特色品牌

陕西高质量文化旅游融合发展，离不开行业的产品创新，文化旅游的融合应扩大旅游业与不同行业间的合作，各市区应充分挖掘自身特色，深化地方旅游与体育、农业、健康、科技等行业的创新融合发展，打造具有地域特色的旅游产品。

陕西在打造丝绸之路起点风情体验旅游走廊、大秦岭人文生态旅游度假圈、黄河旅游带和红色旅游系列景区"四大高地"的同时，注重旅游要素在产品体系中的搭建结构，挖掘不同地区的文化背景，融入特色餐饮、高端酒店、品质民宿的建设中，打造差异化的地方特色品牌。提升各景区内部的

旅游产品品质,强化区域内部景区、博物馆、文化馆、实景演出等设施配套的文化元素整体性,全面提升文化旅游品牌的整体性。优化陕西省旅游产品结构,发展目的地型旅游产品,打造国内外具有影响力的文化旅游目的地。

3. 推动公共服务体系转型升级

科学合理配置公共资源,加强政府资金政策倾斜,针对当前建设短板,着力提升旅游交通建设、免费 WIFI 覆盖、游客集散中心建设、旅游信息标识标牌设计等基础设施建设。统筹省内各市县地区协同发展,搭建资源共享平台,实时更新旅游动态信息,实现陕西省文化旅游智慧化发展。

(三)创新文化旅游高质量发展模式

加强历史文化景区、红色景区、民俗景区的特色实景演出、地方文化演艺、地方非遗技艺展示等能突出地域及景区特色的沉浸体验产品。结合研学旅游、红色旅游、康养旅游、自驾旅游、沉浸体验游等新的旅游消费热点,开发创新型文化旅游产品,推动旅游市场消费升级。发挥"西安城墙马拉松""第十四届全民运动会"等国家和省级旅游商品大赛的影响力,加大景区文创产品、非遗手工产品等转化为旅游商品的力度,提升旅游商品在陕西省旅游综合收入中的占比。

统筹利用陕西省省级和国家级博览会、世界级文化贸易交流会,拓展文化贸易业态,推动省内优秀的文化产品"走出去"。打造线上线下相结合的跨境电子商务产业链,推动文化旅游产业结构转型升级。

加强旅游惠民系统建设,积极发放惠民卡,建立扩大文化旅游消费长效机制,推出多种惠民文化和旅游产品,不断改善文化旅游市场消费条件,挖掘文化旅游消费潜力。

(四)优化文化旅游产业的资金配置

疫情防控常态化时期,陕西历史文化旅游景区、博物馆、文化馆接待人数与旅游收入明显增长,应加强对陕西省文物保护单位文化资源向旅游资源转化的资金支持。加大政府对文旅融合示范项目、文化旅游企业的扶持力度。鼓励优秀的文化旅游企业开发建设优质文化旅游产品，给予资金支持与信贷优惠。

探索文化、旅游和金融合作的新模式，创新针对文化旅游产业的信贷产品，延伸服务渠道，对乡村旅游、康养旅游、红色旅游等热点方向优质产品提供重点支持。文旅相关政府部门加强与银行合作，推动"专项文旅贷""文旅支行"等特色金融服务。鼓励建立文化（文旅）金融专营机构，鼓励成立文化特色保险分支机构。

（五）增强文化旅游企业创新意识，带动产业发展

旅游企业与文化企业是推动文旅高质量发展的重要支柱，应加强创新发展理念的建设，充分利用互联网、大数据等科技化手段，不断挖掘客户需求，以扎实的数据分析为依据，以提升游客体验为出发点，创新文化旅游产品，优化文化旅游服务系统。不断提升优质产品的市场竞争力，推动文化旅游产业的转型升级。

政府着力扶持一批具有创新性、专业性的地方特色文化旅游企业，培育龙头企业，发挥优秀企业对文化旅游产业的带动作用，构建合理的产业体系。支持国有企业进行体制机制改革，重点支持西影集团、广电集团、陕西旅游集团、新华发行集团、陕西出版集团、陕西日报报业集团以及其他演出、会展等文化产业集团尽快做大做强。

（六）增加文化旅游产品的创新发展

依托陕西优质文化旅游资源，深度挖掘旅游景区与地域特色文化，加强旅游资源的智慧系统建设，着力科技手段、潮流元素、智慧系统与文化旅游产品的创新性融合发展，构建陕西国际文化旅游目的地新形象。

1. 推动文旅产品数字化转型

新冠肺炎疫情对文旅市场产生了严重的负面影响，同时使全国游客的消费习惯、消费内容、消费形式都发生了较大的变化，这对文化产业的产品结构、宣传方式与管理体制都提出了更高的要求。疫情防控常态化背景下，应

着力推动文化和旅游市场产品的数字化转型，创新5G、大数据、智慧化系统、人工智能在文化旅游产品中的创新应用形式，提升产品质量，顺应时代要求。

支持传统业态转向线上线下融合发展，支持传统文艺表演、演出场所、大型演艺剧目等与互联网平台深度合作，加强市场培育。依托《长恨歌》《驼铃传奇》《延安保育院》等优质IP，深入挖掘优质文化价值，建立网络直播、线上演艺的付费观演等模式。利用文旅融合的市场发展，推动地方优秀文化的数字化转型，鼓励非遗传人、博物馆、文物保护单位等开发线上产品，打造线上研学产品、科普产品、"云"展览等，以"云"经济拓展旅游市场发展。

支持传统文化企业与旅游相关企业（包括线上企业）的合作，着力推动西影集团、陕旅集团等与腾讯等互联网机构的拓展合作。鼓励旅行社、星级酒店、旅游景区、特色民宿、旅游乡村等的线上产品开发，启动并完善线上预约功能，加强与线上平台的合作，优化旅游资源线上线下互补，激发市场活力。

2.活化利用陕西文化遗产

利用声、光、电等科技手段，将静态文化遗产转化成动态演出，对于一些不可移动文物、缺少实物的历史遗址、非遗技艺、非遗文化等使用科技手段制作全息投影、虚拟复原、线上展览等进行可视、可触、可听的展示，增强文化遗产的可感性，提升游客在旅游过程中的参与感与体验感。

结合陕西各市县的民俗文化、民间技艺、非遗技艺体验游产品的开发，保护传承民间传统文化，加强传统文化向旅游商品的转化，形成特色的文化品牌，构建多元化的文旅融合发展形势，让陕西丰富的历史文化遗产真正"活"起来，实现文化资源数据化，适应新的文化业态与消费模式。

3.创新博物馆的文创产品

陕西省拥有省级备案博物馆、纪念馆303座，其中一级博物馆9座、二级博物馆13座；在"中国城市博物馆数量排行榜"中，西安以91家居全国第4位，陕西历史博物馆在亚太地区博物馆参观人数排名中居第12位。

通过打造特色的博物馆IP，满足游客对于"文物产品带回家"的需求。深入挖掘博物馆文化特色，避免产品出现同质化。加强人才引进的体制机制建设，聘用优秀设计团队与设计人才，结合自身需求，开发具有自身特色的周边文创产品。将文创产品视为文化特色、藏品特色的宣传载体，加入省级交流平台、"一带一路"展会平台的产品体系，让馆藏文物"活起来"，加强文化的传递性。同时，拓宽营销渠道，加强线上线下的市场宣传，重视文创产品的电商化，多平台开发文创产品旗舰店，吸引游客关注度的同时，将文创产品转化为切实的文化旅游收入。

（七）优化全域文化消费环境

1. 推动文化旅游服务标准化和国际化

文化旅游基础服务设施的建设质量直接影响了文化旅游经济收入，包括与交通、住宿、餐饮等相关的旅游配套服务设施。以国际化、高要求的旅游服务标准提升陕西文化旅游的服务质量，是陕西文化旅游市场高质量发展的必要前提。

旅游景区的安全性、可达性、便利性是游客选择旅游目的地的重要考虑因素，陕西应着力全面提升各市县景区及旅游区的硬件设施品质，提升旅游交通的通达性、景区环境质量、景区信息化程度，优化陕西文化旅游口碑，实现良性循环。

2. 全面发展全域旅游

石泉县、黄陵县、柞水县成功创建第二批国家全域旅游示范区，碑林区等17个县（区）成功创建为首批省级全域旅游示范区，旅游产业发展全域化取得了长足的进步。依托西安市全国领先的旅游目的地地位，深化区域合作，建立区域合作关系，搭建区域无障碍旅游通道。选择"产业融合"路径，突出"全省一盘棋"管理体系，打造"引领示范"产品，推动全域旅游示范省的建设。

3. 大力发展夜间旅游经济

"十四五"期间，建议陕西各市县积极出台促进夜间旅游、刺激夜间消

费的相关政策法规，打造夜间潮流购物地、发展夜间休闲餐饮聚集地、打造夜间风情街、增加景区夜间文旅融合产品开发，活跃夜间消费市场。

以观光型夜市、沉浸式舞台表演、大型光影秀、特色星空住宿等夜间产品，作为拉动城市夜间经济发展的抓手。各市县、地区相关部门积极推进有条件的景区、博物馆、示范区开展夜间旅游服务，点亮夜经济，加强市场管理规范条例建设，提供安全、便利、丰富的夜间消费产品，为夜间旅游市场的发展创造优质的环境。

（八）加强文化旅游人才队伍建设

强化人才政策制度落实，大力弘扬"西迁精神"，加大文化旅游复合型管理人才、专业化中青年人才、高精尖人才培养引进力度。搭建与高校相关专业及科研机构的合作平台，加强合作交流，构建高校人才的实习体制，健全系统化的人才培育体制。

加强从业人员、相关企业干部、一线专业人员的培训工作，开展省际与国际的交流学习，加大对于文化旅游专业服务理念的培训宣传，引进国际先进的服务体系，如星级酒店的"金钥匙"服务体系在文化旅游产业中的实际应用。充分发挥互联网在人才团队建设中的功能，制定完善的互联网互动体系，提升工作效率，实时反馈工作情况。

陕西省政府应着力营造良好的人才发展环境，制定人才引入政策，构建资金奖励体系，让更多的人才主动留下来，为陕西省文化旅游产业发展做出贡献。

参考文献

庞雅妮、李博雅：《博物馆文创与文物活化 ——〈陕博日历·彩陶中华〉研发的思考与实践》，《文博》2020 年第 1 期。

李华、易平：《重庆地区博物馆文创设计开发实践与探索》，《大众文艺》2018 年第 20 期。

王晓芸：《刍议西部大开发与陕西文化旅游产业创新发展》，《新西部（上旬刊）》2019 年第 12 期。

朱耀勋、孙辉：《打造文化和旅游高质量发展的"陕西样板"》，《西部大开发》2019 年第 7 期。

戴有山：《文旅融合：确立文化旅游消费的风向标》，《中国民商》2018 年第 6 期。

段兆雯、张兆琴、王媛媛：《陕西省文化旅游产业提升路径》，《长安大学学报》（社会科学版）2017 年第 6 期。

张涵斐、李旭、刘昱彤、唐煜凯：《沉浸式体验在思政教育中应用的路径探索 ——以延安当地红色体验模式的发展现状为例》，《青年时代》2020 年第 6 期。

B.17
祁连山生态环境保护与区域
高质量发展路径研究

段翠清*

摘　要： 祁连山作为我国西部重要的生态安全屏障区域，对甘肃和青海两省经济社会发展与生态安全建设具有十分重要的地位。本文在对祁连山自然生态环境现状和区域经济社会发展状况进行分析评价的基础上，认为祁连山区域经济高质量发展受到祁连山生境脆弱、生态保护治理难度较大、区域产业科技支撑能力较弱、生态环境保护与经济社会发展相互制约等因素的影响。因此，祁连山区域在高质量发展路径选择上应该树立"生态环境保护第一"的原则，在重点提升祁连山水源涵养功能的基础上，通过优化产业结构转型与升级，深化祁连山区域体制机制改革，加强制度体系建设，从而在祁连山区域建立现代化治理体系，探寻祁连山区域高质量发展的长远之路。

关键词： 祁连山　生态环境　高质量发展　甘肃　青海

　　党的十八大以来，习近平总书记从生态文明建设的整体视野提出"山水林田湖草是生命共同体"的论断，强调"统筹山水林田湖草系统治理""全方位、全地域、全过程开展生态文明建设"。党的十九大，习近

---

* 段翠清，博士在读，甘肃省社会科学院副研究员，主要研究方向为恢复生态学、环境科学。

平总书记提出"我国经济已由高速增长阶段转向高质量发展阶段"的经济发展目标，并强调"建立健全绿色低碳循环发展的经济体系"的绿色发展方式。祁连山作为我国西部重要的生态安全屏障区域，横跨甘肃和青海两省，是黄河流域和河西内陆河流域的主要水源补给区，对甘肃和青海两省经济社会发展与生态安全建设具有十分重要的地位。因此，甘肃西部和青海东北部区域的经济社会发展必须建立在对祁连山生态系统整体状况充分认知和保护的基础之上，统筹优化祁连山区域经济产业结构，共建西部高质量发展新格局。

一 祁连山生态环境与区域经济发展现状

（一）祁连山自然环境现状

祁连山位于青藏高原、黄土高原、内蒙古高原三大高原的交界处，横跨于甘肃青海两省地域交界处（35°46′~40°02′N，92°36′~103°58′E）。祁连山东西长约800公里，南北宽约300公里，境内拥有多条东南和西北走向的山脉，山脉由东向西自动抬升，海拔有2000~6000米不等。祁连山地处我国西北内陆，属于大陆性高原气候特征[①]，主要表现为冬季寒冷干燥，夏季温暖湿润，年均气温0.6摄氏度，年均降水量400毫米左右，且主要集中在每年的5~9月，湿度和降水量沿海拔由高到低逐次降低，整体呈现冬季漫长夏季短暂的气候特征。不同的海拔高度和独特的气候特征造就了祁连山丰富多彩、错落有致的地理地貌，沿海拔高低依次形成了冰川、森林、草原、荒漠等不同的自然地理景观。祁连山特殊的自然地理位置也成为动物迁徙的重要廊道（见表1）。

---

① 刘雪梅、张明军、王圣杰、王杰、赵培培、周盼盼：《2008~2014年祁连山区夏季降水的日变化特征及其影响因素》，《地理学报》2016年第5期，第754页。

表1 祁连山自然资源分布数量

资源类型	数量	单位
山脉	15	座
气候	4	种
河流	12	条
湖泊	6	个

资料来源：https：//baike. baidu. com/item/% E7% A5% 81% E8% BF% 9E% E5% B1% B1% E8% 84% 89/431088？fr = aladdin，最后检索时间：2022 年 1 月 20 日。

（二）祁连山生物多样性分布现状

祁连山区域复杂多变的自然地理特征造就了丰富的物种资源。据统计，受东南季风和水热条件分布的影响，祁连山目前共分布有半荒漠草原、山地荒漠化草原、山地森林草原、高山灌丛草甸、高寒草甸以及高寒稀疏草甸等六种植被分布类型[①]。祁连山境内拥有祁连圆柏、青海云杉、狭叶锦鸡儿、芨芨草、醉马草等 2622 种植被，它们分别隶属于园柏科、菊科、禾本科等190 个科类和云杉属、桦木属、柳属等 902 个属类[②]。已有调查结果显示，祁连山境内共有昆虫种类为 16 目 175 科 1609 种，其中，拥有珍稀蝴蝶 17种，其中凤蝶科 2 种，绢蝶科 15 种；拥有 7 种不同质地的土壤类型，28 目63 科 294 种野生脊椎动物，54 种国家Ⅰ级、Ⅱ级保护野生动物，4 种濒危野生动植物物种[③]，这些丰富独特的生物资源使得祁连山成为我国重要的生物物种资源库（见表2）。

---

① 金博文、康尔泗、宋克超等：《黑河流域山区植被生态水文功能的研究》，《冰川冻土》2003 年第 5 期，第 580 页。
② 刘明龙：《祁连山保护区森林生态系统现状与保护对策分析》，《农业与技术》2020 年第 24期，第 87 页。
③ 张超：《祁连山国家公园生物多样性和自然生态系统的特征调查分析》，《青海农林科技》2020 年第 4 期，第 17 页。

表2 祁连山主要生物分布情况

生物种类	名称
森林植被	小叶杨林,白桦林,红桦林,糙皮桦林,山杨林,秦柳林,青海云杉林,祁连圆柏林,油松林,青杆林,紫果云杉林等
灌丛类植被	小檗灌丛、沙棘灌丛、叉枝圆柏灌丛、西藏沙棘灌丛、短叶锦鸡儿灌丛、水枸子灌丛、蔷薇灌丛、秦岭柳和坡柳等柳属灌丛、柽柳灌丛、陇蜀杜鹃灌丛、头花杜鹃灌丛、百里香灌丛、长管杜鹃灌丛、金露梅灌丛、窄叶鲜卑花灌丛、鬼箭锦鸡儿灌丛、小叶金露梅灌丛、高山绣线菊灌丛等
草原植被	西北针茅草原、短花针茅草原、长芒草草原、疏花针茅草原、芨芨草草原、醉马草草原、扁穗冰草草原、紫花针茅草原、冷蒿草原等
草甸植被	高山蒿草草甸、高原蒿草草甸、蒿草草甸、线叶蒿草草甸、马蔺草甸、赖草草甸、芦苇草甸、华扁穗草沼泽草甸等
沼泽和水生植被	杉叶藻沼泽、紫果蔺和短蕙草盐生沼泽、毛柄水毛茛沼泽、芦苇沼泽等
高寒垫状植被	垫状点地梅、垫状驼绒藜亚菊、垫状蚤缀、唐古特红景天等
高寒流石坡稀疏植被	水母雪兔子,水母雪莲,鼠麹凤毛菊,短垂头菊,短管兔耳草,簇生柔籽草,甘肃蚤缀
国家Ⅰ级重点保护野生植物	裸果木、绵刺
国家Ⅱ级保护野生植物	星叶草、野大豆、桃儿七、红花绿绒蒿、山莨菪等32种
土壤	山地棕钙土、山地栗钙土、山地草原土、山地灰褐土、山地草甸土、高山荒漠石质土、高山冰沼土
珍稀野生动物	藏野驴、沙狐、马鹿、赤麻鸭、斑头雁、大鵟、藏原羚、旱獭、蓝马鸡、岩羊、鹅喉羚、高山秃鹫
昆虫类	蜻科(2种)葬甲科(7种)蜓科(3种)隐翅甲科(2种)螳螂科(1种)龙虱科(1种)蠼螋科(1种)花萤科(1种)石蝇科(1种)蚁形甲科(2种)蜉科(3种)花莹科(2种)姬蜉科(4种)郭公虫科(3种)猎蝽科(1种)瓢虫科(24种)花蝽科(3种)芫菁科(20种)盲蝽科(1种)食蚜蝇科(31种)褐蛉科(1种)食虫虻科(19种)蝶角蛉科(1种)网翅虻科(1种)螳蛉科(1种)虻科(1种)粉蛉科(1种)蜂虻科(5种)草蛉科(8种)蚁科(2种)蚁蛉科(8种)蛛蜂科(1种)角石蛾科(1种)胡蜂科(2种)虎甲科(10种)泥蜂科(5种)步甲科(16种)方头泥蜂科(2种)长扁甲科(1种)土栖泥蜂科(1种)

资料来源:陈桂琛、彭敏、黄荣福、卢学峰:《祁连山地区植被特征及其分布规律》,《植物学报》1994年第1期,第63~72页。

（三）祁连山生态系统服务价值分析

所谓生态服务价值主要是指某一特定的自然生态系统区域为人类所提供的各类直接或者间接的经济社会效益。祁连山生态系统复杂多样，是拥有冰川、森林、草甸、湖泊等"山水林田湖草"为一体的多功能生态系统。祁连山作为我国西北内陆地区重要的生态系统，为甘肃和青海两省居民提供了湿润的空气、充足的水源、优质的牧场、肥沃的土壤、丰富的矿藏以及优良的生存环境。据统计，祁连山每年可以提供的生态资产总价值约1200亿元[1]。祁连山拥有2859条冰川、高达1900余平方公里的冰川面积，成为黄河流域上游主要的水域补给系统，并孕育了黑河、石羊河、疏勒河三大内陆河，养育了区域500余万人的生产生活，为甘肃和青海两地的工业、农业、服务业等产业发展提供了重要的水源支持[2]。祁连山森林生态系统极大地增加了区域的水源涵养功能，对阻止气候变暖、减少水土流失、修复自然系统等具有重要的作用。优质的牧场不仅为国家养育了马匹、高原牦牛等优质种质资源，还为区域经济的发展带来了重要的贡献。数据显示，从空间上看，祁连山生态系统服务价值整体呈现出"西北低、东南高"的格局分布，东南部的生态环境质量、水土涵养功能、冰川分布面积都明显高于西北区域。从时间跨度上看，祁连山生态系统服务功能经历了由逐渐降低到逐渐恢复的过程，1999~2000年，祁连山区域草地、农用地等人工开垦和利用面积不断增加，苔藓、沼泽、冰川、雪地、灌木林等原始土地面积不断减少，2000~2016年，这些原始土地面积较2000年以前又呈现缓慢增长的趋势。祁连山整体生态环境质量呈现整体稳定、局部恶化的表现态势，但是，通过测算发现，整体上祁连山生态环境质量在逐渐退化，1990年、2000年、2016年，祁连山生境退化指数分别为0.06、0.068和0.154，呈现逐渐增加的趋势[3]。

---

① 董文斌：《祁连山生态修复工程保护站生态承载力评估研究》，兰州交通大学硕士学位论文，2019，第153页。

② 孙美平、马维谦、姚晓军、张明军、李忠勤、秦大河：《祁连山冰川服务价值评估及其时空特征》，《地理学报》2021年第1期，第179页。

③ 胡鑫：《祁连山生态系统服务功能时空变化及价值分析》，西北师范大学硕士学位论文，2019，第99页。

（四）祁连山生态环境的变迁与保护

祁连山生态环境保护先后经历了无保护阶段、国家级自然保护区建设阶段、生态安全屏障功能区建设阶段以及国家生态公园建设四个阶段。1989年以前，祁连山基本处于未保护状态，随着历史变迁、社会发展、人口增长，祁连山生态环境先后经历了原始草原生态环境、原始草原生态与半农半牧生态环境交替发展、半农半牧与农牧结合生态环境交替发展三个阶段。在这一时期，祁连山生态环境基本处于历史演变的自然发展阶段，随着社会变迁和人口增长，祁连山区域丰沛的水资源、肥沃的土壤、肥美的水草等优越的自然地理条件，逐渐成为人们繁衍优质马匹、牦牛等牲畜和全国种植商品粮的主要场所之一，越来越多的人口迁移至此安居置业。其境内富饶的矿产资源储备引得大批的商人来此开矿办厂，使得祁连山大片的森林、草甸被砍伐用于屯田垦荒，发展畜牧业、农业和工业，祁连山生态环境快速退化、水源涵养功能显著降低。

祁连山生态环境的迅速退化得到国家相关部门的高度重视，自1988年开始，国家批准甘肃设立祁连山国家级自然保护区以来，历经四次调整，祁连山自然保护区面积由最初的0.23万平方公里调整为2014年的1.99万平方公里，其中核心区面积为0.5万平方公里，缓冲区面积为0.39万平方公里，实验区面积为1.09万平方公里，保护区还设有外围保护地带面积0.67万平方公里，自然保护区的建立在一定程度上使得祁连山生态环境恶化速度得到减缓①。但是，此时正值我国工业化快速发展阶段，各省区都在以不断追求GDP快速增长为主要目标，祁连山地区富饶的矿产资源和广阔的平原逐渐成为地方经济发展的新动力，大量的工矿企业和水利设施在此区域不断发展，甚至一些在保护区内部开采的企业和建设的水利设施被违规批复，导致祁连山自然保护区内的植被、冰川等生态资源遭到破坏。随着大量水资源

---

① 潘欣、李金文、郭生祥、管小英：《祁连山自然保护区生态环境现状分析与对策建议》，《农业与技术》2020年第12期，第95页。

的开发、利用与消耗，以及伴随全球气候的变暖，祁连山冰川消融量逐年增加，雪线逐年上升，据监测，祁连山雪线正以平均每年 2 ~ 6.5 米的速度上升，有些地方雪线上升的速度甚至超过了 10 米，对祁连山区域内陆河水资源的补给形成了严峻的挑战，使得疏勒河、黑河、石羊河年径流量有不断减低的趋势①。同时，随着旅游产业的大量兴起，祁连山优美独特的自然资源环境成为当地区域旅游产业竞相开发的对象，盲目的开发和管理水平的落后，也对祁连山生态环境造成了一定的破坏，进一步加剧了祁连山生态环境的恶化。在这一时期，祁连山生态环境保护和区域经济社会发展的矛盾更加突出。

2010 年，祁连山冰川与水源涵养功能区被列入国家重点生态功能区名录，区域总面积 18.52 万平方公里，要求祁连山区域以生态环境保护与修复为主要目标，限制其进行生产性开发，祁连山区域生态保护优先的发展战略被正式提上日程。党的十八大以来，生态文明建设"五位一体"总体布局和"四个全面"战略布局，受到党中央的高度重视。祁连山作为西北重要的生态安全屏障区，习近平总书记多次就祁连山生态环境保护治理问题做出重要指示，"先保护、后发展"成为祁连山生态环境高质量发展的重要指导思想。打破区域界限，于 2018 年 10 月 29 日正式揭牌成立祁连山国家公园管理局，祁连山国家公园成为我国设立的首批 10 个国家公园试点之一，祁连山生态系统的保护与可持续发展有了制度保障，公园总面积为 5.02 万平方公里，其中甘肃片区为 3.44 万平方公里，青海片区为 1.58 万平方公里，园区内涉及森林、湿地、草原、荒漠等多种类型的景观分布②。

（五）区域主要城市空气环境质量变化情况

祁连山地处甘肃西南部和青海东北部，甘肃所辖区域主要包括兰州市、

---

① 汪赢政、李佳、吴立新、郭磊、李建江：《1987 ~ 2018 年祁连山冰川变化遥感监测及影响因子分析》，《冰川冻土》2020 年第 2 期，第 350 页。

② 蒲晓婷、陈豪：《祁连山生态环境保护政策实践（2018 ~ 2019）》，载丁文广、勾晓华、李育主编《祁连山生态系统发展报告（2019）》，社会科学文献出版社，第 24 页。

嘉峪关市、金昌市、武威市、张掖市、酒泉市6市，青海省所辖区域主要包括西宁市、海东市、海北藏族自治州、海西蒙古族藏族自治州、海南藏族自治州5市（州）。在国务院印发的主体功能区规划中，要求重点生态功能区空气质量达到一级水平，因此，祁连山主要区域的空气环境变化情况对祁连山的生态环境有着极其重要的影响。图1显示了祁连山甘肃区域主要城市近年来的空气质量变化情况。从整体情况来看，2011～2020年，祁连山甘肃区域各城市整体空气环境质量由高到低分别为张掖市、武威市、金昌市、嘉峪关市、酒泉市和兰州市。空气质量达到及好于二级的天数百分比分别为92.01%、90.66%、89.55%、88.52%、87.32%和74.58%。从图1中可以看出，祁连山甘肃区域空气质量状况整体呈现逐渐向好的发展趋势，其中，2012年祁连山甘肃区域主要城市环境污染较严重，空气中二氧化硫、二氧化氮、可吸入颗粒物平均含量分别为58.95 ug/m³、38.12 ug/m³和137.50 ug/m³。是近十年中二氧化硫、二氧化氮、可吸入颗粒物含量最高的一年。优良天数最少的一年为2018年，平均为275.83天。分区域看，金昌市历年的二氧化硫排放量超过当年的平均水平，兰州市历年二氧化氮的排放量超过当年的平均水平，兰州市历年可吸收颗粒物排放量超过当年的平均水平，兰州市每年空气质量达到及好于二级的天数低于当年的平均水平。

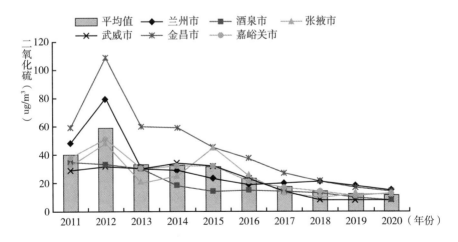

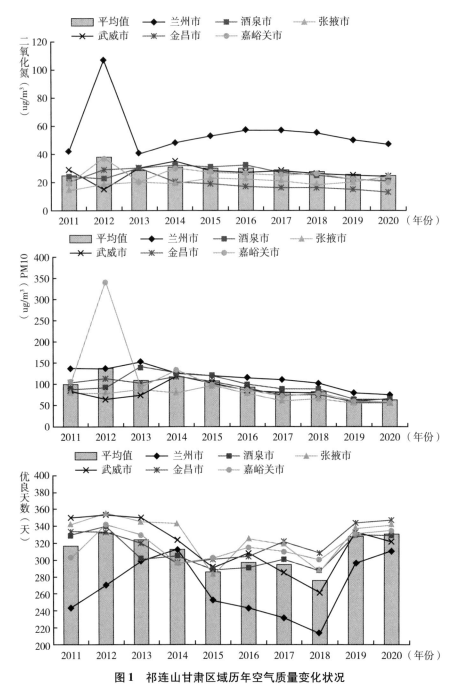

图1 祁连山甘肃区域历年空气质量变化状况

资料来源：《甘肃统计年鉴》（2011～2020）、《甘肃省生态环境公报》（2011～2020）。

图 2 显示了祁连山青海省所辖区域主要城市近年来的空气质量和主要污染物排放量变化情况。从整体情况来看，2014～2020 年，祁连山青海区域城市整体环境质量由高到低排序为：海南藏族自治州、海西蒙古族藏族自治州、海北藏族自治州、海东市和西宁市，其年均空气质量达到及好于二级的天数百分比分别为 93.87%、92.82%、92.65%、85.12% 和 85.05%。从图中可以看出，近年来祁连山青海省区域主要城市二氧化硫、二氧化氮、可吸入颗粒物排放量整体呈现下降的趋势，其中，西宁市和海东市二氧化硫排放量下降最为明显，与 2014 年相比较，2020 年西宁市与海东市二氧化硫排放量分别下降了 63.4% 和 66.7%；二氧化氮排放量 5 市（州）呈现先增加后降低的趋势，其中，2016～2019 年各市（州）排放量相对较往年较高，西宁市最高排放量为 42ug/m³，海东市最高排放量为 41ug/m³，海南州最高排放量为 20ug/m³，海北州最高排放量为 21ug/m³，海西州最高排放量为 15ug/m³；空气中可吸入颗粒物含量 5 市（州）均呈现明显下降趋势，与 2014 年相比较，2020 年西宁市、海东市、海西州、海北州和海南州空气中可吸入颗粒物含量分别减少了 49.2%、44.2%、60.2%、66.1% 和 58.1%；空气质量达到及好于二级的天数逐年上升，与 2014 年相比较，2020 年西宁市、海东市、海西州、海北州和海南州空气质量达到及好于二级的优良天数分别上升了 18.73%、20.52%、9.84%、20.00% 和 18.27%。

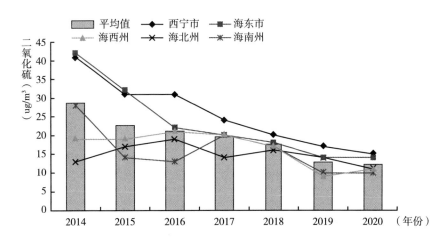

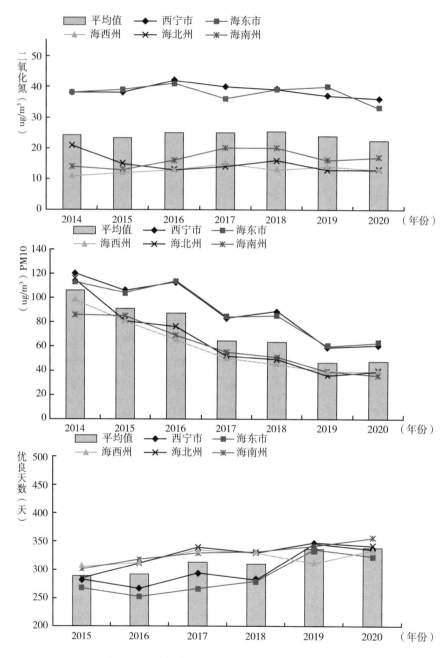

图 2　祁连山青海区域历年空气质量变化情况

资料来源：《青海省环境公报》（2014～2020）。

（六）祁连山区域经济社会发展状况

改革开放以来，各地区经济社会的快速发展，短时间内对该区域周边生态环境产生了极大的影响。本文选取了祁连山区域主要城市人口变化情况、人均 GDP 值、地区产业结构布局等对生态环境有着重要驱动影响的因子，对这些因子近年来的变化情况进行了分析。

1. 祁连山区域人口资源变化情况

人口数量对生态环境有着直接的影响，一般情况下，随着人口数量的不断增加，人们在日常生活中的耗氧量、耗水量、二氧化碳和生活垃圾排放量都会显著增加，区域生态环境的负担也会越来越繁重。图 3 显示了祁连山区域主要城市 2011～2019 年人口总数量和人口自然增长率的变化情况，从图中可以看出，祁连山甘肃区域人口总数量整体呈现逐年增长的趋势，由 2011 年的 844.50 万人增加至 2019 年的 869.70 万人，人口自然增长率呈现先缓慢增长后又逐渐降低的趋势，兰州市人口自然增长率明显高于其他区域，其人口自然增长率的高峰处于 2015～2017 年。祁连山青海区域人口数量变化较甘肃不同，人口总数量最多的一年出现在 2012 年，为 515.61 万人，人口总数量最少的年份出现在 2011 年，为 475.51 万人，其中在 2015～2019 年，人口总数量呈现缓慢增长的趋势。祁连山青海省主要区域人口自

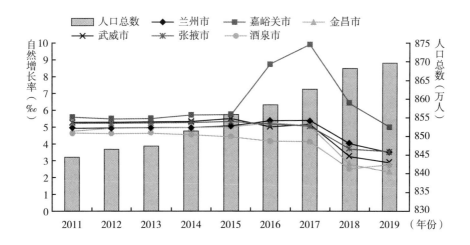

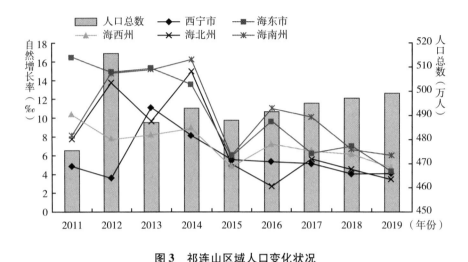

图3　祁连山区域人口变化状况

资料来源:《甘肃统计年鉴》(2011~2020)、《青海统计年鉴》(2011~2020)。

然增长率整体呈现先快速增长后又逐渐降低的趋势,西宁市、海东市、海西州、海北州和海南州人口自然增长率最高时分别为11.13‰、16.49‰、10.34‰、14.95‰和16.24‰,最低时分别为4.06‰、4.26‰、4.70‰、2.71‰和6.00‰。祁连山两省涉及区域之间相比较看,甘肃区域的人口总数量高于青海区域,但是青海区域整体人口自然增长率高于甘肃区域。

2. 祁连山区域人均GDP变化情况

人均GDP能够较好地反映区域经济发展水平。图4显示了2011~2019年祁连山区域主要城市人均GDP发展变化情况。从图中可以看出,祁连山甘肃与青海区域人均GDP总体呈现"N"字形的缓慢增长趋势,甘肃和青海区域分别在2012年、2013年出现增长小高峰,后又逐渐下降,分别在2016年和2015年回落至低谷期,后又逐渐上升。与2011年相比,2019年祁连山甘肃和青海两区域人均GDP平均值增长了40.75%和47.09%。分区域看,嘉峪关市和海西州人均GDP产值远远高于其他市(州),年均产值分别达到96314元和107784元,其次为两省省会城市兰州市与西宁市,其年均产值分别达到 57564 元和 47875 元，两省人均 GDP 产值最低的市（州）分别是武威市和海东市，其年均产值分别为 22397 元和 25863 元。祁连山甘肃区域人均 GDP 产值整体稍高于青海区域。

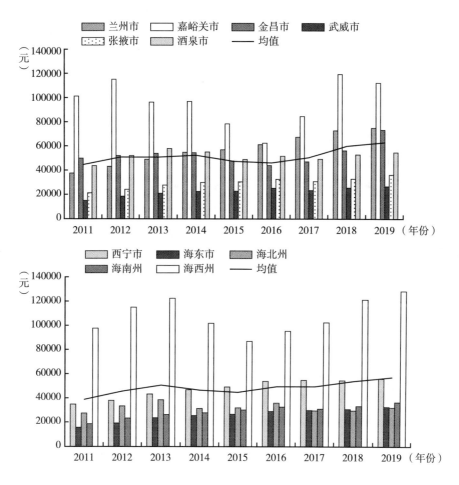

图 4　祁连山区域人均 GDP 变化情况

资料来源：《甘肃统计年鉴》（2011～2020）、《青海统计年鉴》（2011～2020）。

3. 祁连山区域主要城市产业分布情况

产业结构反映了一个地区经济发展的主要着力点。图 5 显示了祁连山区域主要市（州）2011～2019 年产业结构平均占比的变化情况。从图中可以

看出，祁连山区域整体还是以第一产业和第二产业为主，近年来，产业结构有所调整，但是以农牧业为主的第一产业和以工业为主的第二产业依然占到整个产业结构的50%以上。尤其是祁连山青海省区域，第二产业占比均超过50%。分阶段看，2011～2019年，甘肃区域第一产业占比略有上升，从12.32%上升至13.46%，增长了1.14个百分点，第二产业占比逐渐下降，从56.79%下降至39.49%，下降了17.30个百分点，第三产业占比逐渐提升，从30.89%提升至47.05%，提升了16.16个百分点；青海区域第一产业占比略有提升，从13.21%上升至15.38%，提升了2.17个百分点，第二产业占比有所下降，从56.73%下降至39.08%，下降了17.65个百分点，第三产业占比有所提升，从30.06%提升至45.54%，提升了15.48个百分点。祁连山区域主要市（州）2011～2019年产业平均分布情况如图6所示，嘉峪关市、金昌市、海西州第二产业占比均超过50%，酒泉市、西宁市、海东市、海北州、海南州第二产业占比均超过40%，武威市、张掖市、海北州、海南州第一产业占比均在20%以上。整体上祁连山甘肃和青海区域均是以第一产业和第二产业为主，两类产业占比合计分别为58.22%和64.63%。

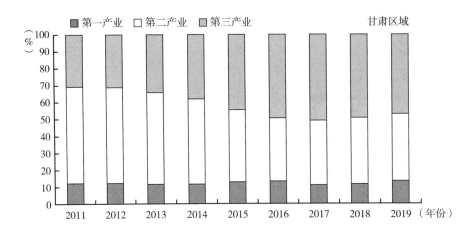

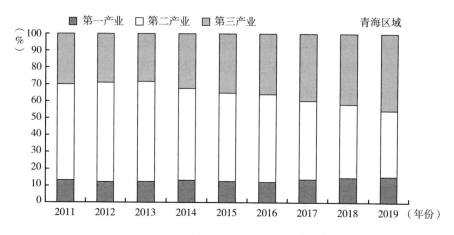

图5 祁连山区域产业结构变化情况

资料来源:《甘肃统计年鉴》（2011～2020）、《青海统计年鉴》（2011～2020）。

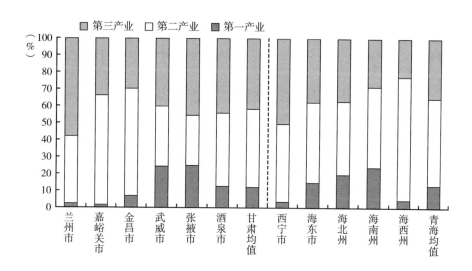

图6 祁连山区域主要市（州）产业结构分布情况

资料来源:《甘肃统计年鉴》（2011～2020）、《青海统计年鉴》（2011～2020）。

二 祁连山生态环境保护与区域经济 高质量发展的制约因素

（一）祁连山生境脆弱，生态保护治理难度较大

祁连山地处欧亚大陆腹地，位于我国西北干旱与半干旱气候区域地带，面临自然生态环境和生存环境的双重挑战。周边常年受到腾格里沙漠和巴丹吉林沙漠南北双向的不断侵蚀，使得祁连山生态系统面临严峻的考验。同时，祁连山脉地处我国高海拔区域，平均海拔均在 3000 米以上，又受到内蒙古干冷气候和西北寒流的影响，常年平均气温较低，难以提供多种物种适应的气候环境条件，因此祁连山区域物种结构比较单一，生物多样性偏低。祁连山周边严峻的自然生存环境使得该区域的生境极其脆弱，一旦遭到破坏，会导致生态系统的自我修复周期较长，修复难度较大，甚至难以修复。

（二）祁连山区域面临较大的经济发展压力

祁连山所处区域位于我国西北经济发展水平较弱的甘肃与青海两省区域，据统计，甘肃和青海两省 2020 年 GDP 产值分别为 9016.7 亿元和 3005.92 亿元，分别排在第 27 位和第 30 位，2020 年居民人均可支配收入分别为 20335 元和 24037 元，分别位于第 31 位和第 26 位，远低于全国平均水平，甘肃和青海两省区面临较重的经济社会发展任务。位于祁连山区域的甘肃河西地区和青海区域都是两省主要的产业集中发展片区，产业结构都是以第一产业和第二产业为支柱产业，在气候相对干旱和海拔较高的生态条件制约下，区域内进行农业生产，所投入的人力、物力和自然消耗都相对较高，但产出率又相对较低。图 4、图 5、图 6 的数据显示，祁连山区域城市作为甘肃和青海两省 GDP 产值的主要贡献区域，近年来都呈现出逐渐上涨的趋势，但农牧业、工业、旅游等服务业的发展，都依托于祁连山丰富的能源和资源作为支撑，比如，农牧业的发展需要水资源的源源供给，工业的发展需要资源储备的支撑，旅游等服务业的发展需要自然资源的赏赐。过重的农业负担、相对较低的农业生产效率、单一的产业结构，使得祁连山的生态资源被严重消耗，草地涵养功能不断退化，生态系统的缓冲能力持续减弱，这些都给祁连山区域的经济发展带来了严峻的挑战。

（三）祁连山区域进行高质量发展的科技支撑能力较弱

面对日益严峻的祁连山生态资源消耗和落后的经济社会发展水平，转变经济发展方式，优化产业结构、提升产业效能等高质量发展方式成为祁连山区域经济社会发展的必然选择。但是，产业结构的转型升级、新型业态经济的发展，以及生产效能的提升都需要科技水平和人力资源作为支撑。目前，祁连山区域包含的甘肃青海两省都属于科技水平比较落后的地区，规模以上企业的产业水平相对较低，产业机构转型需要的高端管理人才和专业技术人才都十分紧缺。第七次人口普查结果显示，祁连山主要区域兰州市、嘉峪关市、金昌市、武威市、张掖市、酒泉市、西宁市、海东市、海北州、海南州和海西州中每十万人中拥有大专及以上学历的人数分别是28584人、27604人、19408人、12628人、14538人、17466人、21410人、8640人、11000人、10080人和18310人，这与中东部发达地区差距甚远，甚至有很多地区都不及全国平均水平。尤其是祁连山所辖的少数民族区域，人口受教育水平与全国平均水平相差甚远。企业技术的升级改造、区域产业结构的优化升级，以及农牧业产业效率的提升都离不开良好的人力资源作为基础，尤其在重大科技产业转型、新型产业注入等方面更离不开高端人才的支撑。而祁连山地区受所处地理位置和经济社会发展水平的制约，在本地人力资源支撑不足的情况下，还面临对高端人才吸引力度降低、人才流失严重等问题，使得祁连山区域经济社会高质量发展面临极大的困难。

（四）祁连山地区面临生态环境治理与经济社会发展相互矛盾的制约

2015年，国家要求祁连山区域进行环境整治工作，关停在祁连山境内

所有违规开采矿山的企业和开发的水利设施。这是对祁连山区域一次重要的生态环境保护治理措施。甘肃和青海两省各级政府迅速行动，不顾一切关闭在祁连山区域内违规违建的各类企业和设施，并要求责令进行整改。一系列"亮剑"措施的实施，使得祁连山区域的生态环境破坏被遏制在了萌芽阶段，祁连山生态系统得以保持平衡。但是，这对于祁连山区域经济社会发展又提出了严峻的考验，不断扩张的城市规模和日益频繁的人类活动，会直接或者间接地对生态环境造成破坏，比如工农业的发展会导致祁连山周边空气中二氧化碳、二氧化硫、二氧化氮、甲烷等温室气体排放量逐渐增加，使得温室效应增强；人口数量的增加会导致水资源消耗量的增多，森林碳储存压力不断增加，冰川消融速度逐渐加快。大量农药、化肥的使用和工业、生活的污水排放会导致土壤污染问题不断呈现等，进而对祁连山生态系统又直接造成了一定的承载负担。

三 祁连山生态环境保护与区域高质量协调发展的路径选择

对祁连山区域生态环境进行保护治理已上升为国家战略，稳定祁连山生态系统承载力、提升祁连山水源涵养功能成为重中之重。对祁连山生态环境保护治理与高质量发展的重点是加快祁连山生态修复工程进度、以高质量发展理念解决环境保护与区域发展之间的矛盾。

（一）树立生态环境保护第一的原则，提升祁连山水源涵养功能

始终确立生态保护优先的发展原则，尤其是面对祁连山生态环境脆弱、区域周边生态环境恶劣、容易受到外来环境的干扰、生态系统自然修复能力弱等现实环境问题。必须树立以构建"山水林田湖草"生命共同体的基本理念为基础，基于恢复生态学的基本原理与技术，重构祁连山冰川水域生态系统、地质地貌生态系统、湿地和农业生态景观，进而降低祁连山地区生态系统的退化进程，筑牢西北地区重要的生态安全保护屏障。加快进行生态系统修复工程

建设进度，促进祁连山生态资源的高效利用。考虑到祁连山区域内因违规开采的采矿企业和违规建设的水利设施即便在关停和被拆除后，对祁连山区域的水体、土壤以及生态景观都仍有不同程度的破坏，因此需要采用物理、化学、生物等联合生态修复技术对祁连山生态环境受损区域进行生态修复治理，让祁连山有限的生态资源价值能够高效地服务于区域的经济社会发展。

（二）优化产业结构转型与升级，探索区域高质量协同发展之路

祁连山地处甘肃、青海两省，范围涵盖 11 个市（州），各地区在资源分布、人才基础、创新能力、人民生活水平等发展水平之间参差不齐，差距较大。因此祁连山区域高质量发展应统筹协调各地区在资源分配、产业水平等方面的差距，发挥比较优势，因地制宜，形成生态治理、产业升级、区域统筹的协同治理、保护、发展之路。祁连山区域自然资源丰富，为当地经济社会发展提供了水利、矿产以及生态景观等优质的生态资源，为当地居民生活水平的提升提供了坚强的物质保障。下一步，祁连山区域在经济发展中，应构建生态保护与区域高质量发展的指标体系，将区域产业结构转型升级作为主要发力点，增强科学技术水平在产业结构转型中的应用，用发展、长远的眼光统筹，科学、合理地布局祁连山区域的产业结构，促进农牧业、工业、服务业的全方位升级。

（三）深化祁连山区域体制机制改革，建立现代化治理体系

对祁连山区域体制机制进行改革，建立现代化治理体系是祁连山生态环境保护治理与区域高质量发展的重要保障。改革是发展的动力，要善于用改革的办法去解决发展中的问题，要深化体制机制改革，培育祁连山区域生态保护与高质量发展的新动能①。法律是生态环境保护治理的重要工具，完善的立法监督体系是祁连山生态环境保护的重要保障。经济社会迅速发展、人

---

① 钞小静：《推进黄河流域高质量发展的机制创新研究》，《人文杂志》2020 年第 1 期，第 10 页。

民生活水平不断提升，将对祁连山生态环境不断带来新的挑战，需要更加全面、严格的生态立法制度和完善的上、中、下游区域之间生态补偿制度来有效保障祁连山生态系统的完整性和可持续性。

（四）加强制度体系建设，探寻祁连山区域高质量发展的长远之路

当下，祁连山区域的甘肃、青海两省都面临生态保护与经济社会发展的双重压力，如何在保护生态环境的基础上，促进区域经济社会的快速发展是当下两省共同面临的难题。受自然环境恶劣、生态战略建设任务巨大、产业结构单一、企业科技水平较低、社会整体发展迟缓等多重瓶颈的制约，管理者和决策者不能仅局限于眼前，需要用长远的眼光找准促进区域发展的根本，从国家层面出发，在制度管理、重大工程推进、体系建设等方面寻找利于区域长远发展的重要机遇和长远机遇，从根本上解决两省经济社会发展的制约瓶颈。

四　祁连山区域生态环境保护与区域发展的对策建议

（一）加强对水资源的高效利用

甘肃和青海祁连山区域的产业发展都离不开水资源的源源供给。祁连山区域地处西北内陆地区，海拔高，气候干燥，降水稀少，地面蒸发量较大，加之本身水资源比较缺乏，祁连山区域农牧业、工业用水都以祁连山区域三大内陆河为依托。目前，祁连山区域不管是畜牧业的发展，还是农业发展，在用水效率上都比较低下，亩均灌溉用水指标都偏高于周边其他省份。因此，今后祁连山区域产业发展过程中必须将提高水资源利用效率当成首要考虑的问题。一是改进农牧业用水方式、农产品种植结构，大力普及滴管、微灌的使用面积，采用机械化大面积种植方式，提升农牧业的产出效率。二是尽快建立农业—工业—生活用水一体化循环用水体系，尽可能增加水资源的使用效率。三是加强水资源的污染保护治理，注重利用先进的修复技术加强对工业和生活污水的净化处理，提升水资源的循环利用效率。

（二）注重对民众在生态环境保护与高质量发展中的引导作用

经济社会发展速度的加快和人民生活水平的提升，祁连山区域的城市规模不断扩张，人类活动日益频繁，导致祁连山生态系统承载力负担不断加重。这需要祁连山区域民众能够重视并意识到自身活动对生态系统的影响，养成绿色生活方式。一是需要政府通过多样化和大力度的宣传方式，使民众对祁连山生态环境保护和高质量发展真正有一个深入系统的认知，认知到自身的工作、学习、生活等日常行为方式会对该区域生态系统产生一定的影响。二是提升民众对环保行动的主动参与度，通过主题特色性鲜明、形式多样化的环保公益活动的举办，引导民众主动践行环保行为的自觉度，同时，要根据地域特色和民众接受程度的不同，在城市和农村同步开展符合当地居民文化素养的环保主题活动。三是要在全社会不断强化绿色生活理念，积极引导广大民众将绿色生活向常态化、内在化、大众化和专业化方向发展，改变之前铺张浪费的低效生活方式，将绿色生活方式的理念从萌芽状态向纵深方向转变。

（三）加快南水北调西线工程的尽快实施

恶劣的自然环境和水资源的严重短缺一直以来都是制约甘肃、青海两省经济社会发展的主要因素。对祁连山源源不断的资源索取也有终将耗尽的一天，因此，对祁连山进行生态环境保护和区域高质量发展最根本的问题还是解决水资源短缺。目前，南水北调东线和中线工程均已完工，唯独西线工程一直没有实施。试想一下，如果将南方充沛且无法及时利用的水资源输送至西北内陆地区，使祁连山甘肃、青海区域有了充沛的水资源作为支撑，那么祁连山西北部大面积的荒漠将转变为肥沃的良田，既解决了人地矛盾，又降低了祁连山冰川的生态系统负担。因此，青海和甘肃两省专家学者和相关部门管理者应该联合起来，呼吁南水北调西线工程的尽快实施，以为祁连山区域高质量发展提供资源支撑。

B.18
宁夏推进文旅融合政策支持研究

徐 哲 牛学智*

摘 要: 文化和旅游融合发展是文旅行业的新趋势，二者的真融合、深融合除依靠市场的无形调控外，还需要借助相关政策进行引导。本文以宁夏为例，系统梳理行政机构融合以来发布的能够促进文旅融合的政策，通过对政策内容的分析，评估政策对推进文旅融合的作用，找出政策的薄弱点，为进一步完善政策提出对策建议。

关键词: 文旅融合 政策工具 政策合力 宁夏

随着文化和旅游部的组建，各级文化和旅游机构改革的完成，文化旅游融合发展的体制进一步理顺。各级文化和旅游机构如何发挥政策体系的引导作用，借助政策体系合理配置资源，推进文化和旅游真融合、深融合，成为摆在各级文化和旅游机构面前的首要问题。本文以宁夏为例，分析宁夏现有文旅产业政策在推动文旅融合中发挥的效用，析出存在问题，探索完善方法，为进一步促进文化和旅游融合提出政策方面的对策建议。

一 宁夏推动文旅融合发展的相关政策

2019 年，各级文化和旅游机构改革完成后，文旅融合步入快速发展时期。可以说，机构的整合为文化和旅游的融合突破了体制壁垒，破除了多部

---

* 徐哲，文艺学博士，宁夏社会科学院文化研究所副研究员，主要研究方向为文化与文化产业；牛学智，宁夏社会科学院文化研究所所长、研究员，主要研究方向为文化与文学批评。

门管理的阻滞，融通了文化旅游资源，文化旅游产业的发展空间和发展可能倍增，文旅产业迎来了健康稳定的高质量发展时期。自此，文化和旅游的相关政策开始着意融合二者，凸显"文化为魂，旅游为体"的核心价值。

文旅融合是新发展趋势、发展方向，对推动其发展的政策内涵和构成尚未有专门限定。根据公共政策的相关概念，结合文化产业政策、旅游政策的界定，本文所涉及的推动文化旅游融合发展的政策主要是指从相关方面扶持和促进文旅融合发展的、由政府制定的合法内容。截至2021年12月，宁夏发布的与文旅融合密切相关的政策大致包括宁夏回族自治区党委办公厅、人民政府办公厅《关于印发自治区〈九大重点产业高质量发展实施方案〉的通知》《宁夏回族自治区非遗与旅游融合发展项目资金管理暂行办法》《宁夏回族自治区文化和旅游发展"十四五"规划》《宁夏回族自治区旅游演艺项目补助资金管理暂行办法》等（见表1）。

表1 宁夏促进文旅融合发展相关政策

发布时间	发布部门	相关政策	涉及内容
2020年12月	宁夏回族自治区党委办公厅、宁夏回族自治区人民政府办公厅	《关于印发自治区〈九大重点产业高质量发展实施方案〉的通知》	推动文化和旅游全方位、多角度、全产业融合，提升旅游产品文化内涵，拓展文化产品和服务的旅游功能
2021年4月	宁夏回族自治区文化和旅游厅、宁夏回族自治区财政厅	《宁夏回族自治区非遗与旅游融合发展项目资金管理暂行办法》	每年从自治区全域旅游示范区推进专项资金中统筹安排资金，用于支持非遗与旅游融合发展项目
2021年10月	宁夏回族自治区人民政府办公厅	《宁夏回族自治区文化和旅游发展"十四五"规划》	顺应文化和旅游融合发展新趋势要求，坚持以文塑旅、以旅彰文，推动文化和旅游深度融合，推进文化和旅游与相关产业融合，促进业态融合、产品融合、市场融合，实现优势互补，形成合力
2021年12月	宁夏回族自治区文化和旅游厅、宁夏回族自治区财政厅	《宁夏回族自治区旅游演艺项目补助资金管理暂行办法》	通过项目补助的方式，每年扶持2~4个自治区、市、县（市、区）文化旅游部门和艺术院团、旅游景区、旅游综合体等创作、演出的大型旅游演艺项目，补助资金主要用于项目的创排、演出、硬件改造、宣传营销等方面

资料来源：宁夏回族自治区人民政府网、宁夏回族自治区文化和旅游厅官网。

根据以上所列政策，宁夏现有的与文旅融合相关的产业政策既有宏观导向性政策，也有专项针对性政策。宏观导向性政策发展目标明确，特色定位精准，产业布局合理，对宁夏今后一段时间文化和旅游的发展具有积极的引导作用。同时，在资金支持方面的专项针对性政策能够为文旅产业的融合发展提供资金保障，充分发挥政策的支持作用。

二 现有政策的效果作用分析

政策是政府依托各种政策工具组合设计和搭配运用的结果[①]，换言之，政策工具是研究政策文本的重要视角。通过对上文所列政策的梳理，可以看出宁夏推动文化旅游融合的政策涉及的政策工具主要为目标规划、产业培育、资金支持等。由于目前并未有专门的文旅融合政策，上文的政策内容均是从与文化旅游相关的政策中剥离而来，因此对在政策文件中还涉及的组织保障、监督管理、配套设施建设、人才引进培育等与文旅融合直接相关性较小的政策工具暂不进行分析。

（一）发展目标明确，导向作用明显

宁夏在《文化旅游产业高质量发展实施方案》《宁夏回族自治区文化和旅游发展"十四五"规划》中明确提出宁夏文化旅游产业的发展目标，即"以'塞上江南·神奇宁夏'为形象定位，以'畅游宁夏，给心灵放个假'为价值定位，着力构建'一核、两带、三片区'空间发展格局，以全域旅游示范区创建为统领，打造文化旅游融合发展升级版"，并定下"未来五年，全区游客接待量平均增长25%左右，2025年接待人数力争突破1亿人次，旅游总收入力争突破1000亿元，建成全域旅游示范省区，全力打造大西北旅游目的地、中转站和国际旅游目的地""文化及相关产业增加值占

---

① 转引自余构雄《夜间经济专项政策研究——基于内容分析法》，《当代经济管理》2021年第10期，第24页。

GDP 的比重达 4%"。这一目标立足宁夏实际，具有一定的可行性。

形象定位和价值定位紧密联系宁夏文化和旅游资源，形象直观，切合实际。宁夏以独特的自然资源、人文环境和气候条件织就一幅秀丽江南与雄浑塞北相融相伴的神奇画卷，有"中国地理景观微缩盆景"之称。早在唐朝，诗人韦蟾笔下就有"贺兰山下果园成，塞北江南旧有名"的美誉，故而"塞上江南·神奇宁夏"的形象定位高度概括宁夏的文化和旅游资源，形象贴切。壮阔的黄河、浩瀚的沙漠、辽阔的星空等特色资源为游客提供了诗情画意的体验景观，"给心灵放个假"是对这些特色资源美学价值的高度反映。可以说，政策中的形象定位和价值定位植根于宁夏的文化旅游资源，定位精准，可行性强。

关于到 2025 年，旅游"接待人数力争突破 1 亿人次，旅游总收入力争突破 1000 亿元"和"文化及相关产业增加值占 GDP 的比重达 4%"的发展目标，不妨借助时间序列法，使用上一个五年的数据做一个大致的测算。根据表 2 数据，2016～2019 年宁夏接待游客总数的年平均增长率为22.91%，旅游总收入年平均增长率为 17.42%，由于 2020 年受新冠肺炎疫情影响，宁夏接待游客总数和旅游总收入分别降到 2019 年的 85.50%和 58.54%，在计算年平均增长率时，暂不考虑在内。按照以上年平均增长率，预计到 2025 年接待游客人数可以超过 1 亿人次，旅游总收入可以达到 760 亿元。再结合 2021 年上半年的旅游数据，宁夏接待游客 1897.85万人次，比 2020 年同期增长 21.84%；实现国内旅游总收入 127.47 亿元，比 2020 年同期增长 57.86%，增长势头迅猛。随着新冠肺炎疫情防控局势的向好，宁夏文化旅游发展的五年目标基本可以实现。关于"文化及相关产业增加值占 GDP 的比重达 4%"这一目标，"十三五"时期，宁夏文化及相关产业增加值占国内生产总值比重从 2.35%上升到 2.71%，年均增长率为 3.63%。根据这一增长率，预测到 2025 年文化及相关产业增加值占 GDP 的比重基本达到 3.2%，与实现 4%的目标有一定差距，但也在可努力范围。

表2　宁夏2016～2020年旅游接待游客总数和总收入

项目	2016年	2017年	2018年	2019年	2020年
接待游客总数 （万人次）	2159.95	3103.16	3344.7	4011.02	3429.54
旅游总收入 （亿元）	210.02	277.72	295.68	340.03	199.07

资料来源：2016～2020年《宁夏旅游经济发展统计公报》。

综上所述，宁夏《文化旅游产业高质量发展实施方案》《宁夏回族自治区文化和旅游发展"十四五"规划》等规划政策立足资源基础和发展现状，提出了明确的发展目标，能够起到引领"十四五"时期文化旅游产业发展、推进文旅融合的作用，但需要"撸起袖子加油干"，奋力拼搏，才能实现预期目标。

（二）全区"一盘棋"统筹规划，产业布局合理

宁夏《文化旅游产业高质量发展实施方案》《宁夏回族自治区文化和旅游发展"十四五"规划》等方案规划梳理区内文化和旅游资源，深入挖掘区域文化特色，深刻把握旅游景观特征，注重地区发展差别，坚持发挥优势，差异化布局；坚持特色品牌培育，以品牌引领产业发展；坚持全业态融合，完善文旅产业链。在全区"一盘棋"的统筹安排下，充分调动每个片区的优势力量，避免不同片区同质化恶性竞争，对优化文旅产业布局具有积极引导作用。

规划"一核两带三片区"的产业格局。宁夏《文化旅游产业高质量发展实施方案》立足现有发展基础，依托文化和旅游资源分布、资源环境容量等，确定"一核两带三片区"的发展格局（见表3）。"一核"的关键是发挥首府银川的辐射带动作用，打造的是黄河文化、黄河景观融合的文化旅游产品。"两带"的建设目标：黄河文化旅游带是创建黄河国家旅游度假区，其融合的是黄河干流沿岸的生态景观和文化价值，是富含人文底蕴的生态文化旅游带；贺兰山文化旅游带则是将葡萄酒文化、葡萄酒产业、酒庄以及岩画等文化、遗迹融会贯通，形成多产业融合的旅游带。"三片区"中的沙湖片区是将石嘴山工业遗址、沙湖生态景观等整合为一体；沙坡头片区则

是将枸杞、黄河、沙漠、星星故乡等元素整合起来，形成融合农业、康养、生态为一体的新型文化旅游，是宁夏推动全业态融合发展的典型代表；六盘山片区是长征精神、丝路文化、脱贫攻坚的展示区，也是文化底蕴深厚的一个旅游片区。总的来说，"一核两带三片区"的空间格局将宁夏的黄河文化、红色文化、移民文化、丝路古道、长城遗址等特色历史文化资源与沙湖、沙坡头、贺兰山、六盘山等景区协同部署、统筹安排，均衡推进全区文化和旅游产业的高质量发展，是文化和旅游融合发展的"升级版"，对优化文化旅游产业格局、引导文化和旅游的融合具有积极作用。

表3 "一核两带三片区"的具体布局

布局名称		具体内容
"一核"	沿黄地区文化旅游发展核心区	依托沿黄地区文化和旅游要素密集、资源富集、人口聚集的优势，推动构建以银川为中心，以石嘴山、吴忠为支撑，以县（区）为节点的沿黄地区文化旅游发展核心区
"两带"	黄河文化旅游带	以黄河国家文化公园建设为契机，加强黄河文化遗产保护，整体提升沿黄景区景点、发展休闲体验新业态，打造精品旅游线路，推动产业集聚集群发展，创建黄河国家级旅游度假区，加快建设融合生态景观、承载文化价值、富含人文底蕴的生态文化旅游带，打造黄河流域生态保护和高质量发展的核心带
	贺兰山文化旅游带	以贺兰山东麓文化和旅游资源为基础，融合"一体两翼"（贺兰山东麓产区主体，中宁县、沙坡头区西南翼，红寺堡区、同心县东南翼）葡萄酒特色产业，整合提升贺兰山东麓葡萄酒庄、葡萄酒小镇、旅游景区、文化遗迹、生态景观等特色资源，优化发展产业集聚区，开发建设文化休闲体验、生态运动康养等文化和旅游融合新业态，打造贺兰山东麓国家级旅游度假区和中国最具特色的葡萄酒文化旅游产业带
"三片区"	沙湖文化旅游片区	以沙湖旅游区为核心，拓展连接东部沙漠旅游资源和西部贺兰山旅游资源，打造国际一流的沙漠湿地休闲旅游度假区，辐射带动银川北部和石嘴山地区旅游发展，促进片区生态旅游、工业旅游、乡村旅游全面提升

	布局名称	具体内容
"三片区"	沙坡头文化旅游片区	以沙坡头景区为核心,拓展连接香山生态文化体验区、中宁枸杞康养旅游体验区、海原生态旅游度假区,打造全国黄河生态康养目的地,带动沙坡头区、中宁县、海原县旅游发展,促进片区休闲度假旅游、康养旅游、生态旅游全面提升
	六盘山文化旅游片区	以六盘山红军长征景区为核心,拓展连接六盘山周边区域,打造全国红色旅游新高地、全国脱贫攻坚重点展示区域,辐射带动六盘山周边县(区)旅游发展,促进片区红色旅游、乡村旅游、避暑度假、长城丝路文化体验游全面提升

资料来源:宁夏回族自治区党委办公厅、宁夏回族自治区人民政府办公厅《关于印发自治区〈九大重点产业高质量发展实施方案〉的通知》。

打造文化和旅游融合精品项目。在《宁夏回族自治区文化和旅游发展"十四五"规划》中,着意提出以宁夏段黄河、长征、长城国家文化公园建设为项目引领,推动文化和旅游的深度融合。三大品牌项目是对国家政策的响应和落实,也是深入挖掘地域文化特色,把历史文化融入旅游发展的具体实践。三个国家文化公园以文化遗产保护为前提,借助数字科技,将黄河文化、长城文化、长征精神以生态资源、标志性景观等形式进行展示,融合历史探秘、文化体验、教育研学、生态休闲、户外运动等于一体,是综合性的文化旅游融合项目。在具体实践中,能够达到以项目为抓手推进文化旅游深度融合的目的,是切实可行的文化旅游融合支持政策。

简言之,在现有的项目设计、产业空间规划政策中,宁夏能够切实推进文化旅游的真融合、深融合。

(三)加强资金支持,鼓励引导文旅融合

在资金方面,宁夏主要是通过设立专项资金、以奖代补、奖金补助等形式为文旅融合发展提供资金保障(见表4)。这些政策均为鼓励性的资金支持政策,对激励创新创意、激发文旅产品的生产热情具有正向引导作用,对文旅融合能够起到一定的推动作用。

表4 宁夏促进文化和旅游融合的资金支持政策

文件名称	奖励额度
《宁夏回族自治区非遗与旅游融合发展项目资金管理暂行办法》	4A级旅游景区及乡村旅游示范点非遗展示体验销售场馆建设项目,每个最高补助100万元;城市和乡村重要旅游节点、旅游线路内非遗工坊旅游服务配套设施建设项目,每个最高补助20万元
《宁夏回族自治区旅游演艺项目补助资金管理暂行办法》	每个项目按演出场次给予补助,演出满100场次,补助资金30万元;演出100场次以上,超出部分每场补助5000元,补助资金总额最高不超过100万元

资料来源:宁夏回族自治区文化和旅游厅官网。

三 现有政策存在的问题

通过对宁夏推动文化旅游融合的政策文本进行分析,可以看出目标规划、品牌项目培育是目前宁夏文旅融合相关政策的主要政策工具,这说明在文旅融合发展的摸索阶段,宁夏着重以具体项目为切入点进行探索和尝试。从具体实践入手能够真正将文旅融合落到实处,也有助于经验的总结和升华,为文旅融合的持续深入奠定经验基础。但统观这些政策,还存在以下问题。

首先,缺乏文旅融合的专项政策。通过表1就可以看出,本文搜集的文旅融合的支持政策基本是从与文化、旅游相关的政策中剥离出来的,目前在宁夏未见有专门的文旅融合支持政策。虽然在文化旅游系统规划中设定了促进文化旅游融合的内容,但基本都过于宏观,不利于文化旅游融合的规划设计落地落实。另外,文化旅游融合的长远发展需要完备的政策体系,除现有的规划、实施方案外,目前宁夏还缺乏相应的实施细则。

其次,对文旅融合的引导存在偏颇。目前宁夏积极探索以项目为抓手推进文旅深度融合的路径,黄河文化、红色文化、丝路文化等底蕴深厚的历史文化被深入挖掘,凝练于旅游项目之中,在旅游项目开发中做到"以文塑旅",但也出现了"以旅游产业代替文化产业"的倾向。剖析其原因,就是单向度地将文化加之于旅游项目中,只以旅游项目为载体来接受文化的融

入，却未做到双向思考，将文化产业项目也规划为旅游景观，例如对具有文化产业、旅游产业双重属性的博物馆、美术馆、图书馆的旅游发展规划不足，再如对文化产业园区的旅游培育极为薄弱。换句话说，就是对文旅融合的范畴认识不到位，对产业层面的融合缺乏深度思考。当然，这与宁夏文化产业发展相对薄弱有极大关系。

再次，政策之间的协调性不强。文旅融合涉及多个部门，除文旅部门外，还与生态环境、财政、人力资源、教育等诸多部门有关。目前所整理的文件基本出自宣传文化系统，在涉及人、财、生态等具体专项内容时，可能会与现有政策冲突，这将影响政策的有效性和执行力。需要进一步突破部门界限，在政策制定中凝聚合力。

最后，政策合力不强，组合关系不够优化。目前，宁夏推进文旅融合的政策工具主要是目标规划、品牌项目培育两种，虽然有一定的资金支持方法，但也仅是奖励鼓励的措施，方式单一。总体来说，政策工具数量较少，难以形成相互配合的组合关系，无法构成政策合力，这必然影响政策的实施效果。

四 完善宁夏促进文旅深度融合政策的建议

文旅融合作为文化和旅游产业的新发展趋势，需要政府发挥有形之手引导产业间的融合，融通资源，优化结构，为文旅深融合、真融合的发展做好规划。

（一）进一步深化对文旅融合的认识，为政策制定奠定基础

要进一步完善文旅融合的支持政策，就需要政策制定者进一步深化对文旅融合的认识，才能更好地运用政策工具，发挥好政策的引导作用。

文旅融合不是简单的文化与旅游的相加，而是全面融汇这两个系统的各个方面，包括产业、行政管理、人才队伍、消费市场等文化和旅游涉及的各个层面。正如中国社会科学院学者宋瑞所说，"文化和旅游融合发展是一项

复杂而长期的工作"①。例如，在产业的角度，实现文旅融合即是实现文化产业、文化事业和旅游业的融合。文化是文化产业、文化事业、旅游业的核心与灵魂，要在产业发展层面实现文旅融合，就要从这三个产业的根基——文化资源上出发打破产业区隔与限定，将文化产业、文化事业、旅游业微化为原子，在原子的重新排列中实现产业整体的变化。形象地说，文化和旅游的融合不是简单的物理效应，而是会产生质变的化学反应。因此，要充分发挥政策有形之手的引导作用，科学合理、扎实稳健地推动文化和旅游的融合逐步走深，政策主体对文旅融合内涵和精髓的把握是首要条件。

（二）科学制定专项政策，统筹指导文旅融合

文旅融合的专项政策对文旅深度融合发展的指导更系统、更精准、更具针对性。例如在文旅产业的高质量发展方面，宁夏既在文化和旅游工作全盘布局的《宁夏回族自治区文化和旅游发展"十四五"规划》中做出安排，也有专门的文旅产业高质量发展实施方案，方案明确定出发展目标和特色品牌，细化任务分工，提出工作要求，充分运用多元政策工具，优化工具组合关系，对文化旅游产业的高质量发展具有切实的指导价值。在文旅融合方面，也需要修订类似的实施方案、管理制度、规章条例等，以形成专项政策体系，精细化指导文旅深度融合。

（三）补充完善政策工具，提升政策合力

政策工具理论认为，为了产生良好的政策效果，政策制定者需要深入分析政策间的内在关系与关联，优化组合政策工具，形成政策合力。② 但宁夏现有的促进文旅融合的相关政策中政策工具使用较少，难以形成政策合力。针对这一问题，有必要进一步补充完善政策工具，包括税收优惠、金融支

---

① 宋瑞：《推进文旅融合发展　做好"四合"尤为重要》，《中国旅游报》2019 年 1 月 7 日，第 3 版。
② 转引自余构雄《夜间经济专项政策研究——基于内容分析法》，《当代经济管理》2021 年第 10 期，第 25 页。

持、资金投入、人才引进和培养、配套设施建设、组织保障，等等。例如，在人才培养和引进方面，虽然在《宁夏回族自治区文化和旅游发展"十四五"规划》和《文化旅游产业高质量发展实施方案》中，有对人才队伍建设的部署和安排，但其主要针对的是提升文化旅游服务技能，未专门针对培养文旅融合所需人才。文旅融合所需人才是突破专业限制、兼具文化和旅游学科背景的综合人才。但旅游学、文化学仍是分属不同学科的知识体系，限制了综合性人才的培养，亟须打破文旅领域专业人才培养环节的学科藩篱。尤其是旅游管理、文化产业管理等课程设置要适应文旅融合需要，进行相应的转变，在教育中破除学科壁垒，综合培养学生。这就需要教育部门与文旅部门通力合作，共同推出相关政策，支持文旅学科的融合。

（四）以发展需求为本，动态调整政策工具

随着市场的变化，文化与旅游融合的逐步走深，二者在结合过程中不断出现新业态、新变化、新可能，尤其是"文化旅游＋"开始与全产业融合，更是给文旅融合发展带来许多新变数、新挑战。例如，近年来，在文化旅游市场中火热的"沉浸式"文化体验项目，在满足消费者新奇体验的同时也存在一定的乱象，影响着人民群众的消费体验甚至价值观念、身心健康等。为促进文旅融合的持续深化，保障文旅行业的健康发展，需要政策主体及时跟进这些新动态，提升政策的时效性、适用性和约束力，做好引导和保障工作。为做到政策的及时跟进和完善，首先，需要建立产业统计监测体系，及时总结反馈时点数据、阶段数据、事件数据，从数据中总结归纳问题，对无法发挥市场调控作用解决的问题及时以政策形式进行有形调控，引导文旅融合的发展方向。其次，政策调节注意多手段综合进行，例如加强司法和行政的配合，加强资金支持、税收优惠、金融政策的综合运用等。总而言之，就是要以文旅融合的发展需要为政策制定的基本前提，及时动态调整政策工作，灵活调整政策工具关系，引导文旅融合的发展方向，破除融合中的障碍，遏制不良现象，确保文旅产品以优秀文化浸润人，以正能量引导人。

参考文献

陈红玉：《中国文化产业创新政策研究》，北京理工大学出版社，2012。

高舜礼：《中国旅游产业政策研究》，中国旅游出版社，2006。

李思屈等：《中国文化产业政策研究》，浙江大学出版社，2012。

祁述裕等：《2000—2014 年我国文化产业政策体系研究》，《东岳论丛》2015 年第 5 期。

王长松等：《中国文化产业政策演进研究（2002～2016）》，《南京社会科学》2018 年第 7 期。

B.19
青海铸牢中华民族共同体意识的
实践探索及未来思考

鄂崇荣　吉乎林　于晓陆 *

摘　要： 青海在铸牢中华民族共同体意识等方面具有深厚的历史文化根基与实践探索基础。党的十八大以来，青海创新推进民族团结进步创建工作，铸牢中华民族共同体意识，各民族交往交流交融深度和广度广泛拓展，青海各民族铸牢中华民族共同体意识的心理认同感、使命责任感日益增强，利益共同点、幸福汇合点日益增多。目前，青海民族团结进步示范省建设已被纳入国家战略之中；未来，青海在铸牢中华民族共同体意识方面更有基础和条件继续走在全国前列。

关键词： 中华民族共同体意识　民族团结　青海省

中华民族共同体意识是国家层面最高的社会归属感、面向世界的文化归属感，是国家统一的思想基石，民族团结的根本纽带，凝聚民族精神和时代精神的力量源泉。千百年来，不同民族在青海交往交流交融，休戚与共、命运与共，截至2020年底，少数民族人口占全省总人口的比重达49.47%，是全国少数民族人口占比最高的省份；青海有少数民族自治州6个，少数民族自治县7个，民族乡28个，民族区域自治面积占全省的98%，是全国民族区域自治面积占比最大的省份。青海是国家稳藏固疆的战略要地，是全国民族工作

* 鄂崇荣，青海省社会科学院民族与宗教研究所所长、研究员，主要研究方向为民族学、宗教学；吉乎林，青海省社会科学院科研管理处副处长、副研究员，主要研究方向为民族学；于晓陆，青海省社会科学院民族与宗教研究所助理研究员，主要研究方向为民族学。

大省，在铸牢中华民族共同体意识等方面具有深厚的历史文化底蕴和实践探索基础。目前，青海民族团结进步示范省建设已被纳入国家战略之中，未来，青海在铸牢中华民族共同体意识方面更有基础和条件继续在全国走在前列。

青海是各民族交往交流交融的重地，在历史发展过程中，青海与祖国内地唇齿相依，踵事增华。自夏商初至明清末，西戎、羌、氐、月氏、匈奴、汉人、鲜卑、吐谷浑、吐蕃、回鹘、党项、蒙古、回回、撒拉等多民族先后在青海纵横驰骋、迁徙驻足、生息繁衍，不断交往交流交融。青海各民族血脉相连、经济相依、文化相融、守望相助，你中有我、我中有你，谁也离不开谁。青海解放后，在中国共产党的领导下，青海各族人民从自觉走向自立、自信、自强，更加自觉融入中华民族共同体。在当下，青海在生态保护、民族团结、社会稳定、文化认同等多方面久久为功，接续奋斗，辐射青藏，对国家统一、总体安全和中华民族生存和发展发挥了特殊作用。青海是中华民族多元一体、团结统一的缩影。

青海作为历代中央政权实现稳藏固疆、经略西北的战略要地，作为河西民族走廊、河湟民族走廊、唐蕃古道、藏羌彝民族走廊等诸多民族走廊的连接汇通之地，在中华民族共同体形成发展过程中发挥了中介与连接作用，具有厚重的历史积淀和丰富的时代内涵。青海各民族对中华民族、中华文化有着深刻认同，追求国家统一、推进民族团结进步始终是青海历史主流，各民族在历史上不断交融汇聚，最终形成了血脉相连、命运与共的中华民族多元一体格局微缩景观。

一 青海在创建全国民族团结进步示范省中铸牢中华民族共同体意识的实践探索

党的十八大以来，青海创新推进民族团结进步创建工作，使其大众化、人文化、实体化，各民族交往交流交融的深度和广度广泛拓展。青海各民族铸牢中华民族共同体意识的心理认同感、使命责任感日益增强，利益共同点、幸福汇合点日益增多。

（一）在持续奋斗中不断铸牢中华民族共同体意识

青海历来高度重视民族团结进步工作，不断探索创新民族工作路径，有力推进各民族"共同团结奋斗、共同繁荣发展"，青海各族干部群众对未来发展、美好生活充满信心。自1983年起，青海已连续38年开展"民族团结进步宣传月"活动，"极大促进了党的民族政策在青海的全面贯彻落实和青海各民族的团结进步"①。2003年起，青海启动民族团结进步创建活动，2005年1月，中共青海省委出台《关于进一步做好民族团结进步创建工作的意见》②，提出明确的工作要求。2006年1月，全省民族团结进步工作领导小组提出，该项工作将推动青海经济社会实现又快又好发展，2011年8月，青海颁布了《关于在全省深入开展民族团结进步示范区创建活动的意见》。2012年5月，青海省第十二次党代会提出"民族团结进步示范区"建设，2013年又做出了"创建民族团结进步先进区"的战略部署，标志着青海省民族团结进步事业迈入了新的历史阶段。2016年8月，习近平总书记在青海视察时强调："我们国家是多民族国家，各民族是一家人，大家要相亲相爱、共同团结进步。"③ 同年12月，中共青海省委十二届十三次全体会议提出"四个转变"，其中"实现从人口小省向民族团结进步大省转变"在新的起点上推进了青海民族工作的重大创新。2019年12月，中共青海省委十三届七次全体会议提出了创建民族团结进步示范省的新战略，④ 2020年8月底，青海紧紧抓住中央召开第七次西藏工作座谈会的有利时机，争取国家层面支持，中央文件明确提出支持青海省创建全国民族团结进步示范省。⑤

---

① 开哇：《70年青海民族工作欣欣向荣》，《青海湖》2019年第11期，第10页。
② 关桂霞、马明忠：《改革开放四十年青海民族团结进步事业实践及启示》，《青海党的生活》2018年第9期，第29~33页。
③ 《习近平在青海考察时强调：尊重自然顺应自然保护自然 坚决筑牢国家生态安全屏障》，《人民日报》2016年8月25日，第1版。
④ 魏爽：《向着创建全国民族团结进步示范省昂首迈进》，《青海日报》2021年7月1日，第36版。
⑤ 薛军：《青海省创建全国民族团结进步示范省动员暨全省民族团结进步表彰大会召开》，《青海日报》2020年9月24日，第1版。

2020 年 9 月 23 日，青海创建全国民族团结进步示范省动员暨全省民族团结进步表彰大会召开，出台《关于率先创建全国民族团结进步示范省铸牢中华民族共同体意识的实施意见》《关于创建全国民族团结进步示范省的决定》①，安排部署新时代全省民族团结进步创建工作，青海民族团结进步事业不断深化发展，形成创建工作"青海样板""青海经验"。青海发挥首创精神，从民族团结进步专项考核、动态管理、专项奖补、第三方评估等多方面入手，在全国率先建立了长效机制。2021 年 6 月 7 ~ 9 日，习近平总书记在青海考察时指出："要把社区作为民族团结进步创建的重要阵地""全面建设社会主义现代化国家，一个民族也不能少。在中华民族大家庭中，大家只有像石榴籽一样紧紧抱在一起，手足相亲、守望相助，才能实现民族复兴的伟大梦想，民族团结进步之花才能长盛不衰"。② 2021 年，青海省委民族工作会议召开，向全省发出"全面贯彻习近平总书记关于加强和改进民族工作的重要思想""以铸牢中华民族共同体意识为主线""推进新时代青海民族工作高质量发展，奋力开创新时代青海民族工作新局面"③ 等重大号召。青海历届省委省政府领导接续奋斗，紧握民族团结进步创建"接力棒"，努力推动青海民族团结进步事业走在全国前列，不断铸牢了青海各族干部群众中华民族共同体意识。

（二）铸牢中华民族共同体意识工作贯穿于青海重要工作

党的十八大以来，青海省委省政府不是将民族团结进步创建工作局限于一局一域、一时一事，而是将铸牢中华民族共同体意识工作贯穿于青海重要工作全过程、各方面。青海省坚持打造"民族团结进步 +"的新业态，将民族团结进步和青海生态强省、旅游文化名省等战略相结合推进。进入新发

---

① 魏爽：《向着创建全国民族团结进步示范省昂首迈进》，《青海日报》2021 年 7 月 1 日，第 36 版。
② 《习近平在青海考察时强调 坚持以人民为中心深化改革开放 深入推进青藏高原生态保护和高质量发展》，《青海日报》2021 年 6 月 10 日，第 1 版。
③ 薛军、张晓英、莫昌伟：《省委民族工作会议召开》，《青海日报》2021 年 12 月 20 日，第 1 版。

展阶段，青海的生态安全地位、国土安全地位、资源能源安全地位显得更加重要。特别是青海在生态文明建设方面的战略位置尤其突出，是中国乃至东亚的重要生态安全屏障，在国家发展全局中有着无可替代的战略地位，承担着保护三江源和"中华水塔"、维护青藏高原生态安全的重要使命，为中华民族共同体生存和永续发展发挥着重要保障作用。青海打造好全国乃至国际生态文明高地，不仅是推动国家生态文明建设的重要力量，更是建设民族团结进步示范省的主要任务。

（三）在增进民生福祉中不断铸牢中华民族共同体意识

青海省委、省政府把促进民族地区发展和创建民族团结进步事业融入全省发展大局，高度重视民族地区民生改善，着力解决人民群众急难愁盼问题，全面推进教育医疗、就业社保等多项惠民政策，不断夯实铸牢中华民族共同体意识的人心基础，各族群众不断增强了"五个认同"。"十三五"期间，青海通过全面完成5.2万户20万人易地搬迁任务，做到"挪穷窝""拔穷根""奔富路"。许多村民通过游牧民定居工程的实施，从低矮、寒湿的帐篷搬进了宽敞、温馨的砖房，从"逐水草而居"走向"安居乐业"。建档立卡搬迁户人均可支配收入达到9263元，较搬迁前增长了2.1倍。青海各族群众就业平台不断扩大，青海各市州累计建设90个就业示范基地，帮助3.5万人次实现转移就业。青海卫生健康领域发展不平衡不充分等问题得到一定缓解，基本公共卫生和基本医疗服务全覆盖，市县乡村紧密型四级医联体建立健全，"分级诊疗、双向转诊"得到有效解决。贫困地区、民族地区经费投入不断倾斜，从学前教育到高等教育的资助体系全面覆盖，州县学校办学条件整体教育水平不断提升，学区房乱涨价等突出问题得到有效解决。青海各族群众住房安全、饮水安全得到有力保障，上学难、看病难得到有效解决，农牧区人居环境整治有序推进，城乡面貌焕然一新。在青海与全国同步建设全面小康社会的进程中，青海各民族实实在在感受到中华民族大家庭的温暖，对伟大祖国、中华民族、中华文化、中国共产党、中国特色社会主义的认同达到一个新高度。

（四）在建设各民族共有精神家园中不断铸牢中华民族共同体意识

青海聚焦铸牢中华民族共同体意识主线，大力推广国家通用语言文字，推动各民族优秀传统文化创造性转化和创新性发展，不断构筑中华民族共有精神家园。青海将民族团结进步宣传教育积极纳入干部、学校和社会教育的全过程，持续教育引导各族群众不断增强"五个认同""三个离不开"等意识。2021 年，青海省委统战部和青海省民族宗教事务委员会依托青海省社科院、青海师范大学、青海民族大学成立 3 个省级铸牢中华民族共同体意识研究基地，努力从中华民族共同体的高度把握历史叙述权和话语权。出版《青海民族发展报告（2019）》，编印《青海建设民族团结进步先进区读本》，编辑内部资料《铸牢中华民族共同体意识教育读本》《各民族交往交流交融经典故事集》等，挖掘研究民族团结的历史史实和现实根基。结合党员干部、宗教界人士、农牧民、务工人员、学生等不同受众，分类施策，开展"精准滴灌"，先后举办歌曲传唱、网络有奖竞答、微电影展播、微视频制作、高层讲坛，创立双语专家团、马背宣讲队等特色宣讲队伍，"中华民族一家亲、同心共筑中国梦"植根各族干部群众内心深处。稳步推进中华民族视觉形象工程，设计制作各民族共享的青海民族团结进步主题形象 LOGO 标识，在各市州建成 8 个主题教育展馆，打造主题纪念碑、雕塑、宣传长廊 156 个。建成 33 个全国民族团结进步示范单位、9 个教育基地、30 个全省青少年民族团结进步教育示范点。当前，青海农村牧区村委会、学校和寺院通过悬挂国旗、定期举行升旗仪式加强爱国主义教育，不断铸牢中华民族共同体意识。推进"互联网＋民族团结"活动，充分发挥网站、新媒体以及"两微一端"等平台作用，民族团结进步"进网络"，在凝聚人心、净化网络空间方面的作用越来越突出。国家级文化生态保护实验区建设成效显著，各民族优秀传统文化在整体保护、交流互鉴中得到更好传承，各民族文化相互尊重欣赏、相互学习借鉴，民族团结进步理念在青海许多地方深入家家户户、覆盖方方面面。青海还推出一大批讴歌爱国主义、民族团结进步的文艺作品以及一批本土优秀民族文艺作品，做到引领思想、归聚人心。特

色文旅产业、民族体育比赛、重大节庆活动、重要文艺演出已成为铸牢中华民族共同体意识、增强中华文化认同，促进各民族交往交流交融的重要平台和途径。

（五）在法治信仰中保障铸牢中华民族共同体意识

青海始终坚持用法律保障民族团结，用法治思维和方式处理民族事务，顺应时代变化，按照增进共同性的方向改进民族工作，推动民族事务治理在法治轨道有序运行。如近年来，《青海省促进民族团结进步条例》（2019）、《青海省非物质文化遗产条例》（2021）、《青海省宗教事务条例》（2021）等与铸牢中华民族共同体意识息息相关的法规或文件相继出台。青海省委、省政府在依法治理民族宗教事务中，因教施策、标本兼治、循序渐进、着眼长远，创造性地提出了"共同管理、协助管理、自主管理"三种新型藏传佛教寺院管理模式，建立起了有序、依法、管用、和谐的寺院管理长效机制①；针对伊斯兰教管理难点和重点，不断加强和改进伊斯兰教宗教事务管理工作，实施清真寺县、乡、村分层分级管理和动态调整机制；针对基督教等工作，依法解决基督教私设聚会点问题。

（六）在推动特色产业发展中铸牢中华民族共同体意识

青海省拥有非遗项目2361项、代表性传承人3160名，其中国家级88项（含联合国教科文组织人类非遗代表作名录6项），省级238项，市（州）级782项，县（区）级1253项。其中，青海拉面产业、藏毯产业、唐卡艺术、青绣产业、石画艺术、黑陶工艺等特色产业或手工技艺，都在各自领域初步打出了品牌，实现了创造性转化、创新性发展。如，"拉面经济"年经营性收入超过180亿元，青绣文化助推30万农牧区妇女居家脱贫，仅海东市掌握刺绣技艺的"绣娘"就达5万多人，"舌尖上的拉面""指尖

---

① 陈玮、鄂崇荣：《新中国70年来我党治理藏传佛教的实践探索与经验启示》，《青海社会科学》2019年第4期，第1~7页。

上的青绣"已成为彰显中华民族共同体意识的青海特色产业。此外，热贡地区文化企业达到 572 家，热贡艺术品的收入由 2011 年的 2.4 亿元增长到 2021 年的 12.6 亿元。地处偏远的果洛州班玛县投资 1400 万元修建班玛民族手工艺展销中心和民族手工艺培训中心，修建 11 处传统民族手工艺扶贫车间，班玛唐卡、黑陶、藏香、银器、石雕、木雕等民间手工艺找到市场，解决了部分农牧民就业问题。

青海编织藏毯已有千年历史，西宁"加牙藏族织毯技艺"在 2006 年被列入国家级非物质文化遗产名录，通过代代相传、改进创新，既保留了传统技艺，也焕发了新的风采。青海圣源地毯集团有限公司以此为依托，推动藏毯产业创造性转化、创新性发展，产品远销欧美、中东等 40 多个国家和地区，2020 年实现产值 4200 万元，2021 年实现产值将超过 5000 万元。2021 年 6 月 7 日，习近平总书记在该集团考察时强调："推动高质量发展，要善于抓最具特色的产业、最具活力的企业，以特色产业培育优质企业，以企业发展带动产业提升。希望青海发展更多这样符合地方实际的特色产业，靠创新实现更好发展。"① 特色产业发展不仅带动就业、增收致富、推进乡村振兴，而且促进了民族团结进步，在就业人群中铸牢了中华民族共同体意识。特色产业企业和各族群众为打开更广阔市场，更顺畅交往交流交融，还主动学习提高使用国家通用语言文字水平。青海在推动地方特色产业发展过程中，以产业带动当地各族群众深度开放融入，各族群众作为中华民族大家庭成员的归属感、自豪感和使命感不断增强。

二 青海铸牢中华民族共同体意识存在的问题及面临的挑战

铸牢中华民族共同体意识是一项久久为功的系统性工程，不能在短时间

---

① 张晓松、朱基钗、杜尚泽、岳小乔：《高天厚土铺展大美画卷——习近平总书记考察青海纪实》，《青海党的生活》2021 年第 7 期，第 12～15 页。

内一蹴而就。各族群众实际参与铸牢中华民族共同体意识工作的广度、深度亟待加强。一些干部群众对中华民族共同体意识概念"听说过""不了解具体内涵和意义"的占比较高，还存在"知其然，不知其所以然""知之不全面"的现象，相关基本知识储备有所不足。少数中老年少数民族群众掌握使用国家通用语言水平不高。少数干部群众过于关注强调民族文化的"差异性"，未深刻理解各民族文化间的交融性、互鉴性、共有性和共享性等特征。铸牢中华民族共同体意识的宣传教育内涵及手段亟待进一步丰富。

青海铸牢中华民族共同体意识工作在未来面临如下挑战：虽然，青海民族地区发展迈上了新台阶，但城镇和农牧区发展不平衡不充分问题仍然相对突出。民族人口大流动大融居趋势不断增强，影响青海各民族交往交流交融的因素仍然复杂多样，城市和城镇社区如何顺应形势构建互嵌式社会结构仍需加强探索。虽然，各民族团结进步，各宗教和顺向上，但民族宗教领域意识形态斗争复杂性和隐秘性不容忽视，国际势力干扰破坏对青海宗教和睦、民族团结的风险不容小觑。

三 未来青海铸牢中华民族共同体意识的建议思考

习近平总书记指出："在青海不谋民族工作，不足以谋全局。"① 民族团结是青海各族人民的生命线，积极推动全国民族团结进步示范省建设，是青海主动融入和服务全国发展战略大局的一项重大任务。青海不仅要在多民族交往交流交融中做示范，而且要在铸牢中华民族共同体意识上做示范，为全国提供可复制、可借鉴的青海经验。

（一）在文化润青中铸牢中华民族共同体意识

一是以红色文化引领铸牢中华民族共同体意识工作，通过深化党史学习教育，各族干部群众深刻懂得了百年党史就是中国共产党团结带领各族人民

---

① 转引自国家民委《贺电》，《青海日报》2020 年 9 月 30 日，第 1 版。

不断铸牢中华民族共同体意识的倡导史、推动史和铸牢史。二是不断夯实铸牢中华民族共同体意识的历史根基。青海是多民族交往交流交融的重要展示地之一，要进一步延伸历史轴线，深入研究青海在中华民族多元一体格局形成过程中发挥的重要作用，产生更多有学术深度、有说服力的研究成果，为青海各民族铸牢中华民族共同体意识夯实历史根基。三是加强对青海考古成果和文物遗址的研究和利用，坚持正确的中华民族历史观，坚持用"四个共同""四个与共"把握历史叙述权和话语权，解读青海考古发现、历史文献，阐释族源争论、族属争议，深刻认识各民族交融汇聚、血脉相连、你中有我、我中有你的历史事实和内在规律。四是立足地方实际和特色，在省级、州级和县级建设或升级一批铸牢中华民族共同体意识体验馆、展示馆或民族团结进步教育馆，引导青海各族干部群众牢固树立休戚与共、荣辱与共、生死与共、命运与共的共同体理念。

（二）推动中华民族共同体意识植根人民心中

铸牢中华民族共同体意识直接关系中华民族是否能实现伟大复兴，并不是普通意义上的民族工作所能涵盖的，也不仅限于统战民族宗教工作部门，而是需要整个国家、整个社会共同努力，各个领域、各项工作都应高度重视。一是铸牢中华民族共同体意识既要面向少数民族，也要面向汉族。"少数民族中可能存在的'狭隘民族主义'和汉族中可能存在的'大汉族主义'都是'铸牢中华民族共同体意识'的大敌"[1]。以铸牢中华民族共同体意识为工作主线，以中央民族工作会议精神为重点内容，积极共建铸牢中华民族共同体意识示范省。二是努力构建铸牢中华民族共同体意识宣传教育常态化实践机制，通过不断深化内涵、丰富形式、创新方法，将民族团结融入日常各项工作中，以点带面、面带整体的联动模式，持续引导各族人民构筑起维护祖国统一和民族团结的思想长城。三是在多民族社区建设好"石榴籽家园"，深入共居、共学、共建、共享、共事、共乐，有力促进各民族广泛交

---

[1] 蔡舰：《铸牢中华民族共同体意识》，《光明日报》2019年4月9日，第6版。

往、全面交流、深度交融，实现空间、心理、情感等多方面嵌入。四是大力推广普及国家通用语言文字，用共同理想信念凝心铸魂，形成人心凝聚、团结奋进的强大精神纽带。结合民族团结进步进校园、进教材、进课堂等活动，在大中小学生中广泛开展铸牢中华民族共同体意识宣传教育，使"休戚与共、荣辱与共、生死与共、命运与共"① 的中华民族共同体理念植根心灵深处。

（三）在依法治理民族宗教事务中铸牢中华民族共同体意识

将"必须坚持依法治理民族事务"纳入全面依法治国的战略全局中不懈推进，运用法治思维和法治方式治理民族宗教事务，运用法规制度保障铸牢中华民族共同体意识，用法律保障民族团结。一是寺院是僧尼和信众开展宗教活动的主要场所，也是维护祖国统一、反对分裂，加强民族团结，促进各民族交往交流交融，铸牢中华民族共同体意识的主阵地，要切实发挥好主战场作用，加强对涉藏州县僧尼、信教群众开展"三个离不开"、"五个认同"和"团结稳定是福、分裂动乱是祸"等爱国主义教育和宣传引导，增强广大僧尼和信教群众爱国、爱党的主动性和自觉性。二是顺应时代变化，在增进共同性的同时改进民族工作，推动民族团结进步创建工作法治化。牢牢把握"铸牢中华民族共同体意识"这一鲜明主线，及时将铸牢工作的成功经验上升为法律规章，与时俱进地调整完善省州两级民族团结进步条例，制定青海《"十四五"民族团结进步事业规划》等，通过法律规范引导各族群众增强国家意识、公民意识和法治意识。三是贯彻落实总体国家安全观，依法健全民族领域防范化解风险隐患的体制机制。依法防控和处理好涉民族因素的意识形态问题，严密防范、坚决打击各种敌对势力利用民族、宗教从事违法犯罪活动，提升突发事件应急处置能力。在全社会不留死角地搞好民族团结宣传教育，既包括少数民族，也包括汉族，要引导各族群众自觉维护

---

① 习近平：《以铸牢中华民族共同体意识为主线 推动新时代党的民族工作高质量发展》，《人民日报》2021 年 8 月 29 日，第 1 版。

国家最高利益、民族团结大局，坚决反对任何把本民族自外于中华民族或是将兄弟民族疏隔于中华民族之外的言行。

（四）在青海"四地"建设中不断铸牢中华民族共同体意识

一是将铸牢中华民族共同体意识工作主线贯穿于总书记视察青海时强调的"四地"建设①当中。如2020年7月15日，世界首条新能源远距离输送大通道——青豫特高压工程带电投运。源自青藏高原的太阳能、风能等清洁电力向中原大地输送3000万千瓦时新能源绿电。投运一年来，青豫特高压支撑青海省光伏、风力发电的利用率保持在95%左右。给类似重大项目赋予铸牢中华民族共同体意识的意义，使输出地和输入地各族干部群众深切体会到总书记提出的"多民族是我国的一大特色，也是我国发展的一大有利因素"的深刻内涵，更加深刻地体会中华民族的经济纽带联系越来越紧，更加牢固地树立中华民族共同体理念。既完成了保护生态环境的任务目标，又展示了生态高地的大美；既促进各民族交往交流交融，又推动现代文明交流；既带动基础设施建设，又能改善民生福祉等。二是青海作为国际旅游目的地，地处青藏高原腹地，是黄河、长江和澜沧江的发源地，被誉为"三江之源""中华水塔"，水力、风、光资源蕴藏丰富，清洁能源优势得天独厚。要进一步将国家公园建设、有机农畜产品产业、清洁能源产业以及藏毯、唐卡、青绣、石画、黑陶等特色产业发展成为提升自我发展能力、富民增收、开放融入和铸牢中华民族共同体意识的重要载体。

---

① "四地"建设：建设世界级盐湖产业基地，打造国家清洁能源产业高地、国际生态旅游目的地、绿色有机农畜产品输出地。

B.20
新疆全面推进乡村振兴路径研究

李 婷*

摘 要： 全面推进乡村振兴战略的实施是落实党的十九大重大决策部署，
更是新时期做好"三农"工作的重中之重。新疆是农业大省，
稳住农业基本盘，守好"三农"基础，发挥"三农"压舱石作
用，对于确保新疆经济行稳致远、社会安定和谐具有特殊重要意
义。本文首先分析了新疆全面推进乡村振兴的重要意义；其次，
通过对新疆乡村振兴的现状、面临的机遇和存在的问题进行了深
入探讨；最后，立足新发展阶段，就贯彻新发展理念，融入新发
展格局，推进农业农村高质量发展提出新疆全面推进乡村振兴的
新路径、新举措。

关键词： 乡村振兴 高质量发展 新疆

一 新疆全面推进乡村振兴战略的重要意义

（一）实施乡村振兴战略是为了不断实现人民对美好生活的向往

党的十九大提出，我国社会主要矛盾已经转化为人民日益增长的美好生
活需要和不平衡不充分的发展之间的矛盾。这是一个重大的政治判断，是我
们党在全面认识和把握我国发展阶段性特征基础上，从党和国家事业发展全

---

* 李婷，新疆社会科学院农村发展研究所副研究员，研究方向为农村发展与农业经济。

局出发做出的一项重大战略决策。新疆有一半以上的人口生活在农村，南北疆、城乡、农牧区发展不平衡，要素流动不顺畅、公共资源配置不合理等问题依然突出，农村基础设施和公共服务建设投入不足，因此解决好"三农"问题对确保实现新疆社会稳定和长治久安总目标具有特殊重要性。实施乡村振兴战略，通过建立健全城乡融合发展体制机制和政策体系，可推进城乡一体化发展，补齐农业农村发展短板，改善农村生产生活条件，激发农业农村发展活力，有利于促进社会公平正义，增进农民福祉，是解决新时代新疆社会主要矛盾、满足农民群众对美好生活的需要。

（二）实施乡村振兴战略是新时代做好"三农"工作的总抓手

党的十九大将乡村振兴战略上升为国家发展战略，2018 年 9 月，中共中央、国务院印发了《乡村振兴战略规划（2018–2022 年）》，从方方面面对乡村振兴进行了部署和安排，是一个全面的"三农"工作部署安排。2021 年 3 月，《中共中央 国务院关于实现巩固拓展脱贫攻坚成果同乡村振兴有效衔接的意见》正式公布，对巩固拓展脱贫攻坚成果进行部署，要求坚决守住不发生规模性返贫的底线。2021 年中央一号文件又对做好"三农"工作做出重要指示，指出乡村振兴的前提是巩固脱贫攻坚成果，要持续抓紧抓好，让脱贫群众生活更上一层楼。新疆虽然已全面打赢脱贫攻坚战，但已脱贫人口中的边缘易致贫户、脱贫不稳定户、突发严重困难户存在返贫致贫风险，他们抵御重大疾病、自然灾害、意外事故等风险能力较弱。部分脱贫地区产业链体系还不够完整、产业带动能力不够强、稳岗就业不够充分，脱贫群众思想观念有待转变、持续增收能力有待提升。南疆四地州产业发展刚刚起步，基础还比较薄弱，发展特色产业、拓宽产品销售渠道等方面还需持续发力。全面落实党中央对"三农"工作重要决策和部署，切实增强责任感、使命感和紧迫感，紧紧围绕全面推进乡村振兴来研究问题、谋划举措、推动工作，加快实现农业农村现代化，谱写新时代新疆乡村全面振兴新篇章。

（三）实施乡村振兴战略是建设现代化经济体系的重要基础

当前，我国经济已由高速增长阶段转向高质量发展阶段，这对农业农村经济发展提出了新的要求，迫使农业立足市场需求，加快产业转型升级，培育新型农业经营主体，促进城乡一二三产业融合发展，更好地满足人民对物质、文化、生态等方面美好生活的需要，提升农业农村经济发展的质量和效益。新疆地域广阔，生态类型多样，水土光热资源丰富，工业污染程度轻，各种资源组合条件优越，天山南北孕育了一大批品种独特、品质特殊、区域特色鲜明的农产品，为实现新疆乡村产业振兴创造了得天独厚的条件。实施乡村振兴战略，通过深化农业供给侧结构性改革，实现"一产上水平"，用工业化理念发展农业，以制度、技术和商业模式创新为动力，构建农业与二三产业交叉融合发展的现代农业产业体系、生产体系、经营体系，促进新疆农业增效、农民增收、农村繁荣。

（四）实施乡村振兴战略是夯实基层基础、构建乡村治理新体系的战略举措

社会治理的基础在基层，基础不牢，地动山摇。健全现代社会治理格局，推进国家治理体系和治理能力现代化，必须把抓基层、打基础作为长远之计和固本之策。党的十九大提出，要加强和创新社会治理，打造共建、共治、共享的社会治理格局。新疆社会稳定和长治久安的基础在基层，薄弱环节在乡村。实施乡村振兴战略，要建强基层党组织，坚持抓党建促乡村振兴，坚决整顿软弱涣散党组织，健全完善党组织领导的自治、法治、德治相结合的乡村治理体系，不断巩固党在农村的执政基础。要加强平安乡村建设，坚持和发展新时代"枫桥经验"，健全社会矛盾排查和隐患防控协同机制，推进反恐维稳法治化常态化，巩固扫黑除恶专项斗争成果，保持社会大局持续稳定，增强广大农民的安全感。

二 新疆乡村振兴战略实施现状

（一）多措并举巩固拓展脱贫攻坚成果，全面推进乡村振兴

一是打赢脱贫攻坚战后，新疆严格落实《中共中央 国务院关于实现巩固拓展脱贫攻坚成果同乡村振兴有效衔接的意见》，坚持领导力量不变、五级书记一起抓不变、党委主体责任不变、纪委监委监督责任不变、地县乡班子专职力量稳定不变、村第一书记和驻村工作队帮扶机制不变、各级帮扶力量不变、结对帮扶关系不变，做到认识上衔接、观念上衔接、规划上衔接、措施上衔接、政策上衔接、产业上衔接、机制上衔接、体制上衔接，保持5年过渡期内主要帮扶政策总体稳定，逐步实现由集中资源支持脱贫攻坚向全面推进乡村振兴平稳过渡。二是防止返贫监测帮扶机制全面建立。将新疆1200多万乡村人口全部纳入平台动态监测，完成对新疆乡村人口、行政村（社区）、县（市、区）基础信息的全面排查，确保监测对象及时纳入、精准帮扶。三是发展产业带动就业成效明显。持续巩固重大稳岗就业工作成果，推动稳岗就业质量不断提升。一方面通过以奖代补、先建后补、财政贴息等方式重点支持联合体内龙头企业、农民合作社、专业大户和家庭农场等经营主体做大做强，带动农户增收，促进联合体成员相互协调联动发展。另一方面新型农业经营主体已成为小农户有效衔接现代农业的关键纽带，同时也是带动农民产业增值、就近就业、脱贫增收的重要支柱。四是易地搬迁后续帮扶不断加强。出台推进"十四五"易地扶贫搬迁后续扶持政策，确保稳得住、有就业、逐步能致富。

（二）坚持一产上水平，推进乡村产业振兴

一是调整优化产业结构。严守耕地红线，稳定粮食生产，粮食产量保持总量平衡、略有结余。全面推广棉花"一主两辅"用种模式，优化生产区域布局和品种结构。实施农区畜牧业振兴行动，推进奶业振兴，推动畜牧业

高质量发展。狠抓以林果病虫害防治为重点的林果科技服务，提升全区果品质量，持续扩大区域特色农业和设施农业规模。二是加快提升产业化水平。突出发展农产品加工业，支持农业产业化龙头企业发展壮大。新疆农产品加工业与农业总产值从 2017 年的 1.3∶1 增长到 2020 年的 1.6∶1。三是创新完善农业经营体系。实施新型农业经营主体培育工程，推进适度规模经营。培育多元化农业服务组织，加快发展"一站式"农业生产服务业。加快构建小农户公平分享全产业链增值收益的利益联结机制。四是不断强化科技支撑。加快完善农业科技服务体系，深入推行科技特派员制度，建立完善农业科技示范基地，培育农业科技示范户，提高科技成果转化应用水平。加快完善灾害防控体系。五是扎实开展农产品市场营销。以新疆果业集团为重点布局农产品购销"两张网"建设，疆内"收购网"在和田、阿克苏、叶城等林果主产区布局新建 11 个仓储加工交易集配中心，疆外"销售网"采取"自建＋并购"等方式，累计新建、巩固销售网点 3348 家。积极组织企业参加各类农产品展销会、对接会，加快发展线上展销活动、农村电商、网络直播带货等新模式。六是加快发展乡村旅游业。全力推动农业与旅游、教育、文化、康养等产业深度融合，打造精品旅游线路，建设休闲农庄、乡村民宿精品项目，形成产业新亮点和新动能。

（三）大力拓展人才渠道，推进乡村人才振兴

一是培育高素质农民队伍。实施高素质农民培育工程，支持疆内高等院校、职业院校综合利用教育培训资源创新人才培养模式。依托县职业培训学校、"互联网＋农民教育培训"等平台，创建实习实训、创业孵化基地，组织农业产业技术人员、新型经营主体负责人、青年农场主，开展种植养殖、特色林果技术等高素质农民专题班，提升村级农业技术服务能力。二是壮大农村专业人才队伍。实施"三区人才计划""人才引进天池计划""人才培养天山计划"，为基层引进急需紧缺人才。加强基层农技推广人才队伍建设，扶持培养专业人才，不断提升农业生产能力和水平。三是引导各类人才投身乡村建设。实施高校毕业生基层成长计划。鼓励大中专毕业生返乡创

业，采取"五个一批"（党政机关事业单位招录一批、基层项目招募一批、企业吸纳就业一批、组织见习就业一批、鼓励自主创业和灵活就业一批）方式，充实基层干部队伍。合理引导城市人才和工商资本下乡创业。

（四）加强乡风文明建设，推进乡村文化振兴

一是建强农村意识形态阵地。牢牢掌握意识形态领域工作领导权、主动权，筑牢中华民族共同体意识，持续推进"去极端化"。二是深化民族团结进步教育。深入开展"民族团结一家亲"和民族团结联谊活动，促进各民族交往交流交融。三是完善农村公共文化体系。深入实施文化润疆工程，推动中华优秀传统文化下乡进村。强化乡村文化阵地建设，实施万村千乡文化产品惠民行动。四是切实加强乡村文明建设。广泛开展文明创建活动，引导农民培养良好生活习惯。深入开展科普知识宣传，提升农村劳动力基本素质和职业技能。

（五）加快乡村绿色发展，推进乡村生态振兴

一是坚决严守生态底线。实施最严格的生态保护制度和空间用途管制制度、最严格的水资源管理制度。全面推行河长制、湖长制，常态化开展河湖巡查工作。二是持续改善农村人居环境。以农村垃圾、厕所粪污、污水治理和村容村貌提升为主攻方向，以"千万工程"为引领，全面完成农村人居环境整治三年行动任务。三是扎实推进生态环境建设与保护。狠抓重点生态工程建设，2017～2020 年，共完成造林 2252.3 万亩、退耕还林 279.19 万亩、退耕还草 34.74 万亩、退牧还草 482.5 万亩。全面实施化肥、农药零增长行动，强化农业面源污染防治。

（六）维护农村和谐稳定，推进乡村组织振兴

一是坚决打好反恐维稳"组合拳"。不折不扣地抓好反恐维稳工作，深入开展扫黑除恶专项斗争，大力开展平安乡村创建活动。二是全面加强村级组织建设。持续整顿软弱涣散基层党组织，选优配强村党组织书记，推行

"两委"正职一肩挑。三是充实壮大基层干部队伍。持续深化"访惠聚"驻村工作，实现驻村工作队、第一书记全覆盖。加强基层干部培训，提升抓党建促乡村振兴的能力。

（七）坚持以人民为中心，推进农村民生改善

一是多渠道推进农民转移就业。大力发展劳动密集型产业吸纳就业。持续实施南疆四地州3年10万人贫困家庭劳动力转移就业规划，实现每个有劳动能力家庭至少有1人就业。二是努力提升农村基本公共服务水平。突出改善南疆教育条件，健全覆盖各级各类教育的资助政策体系。健全农村医疗卫生服务体系，实施全覆盖式农牧民免费健康体检。持续提高农村低保补助标准。三是加强农村基础设施建设。加强以水利为中心的农业基础设施建设，积极推进高效节水灌溉。扎实推进农村水、电、路、气、房和信息化建设，改善生产生活条件。

（八）推进农村改革创新，强化乡村振兴制度保障

一是扎实推进农村土地制度改革。全面完成农村土地确权登记颁证工作，实施农村承包地"三权分置"改革，开展农村集体产权制度改革试点。二是稳步推进国有农牧场体制改革。加快推进国有农牧场土地使用权确权登记发证，稳步推进办社会职能改革。基本完成国有林场主体改革。三是加大金融改革力度。推进农村承包土地经营权抵押贷款试点，扎实推进农村信用社体制改革。不断增加农村商业银行数量，持续增长农业保险规模。

三 新疆实施乡村振兴战略面临的机遇

（一）推进乡村振兴迎来多重政策支持

"做好巩固拓展脱贫攻坚成果同乡村振兴有效衔接"是"十四五"规划纲要中全面推进乡村振兴的重要内容。中共中央、国务院印发了《关于

实现巩固拓展脱贫攻坚成果同乡村振兴有效衔接的意见》。文件细化了六大方面共 24 项措施推进脱贫攻坚成果与乡村振兴有效衔接，对建立健全巩固拓展脱贫攻坚成果长效机制、支持脱贫地区乡村特色产业发展、对低收入人口兜底保障，以及做好财政、金融、土地、人才等方面的政策衔接做出了具体、细致的政策安排。新疆也加快推进政策细则落实，在产业、就业、基础设施等方面做出具体部署。

（二）推进乡村振兴具有经济持续稳定发展的条件

2020 年，我国国内生产总值站上 100 万亿元台阶，大国效应和超大规模市场优势将进一步显现，为新疆绿色优质农产品和乡村生态服务产品加快融入国内大循环提供了广阔的市场空间。新疆农村消费潜力有待充分挖掘和释放，农村具有巨大的融合空间和广阔的建设前景，进一步扩大农业农村投资势在必行。

（三）推进乡村振兴具有和谐稳定的社会环境

第三次中央新疆工作座谈会阐释了新时代党的治疆方略，全面部署了当前和今后一个时期的新疆工作，稳定红利持续释放。自治区党委带领新疆各族干部群众坚定不移推动党中央各项决策部署在新疆落地生根，新疆呈现大局稳定、形势可控、人心凝聚、趋势向好的态势，农业农村发展具有和谐稳定的社会环境。

（四）推进乡村振兴具有坚实的基础

新疆农业资源禀赋独特，光热水土条件特殊，疫病虫害较少，农产品品质优良，种植业、林果业、畜牧业特色明显，具有实现高质量发展的巨大潜力。同时区位优势显著。新疆与周边国家资源互补性强，丝绸之路经济带核心区建设加快推进，为新疆用好"两个市场、两种资源"、发展外向型农业创造了广阔空间，有利于加快融入新发展格局、促进国内国际双循环。因此，全国 19 个省市、中央和国家部委、中央企业对口支援新疆工作，形成

了新时代全国一盘棋、各方力量对口援疆的工作格局,为推动新疆农产品
"走出去"、进一步拓展国内市场奠定了坚实基础。

四 新疆乡村振兴战略面临的问题

(一)构建乡村现代产业体系还需加大力度

新疆农业由增产导向转向提质导向还不明显,优质、绿色的农产品供给
不足。农业产业链条短,农产品加工转化能力不足,农产品加工业与农业总
产值之比远低于全国2.3∶1的水平。龙头企业普遍规模小、带动能力不强,
产品简而不特,品牌杂而不亮,缺乏小众类、精准化、中高端产品,形不成
完整的产业链条,处在价值链低端,品牌溢价、规模溢价、科技溢价都十分
有限,产品向功能性、高附加值等领域延伸还有待进一步提升。

(二)乡村人才普遍缺乏

随着经济快速发展和城镇化的快速推进,"三农"队伍后继乏人,专业
人才少,农民劳动技能培训亟待加强,特别是南疆乡村人才流失严重,城市
人才下乡渠道不畅,乡村人才问题十分突出,乡村人才总体发展水平与乡村
振兴的要求之间还存在较大差距。农业生产经营人才、农村二三产业发展人
才、乡村公共服务人才、乡村治理人才普遍不足,农业农村人才数量和素质
与实施乡村振兴战略相比还有较大差距。

(三)农村现代化建设短板制约明显

新疆乡村基本公共服务水平与城市还存在较大差距。农村生产生活基础
设施需要不断完善,农村整体环境卫生、绿化美化还需要加强。农民生态环
境保护意识相对薄弱,农业投入品使用不当、农田残膜污染严重等问题对农
村生态环境造成了威胁。农村人居环境整治工作推进还不平衡,个别地方农
村改厕模式选择不合理、技术服务能力薄弱、后期运维管理机制不健全,影

响了改厕工作实效。农村垃圾污水建设不足和运行管理不够。农村精神文明建设还需加强，社会文明程度还需进一步提升。

（四）农村发展活力不够

破解城乡二元结构、推进城乡要素平等交换和公共资源均衡配置的体制机制还不够完善。农业支持保护制度还需加强，财政优先保障、金融重点支持和社会积极参与乡村振兴的多元投入格局尚未形成。农村土地承包地经营权赋权、活权不够，南疆地区土地"碎片化"问题还需加快解决。农村资源变资产的渠道不够畅通，集体经济组织整体实力较弱。农业经营体系创新还不足，新型农业经营主体规模不大、运行不规范，社会化服务能力还不强。

五 全面推进新疆乡村振兴实施路径

（一）大力发展富民乡村产业，构筑乡村振兴的动力支撑

产业振兴是乡村振兴的物质基础，构建农村产业融合发展体系，是推动乡村产业振兴、实现高质量发展的迫切需要。实现乡村产业振兴，仅仅依靠发展农业是不够的，必须按照实现高质量发展要求，着眼提高农业全产业链受益，通过构建现代乡村产业体系，切实做强一产、做优二产、做活三产。一是狠抓农产品加工转化。统筹推进农产品产地初加工、精深加工、综合利用加工和主食加工协调发展。高标准规划建设农业产业园、科技园和创业园，支持援疆省市在受援地建设"飞地园区"。二是深化农产品市场开拓。加强农产品外销平台建设，利用援疆机制实施"百城千店"工程，继续抓好疆内外农产品收购销售"两张网"建设，织密农产品营销网络。大力实施农业品牌战略，扩大区域公用品牌影响力。三是拓展乡村特色产业。以拓展二三产业为重点发展全产业链，建设"一村一品"示范村镇、农业产业强镇，培育区域性优势特色农业产业集群。打造一批独具新疆特色的"农

字号"特色小镇。发挥口岸优势建设外向型农业战略基地。四是实施休闲农业和乡村旅游精品工程。创建一批自治区休闲农业示范县、示范点，大力发展休闲观光园区、星级农家乐、乡村旅游民宿。五是发展乡村新型服务业。丰富生产性服务业和生活性服务业内容，创新服务方式，提高服务水平。发展农村电商，支持各类营销主体利用"互联网＋"新兴手段开展营销活动。

（二）加强农村生态保护，建设宜居宜业美丽乡村

牢固树立绿水青山就是金山银山、冰天雪地也是金山银山的理念，加强农村生态文明建设，让土地长出金元宝、生态变成摇钱树、乡村成为聚宝盆。一要严守生态底线。严禁"三高"项目进新疆，严格执行能源、矿产资源开发自治区政府"一支笔"审批制度、环境保护"一票否决"制度，实施最严格的生态保护制度和空间用途管制制度、最严格的水资源管理制度，全面推行河长制、湖长制、林长制，强化兵地用水统筹，切实守护好农村脆弱的生态环境。二要加强生态保护。统筹山水林田湖草系统治理，启动实施一批重大引调水、节水、生态保护修复水利工程，推进新一轮退耕还林、退耕还湿、退牧还草、已垦草原治理工程，落实草原生态保护补助奖励政策，加强重要生态系统保护和修复，加大地下水超采专项整治力度，提升乡村生态环境承载力。三要推进绿色发展。持续改善农村人居环境，深入推进农村厕所革命，抓好生活污水和垃圾处理，持续推进美丽乡村示范村建设。推进农业绿色发展，加大农业面源污染治理力度，强化资源保护和节约利用，增加农业生态产品和服务供给，促进生态与经济良性循环。

（三）推进乡村人才振兴，培养乡村振兴的关键力量

人才兴则事业兴，人才强则乡村强。党的十九大报告提出实行"乡村振兴战略"，培养造就一支懂农业、爱农村、爱农民的"三农"工作队伍是实现乡村振兴的重要保障。一是完善乡村人才激励引导机制。实行特殊人才引进政策，稳住现有人才，打造人才发挥作用的平台。鼓励城市人才

入乡，外出人才返乡，建立县域专业人才统筹使用制度，促进人才顺畅有序流动。二是壮大农村专业人才队伍。实施分类培养，健全评价激励机制，培养造就一批扎根农村、服务基层的农村专业化技能人才队伍。加强村级农业技术服务站点建设。实施农村"一户一个明白人"培训工程，培育一批"土专家""田秀才"。推进新型职业农民和新型农业经营主体"两新"融合、一体化发展。三是实施一批重大人才工程。实施农业天山创新团队、青年科技创新人才培养工程等各类人才培养计划，加强后备人才库和人才梯队建设，同时利用援疆机制，开展人才合作培养。

（四）坚持现代文化引领乡风文明，构筑乡村振兴的核心灵魂

乡村是"根"，文化是"魂"。传承、发展、提升农村优秀传统文化，是实施乡村振兴战略的重要任务。一是筑牢农村意识形态阵地。深入学习宣传习近平新时代中国特色社会主义思想，深入实施文化润疆工程，加强国家通用语言教育，加强民族团结，牢牢掌握农村意识形态领域工作领导权、主动权，坚持以凝聚人心为根本，坚持铸牢中华民族共同体意识，坚持弘扬和培育社会主义核心价值观。二是深化农村精神文明建设。广泛开展文明村镇、星级文明户、文明家庭创建活动。深入实施公民道德建设工程，培育文明乡风、良好家风和淳朴民风，提升农民精神风貌。弘扬科学精神，传递科学思想观念和行为方式，持续提升农民科学素质。三是丰富农村文化服务供给。促进城乡基本公共文化服务均等化和便利化，特别是南疆四地州贫困地区的公共文化设施建设、公共文化产品供给、公共文化活动开展、公共文化生活丰富，实现社会治理中文化服务的全领域覆盖，不断满足人民对美好生活的需要。

（五）提升乡村现代治理能力，筑牢乡村振兴的坚强堡垒

乡村振兴战略要解决政策落地"最后一公里"的难题，就必须构建起乡村振兴的坚强堡垒。发挥农村基层党组织作用、不断完善乡村治理体系，夯实乡村振兴的基层基础。一是切实发挥党组织战斗堡垒作用。以党建带群

建，形成"基层党建＋乡村治理"工作机制。持续接力开展"访惠聚"驻村工作。精准有效地整合在村各支力量，纵向健全"村两委—村民小组—双联户"基本组织架构，横向建立党群服务、维稳综治、农村发展3个中心的"一支部三中心"基本运行模式。二是坚决维护农村和谐稳定。全面落实反恐维稳"组合拳"，完善农村社会治安防控体系，依法管理农村宗教事务，加大对农村非法宗教、邪教等打击力度。三是促进自治法治德治有机结合。加强法治教育，弘扬法治精神，落实全面依法治国的要求。充分利用积分制、村规民约、村民说事会等形式，把纷繁复杂的村级事务标准化、具体化，将村级事务与村民利益紧密联系起来，形成村民自管、自服、自教、自监的乡村善治格局。

（六）深化农村改革激发新发展活力

振兴乡村，不能就乡村论乡村，要强化以工补农、以城带乡。一是加快建立城乡融合发展体制机制。加快构建城乡要素合理化配置和农业农村优化发展的新体制新机制，推进城乡一体化发展，加快解决城乡发展不平衡、农村发展不充分等突出问题。二是稳步推进农村土地制度改革。围绕激活农民土地财产权，用好农村承包地"三权分置"成果，全面推进土地经营权抵押、担保贷款和入股经营。全面深化农村集体产权制度改革，推进"三变"改革，开展农村宅基地改革试点，积极探索"三权分置"有效办法。三是完善农业支持保护制度。进一步建立健全财政支持乡村振兴的稳定增长机制，加快形成财政优先保障、金融重点倾斜、社会积极参与的多元投入格局。

参考文献

郭小平、张文昌：《新发展格局构建进程中全面推进乡村振兴的路径探析》，《湖北农业科学》2021年第19期。

《中共中央 国务院关于实施乡村振兴战略的意见》，《人民日报》2018 年 2 月 5 日。

《中共中央 国务院关于实现巩固拓展脱贫攻坚成果同乡村振兴有效衔接的意见》，《人民日报》2021 年 3 月 23 日。

《自治区党委 自治区人民政府关于贯彻〈中共中央 国务院关于全面推进乡村振兴加快农业农村现代化的意见〉的实施意见》，《新疆日报》（汉）2021 年 4 月 6 日。

皮 书

智库成果出版与传播平台

❖ 皮书定义 ❖

皮书是对中国与世界发展状况和热点问题进行年度监测，以专业的角度、专家的视野和实证研究方法，针对某一领域或区域现状与发展态势展开分析和预测，具备前沿性、原创性、实证性、连续性、时效性等特点的公开出版物，由一系列权威研究报告组成。

❖ 皮书作者 ❖

皮书系列报告作者以国内外一流研究机构、知名高校等重点智库的研究人员为主，多为相关领域一流专家学者，他们的观点代表了当下学界对中国与世界的现实和未来最高水平的解读与分析。截至2021年底，皮书研创机构逾千家，报告作者累计超过10万人。

❖ 皮书荣誉 ❖

皮书作为中国社会科学院基础理论研究与应用对策研究融合发展的代表性成果，不仅是哲学社会科学工作者服务中国特色社会主义现代化建设的重要成果，更是助力中国特色新型智库建设、构建中国特色哲学社会科学"三大体系"的重要平台。皮书系列先后被列入"十二五""十三五""十四五"国家重点出版规划项目；2013~2022年，重点皮书列入中国社会科学院国家哲学社会科学创新工程项目。

权威报告·连续出版·独家资源

皮书数据库
ANNUAL REPORT(YEARBOOK)
DATABASE

分析解读当下中国发展变迁的高端智库平台

所获荣誉
- 2020年，入选全国新闻出版深度融合发展创新案例
- 2019年，入选国家新闻出版署数字出版精品遴选推荐计划
- 2016年，入选"十三五"国家重点电子出版物出版规划骨干工程
- 2013年，荣获"中国出版政府奖·网络出版物奖"提名奖
- 连续多年荣获中国数字出版博览会"数字出版·优秀品牌"奖

皮书数据库

"社科数托邦"
微信公众号

成为会员

　　登录网址www.pishu.com.cn访问皮书数据库网站或下载皮书数据库APP，通过手机号码验证或邮箱验证即可成为皮书数据库会员。

会员福利

- 已注册用户购书后可免费获赠100元皮书数据库充值卡。刮开充值卡涂层获取充值密码，登录并进入"会员中心"—"在线充值"—"充值卡充值"，充值成功即可购买和查看数据库内容。
- 会员福利最终解释权归社会科学文献出版社所有。

数据库服务热线：400-008-6695
数据库服务QQ：2475522410
数据库服务邮箱：database@ssap.cn
图书销售热线：010-59367070/7028
图书服务QQ：1265056568
图书服务邮箱：duzhe@ssap.cn

社会科学文献出版社　皮书系列
SOCIAL SCIENCES ACADEMIC PRESS (CHINA)

卡号：174278187875
密码：

S 基本子库
SUB DATABASE

中国社会发展数据库（下设 12 个专题子库）

紧扣人口、政治、外交、法律、教育、医疗卫生、资源环境等 12 个社会发展领域的前沿和热点，全面整合专业著作、智库报告、学术资讯、调研数据等类型资源，帮助用户追踪中国社会发展动态、研究社会发展战略与政策、了解社会热点问题、分析社会发展趋势。

中国经济发展数据库（下设 12 专题子库）

内容涵盖宏观经济、产业经济、工业经济、农业经济、财政金融、房地产经济、城市经济、商业贸易等 12 个重点经济领域，为把握经济运行态势、洞察经济发展规律、研判经济发展趋势、进行经济调控决策提供参考和依据。

中国行业发展数据库（下设 17 个专题子库）

以中国国民经济行业分类为依据，覆盖金融业、旅游业、交通运输业、能源矿产业、制造业等 100 多个行业，跟踪分析国民经济相关行业市场运行状况和政策导向，汇集行业发展前沿资讯，为投资、从业及各种经济决策提供理论支撑和实践指导。

中国区域发展数据库（下设 4 个专题子库）

对中国特定区域内的经济、社会、文化等领域现状与发展情况进行深度分析和预测，涉及省级行政区、城市群、城市、农村等不同维度，研究层级至县及县以下行政区，为学者研究地方经济社会宏观态势、经验模式、发展案例提供支撑，为地方政府决策提供参考。

中国文化传媒数据库（下设 18 个专题子库）

内容覆盖文化产业、新闻传播、电影娱乐、文学艺术、群众文化、图书情报等 18 个重点研究领域，聚焦文化传媒领域发展前沿、热点话题、行业实践，服务用户的教学科研、文化投资、企业规划等需要。

世界经济与国际关系数据库（下设 6 个专题子库）

整合世界经济、国际政治、世界文化与科技、全球性问题、国际组织与国际法、区域研究 6 大领域研究成果，对世界经济形势、国际形势进行连续性深度分析，对年度热点问题进行专题解读，为研判全球发展趋势提供事实和数据支持。

法律声明

"皮书系列"(含蓝皮书、绿皮书、黄皮书)之品牌由社会科学文献出版社最早使用并持续至今,现已被中国图书行业所熟知。"皮书系列"的相关商标已在国家商标管理部门商标局注册,包括但不限于LOGO( )、皮书、Pishu、经济蓝皮书、社会蓝皮书等。"皮书系列"图书的注册商标专用权及封面设计、版式设计的著作权均为社会科学文献出版社所有。未经社会科学文献出版社书面授权许可,任何使用与"皮书系列"图书注册商标、封面设计、版式设计相同或者近似的文字、图形或其组合的行为均系侵权行为。

经作者授权,本书的专有出版权及信息网络传播权等为社会科学文献出版社享有。未经社会科学文献出版社书面授权许可,任何就本书内容的复制、发行或以数字形式进行网络传播的行为均系侵权行为。

社会科学文献出版社将通过法律途径追究上述侵权行为的法律责任,维护自身合法权益。

欢迎社会各界人士对侵犯社会科学文献出版社上述权利的侵权行为进行举报。电话:010-59367121,电子邮箱:fawubu@ssap.cn。

社会科学文献出版社